公安行政法律制度研究

RESEARCH ON PUBLIC SECURITY ADMINISTRATIVE LEGAL SYSTEM

李 庆◎著

中国出版集团有限公司

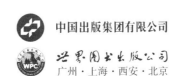
世界图书出版公司
广州·上海·西安·北京

图书在版编目（CIP）数据

公安行政法律制度研究 / 李庆著. —广州：世界
图书出版广东有限公司，2024. 11. —ISBN 978-7-
5232-1801-3

Ⅰ. D922.14

中国国家版本馆CIP数据核字第202439YV72号

书　　名	公安行政法律制度研究	
	GONGAN XINGZHENG FALÜ ZHIDU YANJIU	
著　　者	李　庆	
责任编辑	刘　旭	
装帧设计	三叶草	
出版发行	世界图书出版有限公司　世界图书出版广东有限公司	
地　　址	广州市海珠区新港西路大江冲25号	
邮　　编	510300	
电　　话	（020）84460408	
网　　址	http://www.gdst.com.cn	
邮　　箱	wpc_gdst@163.com	
经　　销	新华书店	
印　　刷	广州市迪桦彩印有限公司	
开　　本	787 mm×1 092 mm　1/16	
印　　张	12.5	
字　　数	230千字	
版　　次	2024年11月第1版　　2024年11月第1次印刷	
国际书号	ISBN 978-7-5232-1801-3	
定　　价	68.00元	

前　言
PREFACE

　　2024年初，习近平总书记对政法工作作出重要指示指出，2024年是新中国成立75周年，是实现"十四五"规划目标任务的关键一年。政法战线要全面贯彻落实党的二十大和二十届二中全会精神，坚持党的绝对领导，忠诚履职、担当作为，以政法工作现代化支撑和服务中国式现代化，为全面推进强国建设、民族复兴伟业提供坚强安全保障。要坚决维护国家安全，提高政治敏锐性和政治鉴别力，防范化解重大安全风险。要坚决维护社会稳定，坚持和发展新时代"枫桥经验"，正确处理人民内部矛盾，维护群众合法权益。要保障和促进社会公平正义，维护国家法治统一，全面推进科学立法、严格执法、公正司法、全民守法，深化司法体制综合配套改革，全面准确落实司法责任制。要以高水平安全保障高质量发展，依法维护社会主义市场经济秩序，提升法治化营商环境建设水平。要加强政法机关党的政治建设，锻造忠诚干净担当的新时代政法铁军。总书记的重要指示精神为《中国共产党政法工作条例》提出的"推进平安中国、法治中国建设，推动政法领域全面深化改革，加强过硬队伍建设"等主要任务的落实提供了基本遵循和行动指南。

　　2024年5月29日召开的全国公安工作会议上，中央政法委书记陈文清讲话强调，要坚持以习近平新时代中国特色社会主义思想为指导，全面贯彻习近平法治思想、总体国家安全观，深入学习贯彻习近平总书记关于新时代公安工作的重要论述，牢牢把握新征程公安工作的前进方向；全面加强党的政治建设，着力锻造忠诚干净担当的过硬公安铁军；忠诚履行职责使命，全力以赴防风险、保安全、护稳定、促发展；深化法治公安建设，不断提升执法质量、效率和执法公信力；坚定不移走改革强警之路，奋力开创公安工作现代化新局面。

　　作者以前述背景为基础构思撰写本书，其一，考虑到法学和法律类专业人才，尤其广大公安民警辅警应掌握的法律知识和具备的法律素养；其二，为法学法律类毕业生参加政法系统干警招录、选拔考试做知识储备；其三，对高校和科研院所等单位的教学研究人员从事公安行政法学理论研究提供些许参考素材。

本书以现行公安行政法律、法规、规章等为依据，按照"公安行政基础理论—公安行政行为—公安行政行为救济"的理论框架，吸收行政法学，尤其是公安行政法学的最新学术成果，并结合公安行政执法实践，重点针对特定领域的公安行政业务、公安行政程序、公安行政救济等进行阐述。内容贴近公安行政实际，反映了公安行政实践中所面临的课题以及需要研究和解决的问题。具有公安行政法学理论与行政实务交叉的特点，清晰地展示了各领域公安行政职权的实施、监督和救济。撰写过程中，作者注重运用最新法律信息，主动适应新时代背景下我国政法工作，尤其公安工作的新要求，以及当前法律变化的实际需求。编排中循序渐进，富有启发性；章节中引用公安行政法最新热点案例阐述观点，反映法治时代特色。概念阐述、论证、推理、典型案例的引用等方面力求做到准确无误，充分吸纳最新研究成果，做到了从注重知识传授向重视能力培养的转化，力求实现基础性与前瞻性、理论性与实践性、观念性与操作性的结合。注重方法的实用性和可操作性，着眼于培养公安人才运用法律原理解决实际问题的能力，做到了学术性、新颖性与可读性的有机结合。

全书内容共分七章三十二节。第一章为公安行政法简论，第二章为特定领域公安行政法律制度，第三章为公安行政程序制度，第四章为公安行政救济制度，第五章为公安行政复议制度，第六章为公安行政诉讼制度，第七章为公安行政赔偿制度。并将相关法律、法规和规章附录在后面，以便对照查询、阅读。

本书得到中原工学院学术著作出版基金资助。书稿撰写过程中借鉴了当前公安行政法学领域的研究成果，出版过程中得到了世界图书出版广东有限公司的大力支持，在此一并感谢。

学无止境，文无尽美。本书在撰写过程中难免存在疏漏，敬请业内同仁和各位读者不吝赐教。

作者于 2024 年 7 月

目 录
CONTENTS

第一章　公安行政法简论

第一节　公安行政与公安行政权

一、公安行政

（一）行政

"行政"是理解行政法的起点，行政法的产生源于人类的行政活动，顾名思义，行政法就是有关人类行政活动的法。

"行政"一词，在政治学、管理学、行政学、社会学、法学等多个领域被广泛使用。对其含义的理解，理论界也多有争议。有的从政治与行政分离的角度解释行政，认为国家意志的表达是政治，而国家意志的执行是行政；有的从国家权力分立的角度解释行政，认为行政是与立法、司法相并列的一种国家权力，立法、司法、行政共同构成国家的权力体系；有的从管理的角度解释行政，认为行政是国家事务的管理活动。按照《现代汉语词典》的解释：行使国家权力的；机关、企业、团体等内部的管理工作。通常，行政可以理解为"管理""执行"。

作为"管理""执行"活动，行政可分为公共行政与私人行政。公共行政是国家行政机关和得到法律行政法规授权或行政机关委托的组织和个人依法管理社会公共事务的有效活动；私人行政是指一般社会团体、企事业单位、私人组织对其内部勤杂事务的组织和管理活动。从行政发展史来看，公共行政的许多原则和方法是从私人行政特别是企业管理经验中借鉴和移植而来的。对于行政的具体含义，无论国内或国外均未形成完全统一的见解，其中的主要观点有"除外说""国家意志说""目的说""行政职能管理说"等等[1]。近年来，我国行政法学界更加注重立足于现实，力求较全面地理解行政的含义，提出一些新的观点。例如，有的学者持"目的+职能说"，认为行政是"国家行政机关为实现国家的目的和任务而行使的执行、指挥、组织、监督诸职能"；有的学者持"目的+职能+执行（国家意志）说"，认为行政是"为实现国家目的，运用制定政策法规、规

---

① 许崇德、皮纯协：《新中国行政法学研究综述》，法律出版社，1991，第30页。

章、组织实施管理、命令、监督、制裁等方式，执行国家法律和权力（立法）机关意志的活动"。[①]有的学者持"目的+管理"说，认为行政是国家通过一定的组织为实现国家或社会职能而进行的公共管理活动及其过程[②]。行政法意义的行政专指公共行政，不包括私人行政。理解行政法意义上的行政，应从以下四个方面把握：

1. 行政是行政主体的活动。行政主体是指享有国家行政权力，能以自己的名义从事行政管理活动并独立承担由此产生的法律责任的组织。国家行政机关是最主要的行政主体，此外依照法定授权而获得行政权的组织，也可以成为行政主体。

2. 行政是行政主体组织、管理国家与公共事务的活动。

3. 行政的核心是行政权。行政权是由国家宪法、法律赋予或认可的，国家行政机关执行法律规范，对国家事务和公共事务实施行政管理活动的权力，是国家政权和社会治理权的组成部分。行政主体在进行行政活动时必须依法行使行政权。

4. 行政不是行政主体的全部活动。行政主体的活动除依法行使行政权，对国家和社会事务进行管理外，还包括一些非管理性活动，比如办公设备用品的购买、办公物业的租赁等都不属于行政行为。

（二）公安行政

在我国，公安与警察两词经常混用，且都有两层含义：一是表示公安（警察）机关；二是表示公安（警察）人员。有学者认为，公安是中国警察的特殊称谓，其实"公安"一词为日本所常用，我国民国时期也使用过这一概念，南京国民政府曾改之前的省市警察厅为公安局[③]，但二者实际上是有所区别的。1950年公安部关于统一人民警察名称的通知中要求各种警察统称"人民警察"，简称"民警"。1957年颁布的《中华人民共和国人民警察条例》规定，人民警察受中华人民共和国公安部和地方各级公安机关的领导，进一步明确了这种差别。2012年颁布的《中华人民共和国人民警察法》（以下简称《人民警察法》）规定，人民警察包括公安机关、国家安全机关、监狱、劳动教养管理机关的人民警察和人民法院、人民检察院的司法警察，其中仍然体现出"公安"作为组织、机关的名称，"警察"作为个人公务身份的称谓。所以，我们通常应称作公安行政法，而非警察行政法。

公安行政是指公安机关及其人民警察为维护社会治安秩序和公共安全，依法对社会公共事务进行组织、管理和调控等活动的总称。具体包括户籍管理、出入

---

① 应松年：《行政法学新论》，中国方正出版社，2004，第5页。
② 应松年：《行政法与行政诉讼法》，高等教育出版社，2017，第8页。
③ 卜安淳：《警察行为的性质及规范》，《江苏警察学院学报》2012年第3期，第35页。

境管理、公共秩序管理、危险物品管理、特种行业管理、道路交通管理、消防管理等。

与国家的其他行政管理活动相比，公安行政有以下特点：

1. 公安行政的主体是公安机关及其人民警察

公安机关是各级人民政府的重要组成部分，是国家的行政机关，同时它又担负着刑事案件的侦查任务，因而它又是国家的司法机关之一。公安机关是政府的一个职能部门，依法管理社会治安，行使国家的行政权，同时公安机关又依法侦查刑事案件，行使国家的司法权。公安机关的性质具有双重性，即既有行政性又有司法性。本书研究的是公安机关的作为国家行政机关，行使行政职权的内容，不涉及公安机关行使司法职权的内容。

根据《人民警察法》的规定，人民警察除公安机关的警察人员外，还包括国家安全机关、监狱、劳动教养管理机关的人民警察和人民法院、人民检察院的司法警察。本书研究的对象只是公安机关的人民警察，不包括其他序列的人民警察。

2. 公安行政的内容主要是秩序行政

任何形态的国家要想正常运转，都必须维护一定的社会秩序，公安机关及其警察历来被认为是社会秩序的良好保卫者。《人民警察法》第2条第1款明确规定："人民警察的任务是维护国家安全，维护社会治安秩序，保护公民的人身安全、人身自由和合法财产，保护公共财产，预防、制止和惩治违法犯罪活动。"可见公安行政的主要内容是维护社会秩序和公共安全，至于直接为社会成员改善生活水平，协助其追求实现个人利益，提供社会保障，进行生存照顾的福利行政则较少涉及。

西方传统上把警察作为国家性质的全部，所以警察行政最先的内容是包罗万象的，现代的警察制度建立后，警察行政局限于维护公共安全，防止社会危害，相关理论中就强调警察因危害公共安全而对人民所进行的限制。直到今天，西方学界对警察行政的定位大抵如此[①]。

3. 公安行政以干涉行政为主，服务行政为辅

从公安行政的方式看，公安机关为达到全体社会成员共同生活的安定秩序的目的，主要采用干涉公民个人自由，针对相对人追求利益的手段和方式进行行政管理。这与其他行政活动主要通过为公民提供行政服务来维护社会公共秩序有很大的不同。

---

① 沃克：《牛津法律大辞典》"警察"条，李双元等译，法律出版社，2003，第876页。

基于对传统公共行政理论的反思，特别是新公共管理进行反思和批判的基础上，以民主公民权、社区和公民社会、组织人本主义和后现代公共行政理论，[①]公安机关在进行干涉行政的同时，也要进行一些必要的服务行政活动，例如失踪人口协查、民间纠纷调解、个人突发意外事件处理等。随着我国政府转变职能的转变，积极推进构建"小政府、大社会"的服务型政府，公安机关的服务职能也会一定程度上得到加强。当然这也是公安机关密切联系群众，稳定警民关系，从而更好地从整体上提高社会预防和控制社会秩序的能力，维护社会秩序稳定。

4. 公安行政具有高强制性

从公安行政的手段看，公安机关属于具有武装性质的行政机关，这也是公安机关区别于其他行政机关的重要特性之一。公安机关的行政执法活动往往是直接采取强制措施或者以采取强制措施为后盾，根据《中华人民共和国行政处罚法》（以下简称《行政处罚法》）的规定，限制人身自由的处罚措施只能由公安机关行使。政府的其他行政部门在行使行政职权进行行政执法时，如果遇到抗拒，也由公安机关依法对违法人员采取强制措施。而且，公安机关限制人身自由的强制措施只能由公安机关的工作人员人民警察行使，公安机构不得将此职权委托由其他单位或组织行使。

公安行政行为一旦启动，就应当达到其行政的目的，任何阻止或干扰警察行为的非法行为都是妨碍制止、排除危害公共安全因素的行为，各国法律一般都赋予警察机构和警察人员行使不受干扰、不被妨碍的职权[②]。对于不服从者，警察可以直接给予身体上的强制，或以违警罪给予处罚。如《中华人民共和国刑法》（以下简称《刑法》）第277条规定了"妨碍公务罪"，《中华人民共和国治安管理处罚法》（以下简称《治安管理处罚法》）第50条规定了妨碍公务违法的处罚，阻碍人民警察依法执行职务的，从重处罚。

二、公安行政权

（一）行政权

行政权是行政的核心和实质，是行政法的出发点和归宿，是行政法理论的基点和中心范畴。

---

① 齐亚青、焦伟权：《服务型公安行政构建》，《河北公安警察职业学院学报》2009年第4期，第15页。

② 如2004年7月，中国公民赵燕女士在美国旅游时，不服从美国警察的指令，而遭受警察实施的人身强制，赵燕不服提出控告起诉，因美国警察依据法律实施强制行为，合理合法，赵燕的起诉最终不了了之。另外，俄罗斯的《联邦民警法》第11条规定了民警机构的32项职权，第一项就是有权要求公民和公职人员终止犯罪或违法行为，终止阻碍民警机构行使职权，将公民带离违法事件现场的职权。

　　行政机关必须在法律授权的范围内行使权力。在我国宪法上，并没有对行政权给出明确的定义。从范围上看，行政权是行政机关职务范围内的法定权力和非行政机关行使法定的管理国家事务的权力，是除各级人大及其常委会、各级人民法院、各级人民检察院、各级军事机关行使的职务权限以外的国家统治权。它具有法定性、公益性、专属性、国家意志性、单方性、强制性、不可处分性、优益性的特征：

　　1. 法定性。任何一个组织的行政职权都是法定的，而不是自我设定的。换言之，行政主体拥有或行使行政职权必须通过合法途径，否则便不能成立。

　　2. 公益性。行政职权的拥有与行使旨在谋求和保护国家、集体、社会的公共利益，同时保护行政相对人的合法权益，必须符合法定的公共目的和范围。

　　3. 专属性。行政职权的归属，在主体上具有专属性，也即只属于行政主体，行政相对人不具有行政职权，受委托组织也只能代行行政职权。

　　4. 国家意志性。虽然在行政职权的行使过程中难免会掺入行政职权具体行使者某种程度的个人因素，但行政职权本身的性质和内容乃是国家意志的体现，而非个人意志的体现。

　　5. 单方性。行政职权的行使是行政主体单方意思表示的行为，而非双方行为（行政合同行为除外）。行政主体行使行政职权取决于自身判断，不以相对人的意志为转移。

　　6. 强制性。行政职权的行使以国家强制力作保障，具有直接支配他方当事人的强制命令力量，也即可以通过行使行政职权迫使或禁止相对人作出某种行为、实施某些活动。

　　7. 不可处分性。行政职权不仅表现为法律上的支配力，还包含着法律上的职责要求，实际上是职权与职责的统一体，故行政主体对其拥有的行政职权不得任意转让和放弃。

　　8. 优益性。行政主体在行使行政职权时，相对于行政相对人而言处于优越的法律地位，依法享有行政优先权和行政受益权，这是一种特殊的法律保障与物质保障。

　　权力是一种可以强制他人服从的力量。针对行政权，我们在理解其强制性、单方性、不可处分性的同时，行政权也有服务性的一面。[①]一方面，行政权是行政机关及行政人员为实现国家目的、维护公共利益而决定政策、执行法令的权

---

① 王学辉：《行政诉讼制度比较研究》，中国检察出版社，2004，第16页。

能，但行政权毕竟不同于社会成员的个人权，它为公共利益的目的而设定，无论是运用行政权制定具有普遍约束力的行为规则，还是将这些抽象的规则适用于特定的人或具体的事而作出具体行政行为，其指向都是维护社会秩序与公共利益。因此，行政权服务性也不可忽视。

（二）公安行政权

公安行政权是行政权的一部分，它有别于其他国家行政机关行使的行政权，也有别于公安机关行使的刑事司法权和通常所说的警察权。在我国警察序列中，除公安机关的人民警察外，还有监狱、国家安全机关、劳动教养机关的人民警察和人民法院、人民检察院的司法警察，所有的警察都可以享有警察权，而只有公安机关的人民警察才享有公安行政权；而且从内容上看，公安行政权不包括公安刑事司法权，警察权则包括，可见公安行政权是警察权的一部分，是一种从属关系。

公安行政权，是国家赋予公安机关进行公安行政管理过程中所运用的权力。在我国，由于行政组织法尚不完善，缺乏国家对公安行政机关行政权的统一概括授权，公安行政权的内容只能散见于有关法律、法规和规章中。结合相关的法律规定，公安行政权具有以下特征：

1. 专属性。公安行政机关统一行使公安行政权，任何其他国家机关、单位和个人都无权行使。我国公安机关中，除一般地方公安机关外，还包括在林业、铁路、海关、民航等专业的行业公安机关。

2. 广泛性。按照《人民警察法》第6条的规定，公安行政权包括治安管理权、道路交通管理权、消防监督权、户政管理权、出入境管理权、林业执法权、铁路、民航安全管理执法权等，渗透到社会生活的各个角落，每个公民、家庭和组织都处在公安行政权的范围之中，几乎涉及所有与社会秩序的形成与维续有关的重要领域。权力的理性在于确保权利，[①]没有公安行政就不可能形成良好的社会秩序，社会中每个个体的权利保障有赖于公安行政权的正确实施。

3. 高强制性。公安机关在行政执法过程中可以采取限制人身自由和财产扣押查封等高强制性权力，并以武装性质的强制手段作为执行后盾，以确保公安行政职权的顺利实施。如治安管理处罚中的拘留，强制措施中的收容教育、强制戒毒、强制治疗、强制醒酒等，这些高强制性的权力，是其他国家行政机关所不能享有的。

---

① 谢辉：《法学范畴矛盾辩思》，山东人民出版社，1999，第264页。

第二节　公安行政行为

一、公安行政行为的概念

公安行政权作为行政权之一，是抽象概念的范畴，而公安行政行为才是其外化的形式。公安行政行为，是指公安机关在公安行政管理活动中，依照公安行政管理法规所赋予的职权所实施的一切能产生行政法律效果的行为，目的是维护社会治安管理秩序。公安行政行为涉及社会生活的各个方面，国家法律赋予了公安机关广泛的治安行政管理职权和部分刑事司法职权，内容庞杂，种类繁多。

公安行政行为由公安机关（法定的警察机构）来完成，具体由公安机关的工作人员（警察）来完成，《人民警察法》一般是对警察行为作出规范，但公安行政行为在日常社会生活中如何启动却不能仅依据警察法。公安行政行为的启动应该缘于社会生活中出现了刑事实体法等法律规定中的一些具体情节。刑事实体法的主要功能是为了提供对犯罪者处罚的标准，刑事司法行为主要是为了防止和制止犯罪情节的出现和发展。[①]如根据酒后驾驶机动车与机动车交通肇事罪之间的概率关系的研究成果，我国制定出禁止酒后驾驶机动车的法律规定。依据这一规定，公安机关在机动车发生交通事故构成刑事违法行为后进行的是刑事司法行为，在日常对酒后驾车行为的查禁是公安行政行为，实际上，整个交通安全管理行为之所以启动是对交通道路上所有通行者（机动车、非机动车和行人）遵守交通规则的带有强制性的公安行政行为。

二、公安行政行为与刑事侦查行为

所谓公安侦查行为则是指公安机关，在刑事案件立案后，依照法律规定进行的专门调查工作和采取的强制措施，其目的是查明犯罪事实，揭露犯罪，证实犯罪。我国公安机关既是治安行政机关，又是刑事案件侦查机关，集行政权与侦查权于一身。公安行政行为与侦查行为都是由公安机关作出，那么在客观上就可能造成了二者的混淆。另一方面，就两种行为本身而言，都会对当事人产生一定的实际影响，如公安行为中的行政拘留、强制隔离、罚款、没收、查

封、冻结、扣缴等与侦查行为中的拘传、监视居住、查封、冻结、扣押等对当事人的人身或财产上的影响是相同的，特别是近年来有的公安机关滥用刑事侦查权，插手经济纠纷。有的当事人借行政诉讼名义干扰刑事侦查等问题不断出现，更使人们对公安机关行为的性质无法判断。就行政审判而言，依照《中华人民共和国行政诉讼法》(以下简称《行政诉讼法》)和《最高人民法院关于执行〈中华人民共和国行政诉讼法〉若干问题的解释》的规定，公安行政行为是可诉的，而公安侦查行为则是不可诉的。在行政诉讼中，如何界定公安机关的行政行为和侦查行为，为我们正确地审理案件，使当事人获得司法救济具有重要的意义。

公安行政行为与公安侦查行为既有联系又有区别。

(一)公安行政行为与公安侦查行为的联系

1. 两种行为都是由公安机关作出的，这是导致这两种行为容易混淆的一个基本原因。

2. 两种行为对当事人产生的权利义务影响相似，如行政拘留和刑事拘留。

3. 两种行为的外在表现有一定的交叉。

(二)公安行政行为与公安侦查行为的区别

1. 对象不同。侦查行为实施对象是刑事违法行为；公安行政行为对象是治安违法行为。

2. 法律依据不同。侦查行为的法律依据是刑事法律规范；公安行政行为的法律依据是治安方面的法律规范。

3. 形式不同。侦查行为主要是刑事侦查强制措施；公安行政行为主要是公安行政处罚和治安行政强制措施。

4. 救济途径不同。当事人对侦查行为不服，认为其违法或侵犯自己的合法权益，可以向实施侦查行为的机关及其上一级机关申诉，或向检察院申诉。如果确认侦查行为违法，可依《中华人民共和国国家赔偿法》(以下简称《国家赔偿法》)的规定请求国家赔偿，不能向法院提起行政诉讼。当事人认为公安行政行为违法或侵犯其合法权益，可以向人民法院提起行政诉讼，请求司法救济。

三、公安行政行为与刑事侦查行为的甄别

虽然公安行政行为与侦查行为存在诸多不同，但在司法实践中，对具体问题则看法不一。其中一个突出的问题就是，对经刑事立案的行为，相对人以公安

机关滥用职权侵害其合法权益为由提起的行政诉讼，法院能否受理。有人认为，一旦立案，法院就不应受理由此提起的所谓行政诉讼，理由是《中华人民共和国刑事诉讼法》(以下简称《刑事诉讼法》)规定，公安机关发现犯罪事实或犯罪嫌疑人，应当按照管辖范围进行立案侦查。从该规定可以看出，只要公安机关认为有犯罪事实或嫌疑，就有权决定立案，并进行刑事侦查。这是公安机关刑事司法职权的组成部分，不能成为法院行政审判的审查对象。对于公安机关判断失误或出于其他目的乱立案而引起的后果都可以由检察机关监督或由《国家赔偿法》调整，不需要法院对此进行干预和介入。但这种看法有失偏颇。因为在不少情况下公安机关刑事立案目的合法性确实存在与侦查目的不一致的地方，借刑事侦查名义插手经济纠纷的情况不时发生，当事人选择向法院提起行政诉讼也正是出于罪与非罪，是否达到立案标准等方面的重大争议。再者，检察机关对公安机关的监督规定比较简单，并不能对该问题实施有效监督，而走国家赔偿程序则要经过提出赔偿请求、复议申请、作出赔偿决定等冗长程序，不利于对当事人权利的保护。

（一）公安行政行为和侦查行为的划分标准

实践中对公安行政行为和侦查行为认识上的不一致，归根结底说，主要是由划分二者的标准不同造成的。对公安行政行为和侦查行为的划分标准，归纳起来主要有以下三种观点。

1. 立案说。这种观点认为，只要是公安机关办理了立案手续而实施的行为，不管当事人有无犯罪嫌疑，不管是否符合侦查的目的，不管形式是否合法，均属于侦查行为，不属于人民法院行政诉讼的受案范围。上文对这个问题已作了一定的分析，"立案说"显然是一种形而上学的观点，把认定是否侦查行为的判定权交给了公安机关本身，为其规避行政诉讼开了"绿灯"，损害了行政审判的权威。

2. 授权说。这种观点认为，凡是《刑事诉讼法》明确授权的行为，都应认定为侦查行为。也就是说，公安机关实施的行为属于《刑事诉讼法》明确列举的种类，如监视居住、刑事拘留等，就是刑事侦查行为，反之则不是。这种观点，虽然有可取之处，但它忽视了公安行为的目的性，有的公安机关虽然冠以《刑事诉讼法》授权行为的名义，但其却是为了达到侦查以外的不正当目的。如有的公安机关受企业委托向外地讨债，公安机关往往明知是一般的经济纠纷，则以经济诈骗为由立案侦查，把当事人刑事拘留或监视居住，从而达到讨回债款的目的。

这显然是借刑事侦查名义，侵犯他人的合法权益的违法行为。[①]

3. 犯罪说。这种观点认为，公安机关的行为是不是侦查行为，主要看当事人的行为是否构成犯罪。若当事人的行为构成犯罪，则公安机关的行为就是侦查行为，如果构不成犯罪，则是行政行为。

（二）甄别公安行政行为和侦查行为的依据

具体来说，要准确甄别公安行政行为和侦查行为，应当采取综合的、动态的观点。

1. 看公安机关是否办理了刑事立案手续。立案是侦查的前提，只有办理了立案手续，侦查活动才能展开。

2. 看行为的依据。所实施的行为是否属于《刑事诉讼法》，或公安部关于公安机关办理刑事案件程序规定等法律、司法解释明确规定的扣押、查封、冻结、追缴等种类，看所实施的行为是否符合法定的程序。

3. 看行为的目的。刑事侦查主要是为了揭露犯罪和证实犯罪事实。公安机关要采取侦查措施，不能靠主观臆断，必须有证明犯罪嫌疑存在的证据。

4. 看公安机关是否存在插手经济纠纷的问题。在现实生活中，公安机关往往以侦查的名义插手经济纠纷。常见的方式是以诈骗犯罪为由采取限制人身自由、查封、冻结、划拨、扣押等强制措施。这主要从当事人之间有无经济纠纷入手，对公安机关的行为进行具体分析，究其是否针对经济纠纷本身。如果不是针对经济纠纷的则不属于插手经济纠纷。

5. 看行为的结果。公安机关在实施侦查行为后是否有后续的工作，即是否将案件移送检察院起诉，或按照《刑事诉讼法》规定的程序结案。

---

① 严禁公安机关非法干预经济纠纷的四个文件。1989年，公安部下发的《关于公安机关不得非法越权干预经济纠纷案件处理的通知》（〔89〕公（治）字30号）中严令各地公安机关不得插手经济纠纷案件，更不得从中牟利。1992年4月25日，公安部发布《关于严禁公安机关插手经济纠纷违法抓人的通知》，再次重申：各地公安机关承办经济犯罪案件，必须严格执行最高人民法院、最高人民检察院、公安部关于案件管辖的规定。要正确区分诈骗、投机倒把、走私等经济犯罪与经济合同纠纷的界限，准确定性。凡属债务、合同等经济纠纷，公安机关绝对不得介入。2002年5月22日，最高人民检察院办公厅《关于对合同诈骗、侵犯知识产权等经济犯罪案件依法正确适用逮捕措施的通知》对于确定构成犯罪的经济犯罪行为，要坚决依法予以严厉打击，以维护正常的经济秩序，保障国家利益以及企业、当事人的合法权益；对于经济纠纷只能通过民事法律手段去解决，不能为了地方利益，动用刑事手段，更不能变相把逮捕措施作为搞地方保护主义的手段。2017年11月24日，最高人民检察院、公安部《关于公安机关办理经济犯罪案件的若干规定的通知》第2条，公安机关办理经济犯罪案件，应当坚持惩罚犯罪与保障人权并重、实体公正与程序公正并重、查证犯罪与挽回损失并重，严格区分经济犯罪与经济纠纷的界限，不得滥用职权、玩忽职守。

第三节 公安行政法的基本原则

公安行政法的基本原则是指贯穿于全部公安行政法规范，指导公安行政法的立法和实施，指引公安行政机关行使公安行政权进行公安行政活动的基本准则。公安行政法的基本原则既不同于公安行政法律规范，也不同于公安行政法的特别原则和公安行政法的指导思想。

公安行政法基本原则维护着公安行政法律体系的协调一致。公安行政管理具有广泛性、多样性、复杂性，所涉及的事实状态纷繁复杂，相应的数量庞大的公安法律规则需要协调一致。公安行政法的基本原则体现着立法对社会关系和历史发展规律的基本认识，体现着对各种相互重叠和冲突着的利益要求的基本态度。对于较易变动的公安行政法律规范来说，公安行政法律原则具有明显的相对稳定性。因此，坚持公安行政法的基本原则，显然有助于公安行政法制的统一、协调和稳定。

公安行政法的基本原则有利于指导公安工作正确适用法律和遵守法律。

一、公安行政合法性原则

（一）公安行政合法性原则的涵义

公安行政合法性原则是依法行政在公安行政法中的具体体现，是指公安行政权的存在、行使必须依据法律，符合法律，不得与法律相抵触，任何违法公安行政行为都应当承担相应的法律责任。

要理解公安行政合法性原则，必须首先把握这一原则中"法"的具体涵义。法通常有广义、狭义之分。在我国，狭义的法是指全国人大及其常委会制定的基本法律以及基本法律以外的法律，广义的法是指包括宪法、法律、行政法规、行政规章以及地方性法规在内的一切规范性法律文件。合法性的"法"是广义的法，不仅指宪法、法律，还包括行政法规、地方性法规、自治条例、单行条例、规章等规范性法律文件。

其次，还必须明确公安行政合法性原则中"合法"的基本要求。结合我国的实际情况，合法性应当包含三个方面的具体要求：第一，任何公安行政职权都必须基于法律的授予才能存在；第二，任何公安行政职权的行使都必须依据法律、遵守法律；第三，任何行政职权的授予、委托和运用都必须具有法律依据，符合法律要旨。任何违反上述三方面要求的公安行政活动，非经事后法律认可，均为无效行政。

（二）公安行政合法性原则的内容

根据我国实际情况，公安行政执法实践应从以下六个方面来把握公安行政合法性原则：

1. 职权法定

职权法定是指公安行政机关的行政职权，必须基于法律的规定或授予，无法律依据的行政为越权的无效公安行政行为，并应受到法律追究，依法承担法律责任。首先，职权法定是公安行政权力来源的要求。公安行政权力的取得和存在必须有法律依据，没有法律依据的公安行政权是一种非法权力。

我国公安行政机关的法定职权主要有两个来源：一是由公安行政组织法规定的职权，例如《人民警察法》规定的盘查权、留置权等职权；二是由具体行政管理法律、行政法规、规章规定的职权，例如《治安管理处罚法》规定的强制传唤权、追缴违法所得权、拘留权等职权。此外，公安机关对于自己的行政权力授予、委托其他组织和个人，也必须具有法律依据，而不能随意为之。比如某地公安交通管理部门把对交通违章的调查、认定或处罚权授予或委托给工勤人员，这种做法就无现行法律依据，属于违法公安行政。

2. 主体合法

首先，公安行政主体的设立要合法。公安行政主体必须按照法律规定和有权机关核定的组织机构、岗位设置、人员编制等设立。其次，公安行政机关必须是依法能够以自己的名义拥有行政职权，并能为所行使的行政职权产生的后果承担法律责任的公安机关及其部门。公安行政职权必须由公安行政主体拥有和依法行使，其他任何组织和个人都无权拥有和行使。如果主体不合法，那么任何"公安行政管理"都不具有法律效力。

3. 内容合法

公安行政内容合法是指公安行政主体行使行政职权、履行行政义务，必须依照法律规定，在法律没有明文规定下不得以任何理由限制和剥夺公民的合法权利，不得以任何理由不履行法定的职责。公安行政内容合法也称公安行政实体合法，具体内容包括行政手段、措施合法，行政对象范围合法，行政条件合法，行政结果合法等，公安行政实践中强调公安行政管理和执法中必须证据充分、事实确凿。

4. 程序合法

公安行政程序合法也称为程序法定，是指公安行政主体行使行政职权、履行行政义务，必须按照法律规定的步骤、方式和时限等程序要求。强调程序合法主要目的在于：一是保证公安主体能够正确实施行政行为，保证实体法律的实施和行政行为的高效；二是为了规范公安主体的行政行为，确保公民合法权益不受违法行政侵犯。

5. 法律优先

所谓法律优先，是指上一层次法律规范的效力高于下一层次法律规范。它要求：在上一位阶法律规范已有规定的情况下，下一位阶的法律规范不得与上一位阶的法律规范抵触；上一位阶法律规范没有规定，下一位阶法律规范作了规定的，一旦上一位阶法律规范就该事项作出规定，下一位阶法律规范就必须服从上一位阶法律规范。实践中，若是法律、法规、规章均对某事项作了规定，法规、规章与法律不一致的，适用的顺序依次是法律、法规、规章。这是公安行政机关在依照法律、法规、规章实施公安行政管理时必须遵守的基本准则。

6. 法律保留

法律保留是指在多位阶的法律规范制度中，有些事项只能由法律规定。比如对公民基本权利的限制等专属立法事项，必须由立法机关通过法律规定。行政机关的行政立法权必须有法律的授权，否则，其合法性将受到质疑。

法律保留通常有宪法意义上的法律保留和行政法意义上的法律保留之分。宪法意义上的法律保留是指由宪法来专门规定某些事项，其他国家机关，甚至民意代表机关也不得进行规定。这种类型的法律保留主要体现在对一些带有绝对性的基本权利的限制上。行政法意义上的法律保留，是指行政机关的行政行为必须取得法律授权，才能获得合法性。

在全面推进依法治国的当下，全面建设法治公安无疑是法治国家、法治政府、法治社会一体化建设的重要组成部分。[1]公安法治是公安行政工作必须遵循法治的精神和原则，是法治现代化在公安行政工作中的体现。建设法治公安的目的，就是要将公安行政权装进法治的笼子里，使公安行政行为必须在法治的框架内运作和接受及时、合理、必要的规范和制约，以防止公安行政权的滥用。[2]法治原则在公安行政工作中体现为：公安执法权具有合法性，执法行为必须有法律

---

[1] 2015年3月，公安部印发的《关于贯彻党的十八届四中全会精神 深化执法规范化建设 全面建设法治公安的决定》的第三部分"完善执法制度体系，明确执法活动的标准和依据"。

[2] 袁周斌：《公安行政裁量权内部规制的实施路径》，《中国人民公安大学学报》2017年第2期，第139页。

的授权，禁止任何超越法律行使权力的行为，执法程序应当遵循法律的规定。[①]以上这些法治公安的要求恰恰与公安行政合法性的原则要求相一致。

二、公安行政合理性原则

（一）公安行政合理性原则存在的涵义

公安行政合理性是指公安行政主体实施公安行政行为的内容要客观、适度、符合立法精神和目的，合乎公平、正义等理性要求，合理地行使公安行政权，特别是不得滥用自由裁量权。公安行政合理性原则是指公安行政行为的内容要客观、适度、符合公平正义等法律理性。由于公安行政管理涉及社会生活的方方面面，国家法律规范赋予公安机关一定的行政自由裁量权，公安机关可根据案件具体情况作出合理判断和处理。公安机关行使自由裁量权时必须遵循客观、适度、合理的原则，自由裁量权的适用不得超过法律规定的幅度。公安行政合理性原则要求公安机关在作出行政行为时，要合情合理，必须以事实为依据，与违法行为的事实、性质、情节以及社会危害程度相当。公安行政处罚的合理性实际上是指公安机关对违法行为人进行的行政处罚要与其违法行为的性质、危害后果相吻合，不能畸轻畸重。公安行政处罚是否公正是一个合理性问题，"有失公正"是一种不合理的一般情形，而"显失公正"则是一种严重不合理的情形。

公安行政合理性原则的关键是对案件事实要全面地权衡，做到目的与手段相称。具体要求是：第一，妥当性。指行政行为必须适合于实现所追求的法律目标。第二，必要性。指行政行为所造成的侵害不能超过实现目的的需要，必须是可供选择的各种措施中对公民权益限制或者损害最小的措施。第三，相称性。即要求行政机关在经过适合性和必要性的考虑之后，所设定或者选择的措施可能产生的成本或者损害必须与所追求的行政目的之间相对称。

（二）公安行政合理性原则的内容

1. 公安行政行为的动因应符合法律目的

任何法律的制定都是基于一定的社会需要为达到某种社会目的。公安行政机关在运用公安行政权时，应是为了实现相应立法所欲达到的目的，同时不得违背社会公平观念。运用公安行政权必须客观、实事求是，不能主观臆断、脱离实际，更不能存在以权谋私等法律动机以外的目的。如在公安行政处罚中，为追求

---

① 乔淑贞：《公安法治的本土化——对当前公安法治建设研究和实践的反思》，《河北公安警察职业学院学报》2013年第4期，第8页。

罚款金额、增加财政收入，改善工作人员福利待遇，或是执法人员的偏见、歧视等。这些法律目的以外的种种因素必然干扰和破坏公安行政行为的公平合理性。

2. 公安行政行为的内容应合乎情理

公安行政行为应当体现同样情况同样对待，不同情况不同对待的一致性。公安行政行为的种类、轻重程度应当与违法事实、性质、情节和危害后果相适应。在公安行政执法实践中，要正确合理适用不予处罚、免予处罚、减轻、从轻、从重处罚的规则。重者轻处、轻者重处，显然不符合公安行政合理性的要求。如有的公安交通管理部门在实施行政处罚时只片面注重违法者有无从重处罚情节，加大罚款幅度，忽视违法者有无从轻、减轻或免除处罚的情节，甚至有从轻、减轻、免除处罚法定情节而拒不适用。这显然有悖于合理性原则。

3. 公安行政行为的程序理性

程序理性意味着任何一个判断、决定或结论都必须以具有说服力的方式产生。程序理性的对立面就是恣意，表现为武断、反复无常和决定的随意性。

在公安行政行为程序中，程序理性原则要求：

（1）程序民主化。实施公安行政行为过程中，实施者应当吸纳相对一方以及利益可能受公安行政行为影响的一方参与和表达意见，并认真考虑这些意见。程序民主化就是创建一种"公安行政权——相对人权利"的互动和制衡关系，从而有效地排除公安行政权力中的恣意，更好地保障相对人在公安行政过程中享有参与权（申辩、陈述、听证权等）和获得为保障其有效参与行政活动所必需的信息的权利。

（2）公安行政处罚决定的理性化。首先，公安行政权作用的结果必须是符合理性的，即必须建立在"充分理由"的基础上；其次，作出决定者必须受过专业素质训练，并积累有丰富的职业经验。再次，各种不同意见和主张得到充分讨论和客观全面考虑，在这种理性讨论的基础上形成决定方案。

（3）调查权与裁决权的分离。职能分离的目的在于避免裁判者在作出决定之前就形成了"成见"。假如裁决的主体与主持调查的主体是相同的，可能在决定正式作出之前他就有了自己的结论；另一方面，调查与裁决的功能混合还可能导致裁判者成为"自己案件的法官"。

4. 公安行政行为的结果应当合理

公安行政行为的结果应符合人之常情，符合社会发展的趋势，应当经得起社会舆论的议论和评价，在社会评价中公平公正。

三、公安行政合法性与公安行政合理性原则的关系

作为我国公安行政法的两大基本原则，行政合法性原则与行政合理性原则之间既有联系又有区别。准确把握二者之间的联系，必须注意以下几点：

（一）坚持公安行政合法性原则与公安行政合理性原则相并列，做到公安行政行为既合法又合理，积极预防、及时纠正任何合法不合理或合理不合法的公安行政行为。违反合法性原则和合理性原则的公安行政行为均产生行政瑕疵。一方面它直接损害着行政相对人的基本权利，也影响和危害着国家对社会的正常管理。另一方面，如果行政瑕疵产生的背景隐含着权力市场化的因素，那么其另一个结果是阻碍着社会主义市场经济体制的建立与完善。要使政府行为做到合法又合理，应当进一步加强公开办事制度、社会监督制度和审查制度等的建设。

（二）努力做到自由裁量权的细化、具体化，最大限度地提高公安行政行为的合理性。虽然公安行政合理性原则是补充原则，但在公安行政行为合法性前提下，准确体现合理性原则就显得十分重要。因为用合理性原则去衡量公安行政行为的合理程度需要"说明理由"——即对自由裁量权运用的解释，多少带有点主观的东西，而且无论是公安行政主体还是行政相对人也不是完全理性人，所以应尽量依法将合理性原则具体化、细分化，便于行政相对人"对号入座"。

实践中，公安行政机关的执法人员要注意合法性和合理性原则的运用，注意合法性原则和合理性原则的关系。在公安行政执法过程中，公安机关应遵循合法、合理、效率原则，保证办案质量，提高执法水平。

在具体的案件中，公安行政机关的行为是否符合公安行政合法性原则要根据案件的情况加以分析。某市公安局警务站在下午2时堵卡时查获运输烟花爆竹引线7箱共计3万根的苏某、李某。按市公安局110指挥中心指令，该市公安局治安大队接案后把苏某、李某带回治安大队，关押长达23小时之久。关押期间，治安大队未进行审查，也未给苏某、李某供饭。次日13时许，治安大队的民警才进行调查证实，苏某、李某系无合法手续运输烟花爆竹引线，为此，治安大队根据《治安管理处罚法》的规定，对苏某、李某各罚款500元，限令当日交纳，没收烟花爆竹引线7箱共计3万根。

在本案中，苏某、李某非法运输烟花爆竹引线，根据《治安管理处罚法》的规定，公安机关可以对苏某、李某进行治安处罚，但治安大队在具体实施公安行政行为过程中，存在违背行政合法性原则的行为。根据《人民警察法》第22条和《治安管理处罚法》的规定，治安大队违法的公安行政行为主要有：1. 对苏某、李某非法关押长达23小时之久；2. 关押期间，治安大队未进行审查也未给苏某、

李某供饭；3. 次日13时许，办案民警才进行调查证实；4. 对苏某、李某各罚款500元。公安行政合法性原则是指公安机关进行管理活动必须严格遵守法律规定，否则就应当承担相应的法律责任，是法治原则在公安行政法领域的体现。公安行政合法性原则包括：有法可依、有法必依、执法必严、违法必究。市公安局应当对违反合法性原则的公安行政行为承担行政赔偿责任。

合理性原则在公安行政执法中同样适用。2018年7月2日下午，李某与本村村民林某（均无驾驶执照）学练驾驶电动车，当低速行至一岔路口时，与赵某的自行车相擦，致使赵的自行车侧倒（但未造成人财损害），双方发生纠纷。在争执中，赵某见林某逃离现场，便用碎酒瓶的锋刃刺向仍坐在电动车上的李某，李某面容毁损。案发后，公安局在侦查赵某涉嫌故意伤害罪的过程中，发现被害人李某有无证驾车的违反治安管理行为，即根据《治安管理处罚法》第64条的规定，于同年10月4日对李某作出行政拘留15天的处罚。李某不服，向上一级公安机关申请复议，上级公安机关经复议维持了原裁决。李某遂以行政处罚显失公正为由，向人民法院提起行政诉讼。在本案中，公安机关对李某的处罚是否违反了合理性原则成为行政案件审理中的争议焦点。

根据《行政处罚法》和《治安管理处罚法》的规定，公安机关对李某的处罚显失公正。显失公正是指公安机关在法律、法规设定的处罚范围和幅度内所作的明显不公正的行政处罚，它是超过一定度的不合理的自由裁量行为。公安机关对李某的处罚违反了公安行政行为的合理性原则。公安行政行为的合理性原则是行政法治原则的另一个重要组成部分，它要求公安机关的行政行为的内容客观、适度、合理。合理性原则产生的主要原因是由于行政自由裁量权的存在。本案原告低速驾驶易学的电动车，且没有造成直接的损害后果，情节轻微，而市公安局却给予原告最重的行政拘留15天的处罚，明显畸重，属于显失公正。

四、公安行政效率性原则

公安机关的行政管理活动涉及社会事务的方方面面，为适应如此繁杂的管理活动，现代公安行政必须尊重科学，体现公安行政效率性原则，公安机关在管理活动中必须符合以下要求：严格遵守公安行政程序和时限；精简公安机构组织；加强公安行政决策及公安行政行为的"成本—效益"分析。对此，公安部三十项便民措施从户籍制度、交通管理、出入境手续简化、消防审批程序等与百姓生活息息相关的地方改起，积极主动地适应市场经济的发展和广大人民群众的要求。公安部三十项便民利民措施的出台，强烈地传递出端正执法思想、转变执法观念、坚持执法为民的新时期公安工作理念，是针对群众生产生活中迫切需要解决的困难问题和群众反映强烈的问题，提出解决问题的措施和办法，使广大人民群众最现实、最关心、最直接的利益进一步得到维护，是顺应时代要求的必然举措，是代表人民利益的明智之举。同时，它也充分体现了公安行政效率原则。例如，王某系某县城的一个山村驾驶员，效率和便民原则落地前，因不慎将驾驶执照丢失，为补领驾照他要跑到百公里以外的车管所，交补办证费35元、登报声明费，再加上两趟往返路费、饭费等总共355元，还要等上30天。原则措施施行后，大大减轻了其负担，节省了成本，快速实现了个人预期。公安部三十项便民利民措施体现了为人民服务的宗旨，体现了以人为本的理念，具有人文关怀。

随着电子警务建设的步伐，各地公安行政机关牢固树立管理服务并重的理念，推行一窗式受理、一站式服务，避免企业和群众在不同部门、警种间来回奔波。深化"互联网＋公安政务服务"，实施公安大数据战略，加快推进公安政务服务平台建设，健全完善与相关部门的信息共享制度，实现审批服务事项大部分可以在网上办理。在人工智能技术发展的背景下，逐步研究推出服务经济社会发展和方便群众生产生活的新政策新措施，减少行政机关执法和相对人参与行政的成本，以实际行动取信于民，体现了公安行政效率性的原则。

第二章　特定领域公安行政法律制度

公安行政法是调整各级公安机关在履行其职能过程中发生的各种社会关系的法律规范的总和。它是国家行政法的重要组成部分，是各级公安机关保护国家利益，维护社会秩序和公共安全，保护公民的民主权利和生命财产安全的法律依据。

公安行政法所规范的公安行政管理，范围宽广，内容繁杂，层次精细，主要包括治安管理处罚、公共安全管理、特种行业管理、户籍与居民身份证管理、道路交通管理等方面的法律规范。

第一节　《治安管理处罚法》概述

一、《治安管理处罚法》的法律地位

(一)《治安管理处罚法》的法律地位

《中华人民共和国治安管理处罚条例》最早于1957年10月22日由第一届全国人大常委会第81次会议通过。经过30年的实践经验，结合社会主义初级阶段发展变化的新情况，第六届全国人大常委会于1986年9月5日在第17次会议上通过了新的《治安管理处罚条例》。

随着经济社会的发展，1986年《治安管理处罚条例》的许多规定已经越来越不适应诸多新情况和新问题。2005年8月28日，第十届全国人大常委会第17次会议通过了《中华人民共和国治安管理处罚法》，以中华人民共和国第38号主席令公布，于2006年3月1日起施行，根据2012年10月26日十一届全国人大常委会第29次会议通过、2012年10月26日中华人民共和国主席令第67号公布《全国人民代表大会常务委员会关于修改〈中华人民共和国治安管理处罚法〉的决定》修正[①]。1986年9月5日公布、1994年5月12日修订公布的《中华人民共和国治安

[①]2017年1月16日公安部公布了《中华人民共和国治安管理处罚法（修订公开征求意见稿）》全文，就《治安管理处罚法》公开征求意见拟修改，其中新增了对仿真枪的管理规定：携带仿真枪进入公共场所，情节较重的可处五日以上十日以下拘留。

管理处罚条例》同时废止。2019年5月，国务院办公厅发布《国务院2019年立法工作计划》，拟提请全国人大常委会审议的13件法律案中，《治安管理处罚法》位列第十，该法修订草案由公安部起草，草案由现行《治安管理处罚法》的119条增加至150条。

2023年6月29日，国务院常务会议讨论并原则通过《中华人民共和国治安管理处罚法（修订草案）》，决定将修订草案提请全国人大常委会审议。8月28日，《中华人民共和国治安管理处罚法（修订草案）》提请十四届全国人大常委会第五次会议审议。修订草案将社会治安管理领域出现的新情况、新问题纳入治安管理处罚范围，将治安管理工作中一些好的机制和做法通过法律形式予以确认，对治安管理处罚程序予以优化、完善，旨在更好地维护社会治安秩序。9月，中国人大网公布《中华人民共和国治安管理处罚法（修订草案）》，向社会公众征求意见。2024年6月，十四届全国人大常委会第10次会议审议《中华人民共和国治安管理处罚法（修订草案）》。2024年6月25日至28日，十四届全国人大常委会第26次委员长会议决定，十四届全国人大常委会第10次会议在北京举行，《中华人民共和国治安管理处罚法（修订草案）》拟提交二审。

《治安管理处罚法》具有体系合理、针对性强、处罚规范严谨等一系列特点。它在我国公安行政法乃至整个法律体系中居于重要地位；《治安管理处罚法》作为行政法的一个组成部分，在我国行政管理之中具有基础性和广阔性的领域里起着调整作用，并在处罚违法行为方面连接着一大批其他的行政法律和法规，其地位是其他行政法律规范所无法代替的；同时，它作为行政法的一个特定组成部分，还与刑法、民法等其他有关法律部门之间紧密联系，具有相互作用、相互衔接、相互配合补充以及相互依存的关系，因而是整个法律体系中一个不可缺少的重要组成部分。

《治安管理处罚法》在行政法中的突出地位主要体现在两方面：

1. 它在整个行政法律部门中处于基础性的地位，能对其他一切行政法规的正常贯彻实施直接产生影响，由此显示出其地位的重要性。

2. 它与行政法的其他一些部分有着重要的配合承接作用。从整体上讲，它在行政法网络中还处于一个极为重要的纽带地位。

该法同其他法律一样，分为实体性规范和程序性规范两部分。换而言之，它既规定了人们在社会生活中的权利和义务，又规定了保证权利和义务实现的基本程序，是一部实体法与程序法相结合的综合性治安管理法律。《治安管理处罚法》不仅是一部规范和监督公安机关及其人民警察行使警察权力的"控权法"，更是一部保护公民、法人和其他组织合法权益的"人权法"，它体现了制约行政权力、保护公民权利的现代行政法理念，更体现了尊重和保障人权的宪法精神。[①]

二、《治安管理处罚法》的任务与基本原则

（一）《治安管理处罚法》的主要任务

任务，也即立法目的。该法第一条开宗明义指出："为维护社会治安秩序，保障公共安全，保护公民、法人和其他组织的合法权益，规范和保障公安机关及其人民警察依法履行治安管理职责，制定本法。"这一规定，清楚地说明了《治安管理处罚法》所担负的重要任务：

1. 维护社会治安秩序。社会秩序包括生产秩序、工作秩序、教学科研秩序、群众生活秩序等。它是人们进行正常的生产、工作、教学、科研、医疗等活动的必要前提条件。社会治安秩序犹如一面镜子，反映了一个国家的文明程度，体现了一个国家的兴衰和民族的精神面貌。古今中外，无论哪一个国家和地区的繁荣昌盛、富强发展，都是以其良好的社会秩序为前提条件的。一般而言，在一个国家或地区中，绝大多数人是能够自觉维护社会秩序的，但总有极少数人，不顾社会公德，"大法不犯、小法常犯""大错不沾，小错不断"。任其下去，容易给社会造成严重危害。因此，通过制定《治安管理处罚法》，教育和约束那些不能自控的人，惩罚那些敢于违法的人，以维护社会的安定和公共秩序的和谐。

2. 保障公共安全。公共安全包括广大人民群众的身体健康、生命安全和公私财物的安全。保障公共安全是该法的一项重要使命。危害公共安全的行为一旦发生，就会给人民群众的身体健康、生命或公私财物造成损失。《治安管理处罚法》明确规定了对危害公共安全的各种情形及其行为的具体管理办法和处罚措施，以切实保障社会的公共安全。

3. 保护公民、法人和其他组织的合法权益。宪法赋予公民人身自由的权利包括：人身自由不受非法的逮捕、拘禁及其他侵害；公民人格尊严不受侵犯；公民的住宅不受侵犯；公民的通信自由和通信秘密受国家法律的保护。《治安管理处罚法》明确规定了关于人身权、住宅权、名誉权等方面的管理办法和处罚措施。人身权利是国家保护公民依法享有的最基本的权利，也是公民依法享有和行使其他权利的前提条件，只有公民在自己的人身权利能够得到有效的法律保障的基础上，才有可能享受和行使国家法律赋予的其他各项权利。

---

① 上官丕亮：《治安管理处罚法的人权精神及其重要意义》，《中国人大》2006第7期，第28页。

4. 规范和保障公安机关及其人民警察依法履行治安管理职责。根据《中华人民共和国宪法》(以下简称《宪法》)《刑事诉讼法》《人民警察法》等规定，公安机关及其人民警察行使治安行政管理职权，担负着治安管理职责。《治安管理处罚法》中的实体与程序性规定既能够规范公安机关治安管理权的运用，同时也为人民警察依法履行治安管理职责提供可靠保障。

(二)《治安管理处罚法》的基本原则

治安管理处罚意味着对治安管理相对人合法权利的剥夺，是具有强制性质的制裁手段，查处治安案件应当遵循相应的基本原则。根据《治安管理处罚法》第5条规定，主要包括以下三个基本原则：

1. 过罚相当的原则

指行政主体对违法行为人必须以事实为依据，适用行政处罚，所科罚种和处罚幅度要与违法行为人的违法过错程度相适应，必须以事实为根据，与违法治安管理行为的性质、情节以及危害程度相当。既不轻过重罚，也不重过轻罚，避免畸轻畸重的不合理、不公正情况。体现了法治的统一性、严肃性和公平性。

2. 尊重和保障人权原则

该原则是宪法原则的具体体现，在治安案件办理中，应当保障治安管理相对人两方面的合法权益：一是保障守法公民的合法权益，比如在扣押财产作为证据时，被侵害人的财物就不得扣押，属于他人合法财产的物品就不得扣押；二是保障违反治安管理行为人的合法权益，如个人隐私保密，不得打骂侮辱。《治安管理处罚法》在处罚程序上得到了完善，更加注重尊重和保障人权。增加了"执法监督"一章，对公安机关及人民警察办理治安案件应当遵守的基本行为规范作出有针对性的规定，比如治安管理相对人对治安管理处罚不服的，有权依法申请行政复议或提起行政诉讼等。

3. 教育与处罚相结合的原则

这一原则的精神是指坚持处罚不是目的，而是一种手段，通过处罚和教育，预防和减少违法行为的发生。教育和处罚是相辅相成的，罚要当其责，宽严适度，把握不同案情的处罚适用，依法、合理、适当地运用处罚。借助处罚增强教育和预防的有效性，使治安违法人认识其行为的危害，增强其法治观念。

除以上三个原则，《治安管理处罚法》还规定了另外两个原则，行为与处罚法定原则和公开、公正原则，五个原则共同构成了查处治安案件的基本原则，体现了查处治安案件的目的和要求。

三、《治安管理处罚法》的主要内容

《治安管理处罚法》分为总则、处罚的种类和适用、违反治安管理的行为和处罚、处罚程序、执法监督和附则6章，共119条。

第一章总则部分共计9个条文。分别从该法的立法目的、处罚的对象、适用的效力范围包括地域范围、处罚程序、原则、主管部门以及治安处罚与其他法律责任之间的关系等方面作出规定。

第二章处罚的种类和适用。共计13个法条，治安管理处罚的种类包括：警告、罚款、行政拘留、吊销公安机关发放的许可证，同时对违反治安管理的外国人，设定了限期出境或者驱逐出境的处罚。界定了从轻、减轻、不予处罚、从重、不执行行政拘留处罚的情形，体现了重在教育、以人为本、公平公正原则。

第三章违反治安管理的行为和处罚。本章从四个方面对违法行为作出规定，内容详细、具体，具有很强的可操作性。首先，扰乱公共秩序的行为和处罚包括7个法条涉及24种违法行为；其次，妨害公共安全的行为和处罚，共计10条，对我们在日常生活中，最容易遇到的安全问题作出了处罚规定；第三，侵犯公民人身权利、民主权利的处罚，共10条；第四，妨害社会管理的行为和处罚，共27条。在罚款的数额上，对"黄、赌、毒"可以处以3 000元至5 000元处罚，其他违法行为罚款的最高数额，按照违法行为的性质、情节和社会危害程度，细分为200元、500元、1 000元处罚。在拘留的使用方面，处罚分成3个档次，按照不同的违法行为、违法行为的不同性质，区分为5天以下，5天至10天，10天至15天，对公安机关的自由裁量权加以明确。

第四章处罚程序。程序公正是实现实体公正的基础，本法在程序方面作了比较详细的规定，共35个法条。对治安案件的受理、证据的收集、涉案物品的扣押、保管、处置，传唤的批准权限，涉案场所、人身的检查以及处罚的告知、听证程序、申请复议、执行等都作了明确规定。

第五章执法监督。本章共6条，专门规定民警的办案行为，强化了公安机关人民警察执法行为的规范和监督，同时规定了人民警察在办理治安案件时禁止的11种行为，如果违反规定，应承担相应的法律责任。

第六章附则。有关本法计算的依据以及本法的实施时间、与相关法律的关系的规定。

四、《治安管理处罚法》的适用范围

《治安管理处罚法》的适用范围也就是其效力范围，是指该法在何时、何地，

对何人有效。

（一）时间范围

即《治安管理处罚法》在什么时间内有效。包含两层意思：

1. 指《治安管理处罚法》的生效时间。

该法第119条规定："本法自2006年3月1日起施行。"2013年1月1日起施行《全国人民代表大会常务委员会关于修改〈中华人民共和国治安管理处罚法〉的决定》的修正案。

2. 指追究违反治安管理行为的有效期限。

该法第22条第1款规定："违反治安管理行为在六个月内没有被公安机关发现的，不再处罚。"如果违反治安管理行为在6个月内被公安机关发现，但行为人未被查获或行为人逃避处罚，6个月后公安机关将其查获的，仍可以处罚。这是《治安管理处罚法》的时间效力。

（二）地域范围

即《治安管理处罚法》在什么地方有效。该法第4条规定："在中华人民共和国领域内发生的违反治安管理行为，除法律有特别规定的以外，适用本法。在中华人民共和国船舶和航空器内发生的违反治安管理行为，除法律有特别规定的以外，适用本法。"这就是说，凡是在我国管辖的领地、领空、领海（水）内发生的违反治安管理的行为都适用《治安管理处罚法》。这就是该法的地域效力。

（三）对人范围

即《治安管理处罚法》对什么人有效。根据该法及我国相关法律规定，无论是本国公民，还是外国人或无国籍人，凡在中华人民共和国境内的违反治安管理行为，除法律有特别规定外，都依照该法处理。"特别规定"是指对于享有外交特权和豁免权的外国人违反治安管理行为，可以通过外交途径解决。

五、治安管理处罚的种类

根据《治安管理处罚法》第十条规定，主要包括以下种类：警告；罚款；行政拘留；吊销公安机关发放的许可证。对违反治安管理的外国人，可以附加适用限期出境或者驱逐出境。

在日常的治安案件中，警告和罚款是最常见的处罚种类。例如，2013年7月8日晚22时，某公安局接到群众举报，称在某小区某歌厅存在营利性陪侍和卖淫嫖娼活动。接到举报后，该局民警迅速前往查处，发现有十名妇女从事营利性陪侍，并现场抓获卖淫妇女一人，嫖客一人，遂当场依法对该歌舞厅的法定负责人李某进行了传唤讯问。李某承认在歌舞厅有营利性陪侍和卖淫嫖娼活动，据此，

2013年8月26日，某公安局依法作出治安处罚决定，对该歌舞厅负责人李某及相关人员给予警告并处以治安罚款5 000元。按照公安行政行为的基本原则，公安行政行为必须符合法律的规定，即公安行政行为必须证据充分；不能超越法定权限，且必须符合法定程序。据《治安管理处罚法》及《娱乐场所管理条例》的有关规定，公安机关在查明某歌舞厅存在营利性陪侍和卖淫嫖娼活动后，依法对歌舞厅负责人李某及相关人员给予警告并处罚款5 000元的行政处罚，是合法和适当的。

第二节　违反治安管理行为

一、行为种类

违反治安管理行为，是指扰乱社会秩序，妨害公共安全，侵犯公民人身权利，侵犯公私财产，尚不够刑事处罚，依法应当给予治安管理处罚的行为。违反治安管理行为是治安管理处罚理论的核心问题。

依据《治安管理处罚法》的规定，违反治安管理行为主要有如下几种：

（一）扰乱公共秩序行为

公共秩序是指在社会生活中，由法律、法规和规章制度等组成的行为规范。主要包括社会秩序、公共场所秩序、交通秩序等。

扰乱公共秩序是指以各种方法，故意在公共场所实施妨害国家行政管理的秩序，扰乱了人民群众的正常生产、工作、学习、生活秩序而尚未构成犯罪的行为。

《治安管理处罚法》第23条至29条规定了属于扰乱公共秩序的行为。

1. 扰乱单位秩序行为。扰乱机关、团体、企业、事业单位秩序，致使工作、生产、营业、医疗、教学、科研不能正常进行，尚未造成严重损失的行为。这里的"扰乱"既有暴力的，也包括非暴力的。暴力的扰乱行为主要表现为：（1）砸办公用具、门窗等物品，毁坏文件材料等。（2）纠缠有关工作人员等。非暴力的扰乱行为主要表现为：（1）起哄、闹事、辱骂。（2）擅自封闭出入通道。（3）占据相关场所和空间。

在认定"扰乱单位秩序"行为时，要注意区分单位职工因对内部利益分配、岗位调整等本单位内部问题的处理不满而采取的过激行为。这些行为虽然带有扰乱单位秩序的性质，但不足以影响单位工作正常进行，或者虽然有一定的影响，但由于事出有因，可以通过说服教育使当事人改正错误、停止过激行为，则属于一般的错误行为，不应处罚。但如果屡犯不改，经常扰乱单位秩序的，应当依法处罚。

2. 扰乱公共场所行为。扰乱车站、港口、码头、机场、商场、公园、展览馆或者其他公共场所秩序的行为。"公共场所"除了条文列举的几种外,其他公共场所包括礼堂、公共食堂、游泳池、浴池、宾馆饭店等供不特定多数人随时出入、停留、使用的场所。

3. 扰乱公共交通工具行为。扰乱公共汽车、电车、火车、船舶、航空器或者其他公共交通工具上的秩序的行为。"公共交通工具"是指正在运行的公共交通工具,而不包括停在车库内或停留在车站、码头待用的公共交通工具。

4. 非法拦截或者强登、扒乘机动车、船舶、航空器以及其他交通工具,影响交通工具正常行驶的行为。

5. 破坏选举秩序行为,是指在选举各级人民代表大会代表和国家机关领导人员以及其他依照法律规定进行的选举时,以威胁、欺骗、贿赂、伪造选举文件、虚报选举票数等手段破坏选举或者妨害选民和代表自由行使选举权和被选举权,破坏依法进行的选举活动,对选举活动造成的影响不大,尚不够刑事处罚的行为。本条的"选举"必须是依法进行的选举活动。如根据《中华人民共和国地方各级人民代表大会和地方各级人民政府组织法》选举地方各级人大代表、国家机关领导人员的活动,根据《中华人民共和国村民委员会组织法》选举村民委员会成员的活动,根据《中华人民共和国工会法》选举企业工会成员的活动等等。破坏选举行为与破坏选举罪的区别:一是二者的情节的轻重和造成的后果不同。如没有致使选举结果严重违背民意,没有造成重大不良社会、政治影响,则属于违法行为,否则构成破坏选举罪。二是破坏选举的违法行为包括的选举要比破坏选举罪的选举要广泛。破坏选举罪中的"选举"仅指选举各级人民代表大会代表和国家机关领导人员,而不包括村民委员会选举和工会选举。

6. 扰乱文化、体育等大型群众性活动秩序行为。包括:强行进入场内的行为;违反规定,在场内燃放烟花爆竹或者其他物品的行为;展示侮辱性标语、条幅等物品的行为;围攻裁判员、运动员或者其他工作人员的行为;向场内投掷杂物,不听制止的行为。

本条所称的"文化、体育等大型群众性活动"的范围应当是《群众性文化体育活动治安管理办法》所规定的范围,即在公园、风景游览区、游乐园、广场、体育场馆、展览馆、俱乐部、公共道路、居民生活区等公共场所举办的下列活动演唱会、音乐会等文艺活动;游园、灯会、花会等民间传统活动;体育比赛、民间竞技、健身气功等群众性体育活动;其他群众性文化体育活动。但不包括展览展销等商品活动、政府组织的庆典等大型活动。向大型活动场内投掷杂物行为,客观表现是"向场内投掷杂物，不听制止的"，此项要求行为人必须有不听工作人员制止的行为。如果向场内投掷杂物，在工作人员制止后即停止该行为，则不构成本行为。

7. 散布谣言，谎报险情、疫情、警情或者以其他方法故意扰乱公共秩序的行为。谎报警情的行为在实践中屡见不鲜，如某年3月31日晚，王某给电信公司值班工作人员打电话称："明天你们不要上班了，有人要炸电信公司办公楼。"值班员接到电话后，马上把情况报告给单位领导，单位领导报案后，公安机关在电信公司办公楼里彻底进行了检查，一无所获。后经查明：原来第二天是愚人节，王某和要电信公司开玩笑。本案中王某明知没有警情，却向有关人员谎报警情，尽管其主观上没有恶意，但其主观上属于明知其行为会引起公共秩序混乱的后果，但认为好玩而放任了这种结果的发生，同时在客观上也引起了公共秩序的混乱。应当按照本项规定予以处罚。

8. 投放虚假危险物质扰乱公共秩序行为。指投放虚假的爆炸性、毒害性、放射性、腐蚀性物质或者传染病病原体等危险物质扰乱公共秩序的行为。本行为在客观上主要表现为投放虚假的危险物质，一般以邮寄、放置、丢弃等方式将虚假的危险物质置于他人或者公众面前或者生活工作场所周围，引起一定范围内的民众的恐慌。行为人的动机和目的是多方面的，有的是为了报复，有的是为了发泄对社会的不满，有的是搞恶作剧等等，无论何种动机都不影响本行为的成立。

9. 扬言实施放火、爆炸、投放危险物质扰乱公共秩序行为。本项的行为在客观上主要表现为行为人扬言要实施放火、爆炸、投放危险物质，并造成一定的后果，如一定范围人群的恐慌。

10. 寻衅滋事行为。包括结伙斗殴；追逐、拦截他人的行为；强拿硬要或者任意损毁、占用公私财物等其他寻衅滋事行为。本条强拿硬要的寻衅滋事行为与抢劫行为有许多相似之处，比如都是非法占有他人财物，都采取一定的暴力、胁迫等方法，都侵犯了他人的人身权利和财产权利等。但二者仍有本质区别：首先，实施地点不同。"强拿硬要"属寻衅滋事行为的一种，侵害的客体主要是社会公共秩序，因此其行为地点为公共场所。抢劫侵害的客体为人身权利和财产权利，行为地点多发生在偏僻处所，偶尔发生在公共场所。其次，主观目的不同。"强拿硬要"的主观故意表现为蓄意生事、寻求刺激、挑衅社会，只是寻衅滋事的方式之一，所以，要弄威风是其主要目的，而非法占有他人财物属从属目的。抢劫的主观故意表现为以暴力控制或暴力威胁来占有他人财物。再次，暴力程度不同。"强拿硬要"一般只有轻微的暴力或暴力威胁，被害人通常不致有重伤或死亡的危险；抢劫的暴力或威胁程度较强烈，经常有凶器，被害人一般无法反抗，反抗则有重伤或死亡的危险。最后，占有财物的目标数额不同。"强拿硬要"一般只是"小拿小要"，有时能获得更多财物而无意获取；抢劫则以最大限度地获取财物为目标，作案现场能获得的财物一般不会主动放弃。通过以上几点，可以区分寻衅滋事与抢劫的区别。寻衅滋事行为情节严重，构成寻衅滋事罪的，应当依法追究刑事责任；否则，就应当依照本条的规定予以治安管理处罚。

11. 组织、教唆、胁迫、诱骗、煽动他人从事邪教、会道门活动或者利用邪教、会道门、迷信活动，扰乱社会秩序、损害他人身体健康的行为。

12. 冒用宗教、气功名义进行扰乱社会秩序、损害他人身体健康活动的行为。

13. 违反国家规定，故意干扰无线电业务正常进行的，或者对正常运行的无线电台（站）产生有害干扰，经有关主管部门指出后，拒不采取有效措施消除的行为。

14. 违反国家规定，侵入计算机信息系统，造成危害的行为。"侵入"是指未取得有关部门或单位的合法授权，通过计算机终端访问计算机信息系统或者进行数据截收的行为。破坏计算机系统硬件的行为不构成本行为，如将计算机的网线割断，将计算机主机砸坏等。该侵入计算机信息系统的违法行为与非法侵入计算机信息系统罪的区别：一是侵入的对象不同。后者侵入的是国家事务、国防建设、尖端科学领域的计算机信息系统，前者侵入的是这三种以外的其他计算机信息系统。二是前者要造成一定的危害才能构成，后者是行为犯，只要非法侵入就构成犯罪。

15. 违反国家规定，对计算机信息系统功能进行删除、修改、增加、干扰，造成计算机信息系统不能正常运行的行为。

16. 违反国家规定，对计算机信息系统中存储、处理、传输的数据和应用程序进行删除、修改、增加的行为。

17. 故意制作、传播计算机病毒等破坏性程序，影响计算机信息系统正常运行的行为。

以上四条中"计算机信息系统"是国家事务、国防建设、尖端科学领域的计算机系统以外的计算机系统，如企业、社会团体等单位的不涉及尖端科学的计算机系统。

（二）妨害公共安全行为

妨害公共安全行为是指违反治安管理法规，实施了妨害或可能妨害大多数人生命健康和财产安全，尚不够刑事处罚的行为。

鉴于妨害公共安全行为的多样性,《治安管理处罚法》用9个法条分别表述。

1. 非法制造、买卖、储存、运输、邮寄、携带、使用、提供、处置危险物质行为。按照《治安管理处罚法》第30条:违反国家规定,制造、买卖、储存、运输、邮寄、携带、使用、提供、处置爆炸性、毒害性、放射性、腐蚀性物质或者传染病病原体等危险物质的,处十日以上十五日以下拘留;情节较轻的,处五日以上十日以下拘留。

本条的"国家规定",既包括相关法律、行政法规的规定,也包括各部委发布的部门规章、通告等规定性文件的规定,如《中华人民共和国传染病防治法》《民用爆炸物品安全管理条例》《危险化学品安全管理条例》《农药安全使用规定》《关于加强烟花爆竹企业安全生产管理的紧急通知》以及《烟花爆竹安全管理条例》等等。不管是在危险物质的哪个环节,只要妨害了公共安全,给不特定多数人的人身、财产安全带来危险,公安机关就有责任和义务予以处罚。根据《烟花爆竹安全管理条例》第4、5条的规定,烟花爆竹的生产、经营环节由安全生产监督管理部门进行管理,但是如果在生产、经营过程中,违反国家规定,妨害了公共安全的,公安机关同样应当依照本条的规定对有关责任人予以治安管理处罚。

本法与相关罪名的界限问题。如本条违法行为与非法制造、买卖、运输、储存危险物质罪的界限:根据有关司法解释,对于爆炸物品,非法制造、运输、邮寄、储存炸药、发射药、黑火药1千克以上或者烟火药3千克以上、雷管30枚以上或者导火索、导爆索30米以上的,多次非法制造、买卖、运输、邮寄、储存弹药、爆炸物的,以及虽未达到上述最低数量标准,但具有造成严重后果等其他恶劣情节的,构成犯罪;未达到上述标准的,属于违法行为。对于"毒鼠强"等剧毒物品,非法制造、买卖、运输、储存原粉、原液、制剂50克以上,或者饵料2千克以上,或者在非法制造、买卖、运输、储存过程中致人重伤、死亡或造成公私财产损失10万元以上的,构成犯罪;未达到上述标准的,属于违法行为。

与危险物品肇事罪的界限:在生产、储存、运输、使用危害物质过程中,因过失发生重大事故,死亡1人以上,重伤3人以上,或者直接经济损失5万元以上,或者直接经济损失不足5万元,但情节严重,使生产、工作受到重大损害的,构成犯罪;未达到上述标准的,属于违法行为。

按照《治安管理处罚法》第31条,爆炸性、毒害性、放射性、腐蚀性物质或者传染病病原体等危险物质被盗、被抢或者丢失,未按规定报告的,处五日以下拘留;故意隐瞒不报的,处五日以上十日以下拘留。

2. 非法携带枪支、弹药、管制器具行为。《治安管理处罚法》第32条规定,非法携带枪支、弹药或者弩、匕首等国家规定的管制器具的,处五日以下拘留,可以并处五百元以下罚款；情节较轻的，处警告或者二百元以下罚款。非法携带枪支、弹药或者弩、匕首等国家规定的管制器具进入公共场所或者公共交通工具的，处五日以上十日以下拘留，可以并处五百元以下罚款。

本条所指枪支，包括以火药或者压缩气体等为动力，利用管状器具发射金属弹丸或者其他物质，足以致人伤亡或丧失知觉的各种枪支。如手枪、步枪等各种军用枪支，射击运动用的各种枪支，狩猎用的线膛枪、散弹枪、火药枪、钢珠枪，麻醉动物用的注射枪，能发射金属弹丸的气枪等。弩：利用弹簧装置发射箭头、钢球的器具，一般用于狩猎，杀伤力较强，可以致人重伤或死亡。管制刀具：根据公安部1983年发布的《对部分刀具实行管制的暂行规定》，管制刀具包括匕首、三棱刀、三棱刮刀、带有自锁装置的弹簧刀、跳刀，以及其他相类似的单刃、双刃、三棱尖刀。根据公安部1994年《关于管制刀具范围的批复》，无弹簧但有自锁装置的单刃、双刃刀和形似匕首但长度超过匕首的单刃、双刃刀等，属于管制刀具的范围。但个人携带的水果刀、少数民族因生活习惯在本地区佩带的刀具，不属于管制刀具。我们应该认识到，国务院取消管制刀具的有关审批项目，是对行政管理方式的改革，公安机关依照《人民警察法》对管制刀具进行管理的职责没有改变，而且作为对管制刀具进行管理的依据《对部分刀具实行管制的暂行规定》没有被废止，对管制刀具实行管理的持有和使用管制刀具主体限定制度、禁止非法携带管制刀具进入公共场所、交通工具制度和非法持有管制刀具必须自动送交公安机关等制度仍然有效，公安机关应当继续执行。

非法携带枪支、弹药、管制器具违法行为与非法携带枪支、弹药、危险物品危及公共安全罪的界限：根据司法解释，非法携带枪支、弹药、爆炸物进入公共场所或者公共交通工具，危及公共安全，具有下列情形之一的，构成犯罪：（1）携带枪支、手榴弹的；（2）携带爆炸装置的；（3）携带炸药、发射药、黑火药500克以上或烟火药1千克以上、雷管20枚以上，导火索、导爆索20米以上的；或者携带数量虽未达到以上标准，但拒不交出的；（4）携带的弹药、爆炸物在公共场所或公共交通工具上发生爆炸或燃烧，尚未造成严重后果的；（5）具有其他严重情节的。未达到上述标准的，依照本法予以治安管理处罚。

3. 关于盗窃、损毁公共设施、影响国（边）境管理设施的行为。主要是指行为人所实施的盗窃、损毁油气管道设施、电力电信设施、广播电视设施、水利防汛工程设施或者水文监测、测量、气象测报、环境监测、地质监测、地震监测等公共设施的行为。这里的"盗窃"，是指以非法占有为目的，采用秘密窃取等手段窃取，尚不够刑事处罚的行为。损毁，是指行为人出于故意或者过失损坏或者毁坏公私财物的行为。根据《治安管理处罚法》第33条，有下列行为之一的，处十日以上十五日以下拘留：（1）盗窃、损毁油气管道设施、电力电信设施、广播电视设施、水利防汛工程设施，或者水文监测、测量、气象测报、环境监测、地质监测、地震监测等公共设施的行为；（2）移动、损毁国家边境的界碑、界桩以及其他边境标志、边境设施或者领土、领海标志设施的行为；（3）非法进行影响国（边）界线走向的活动或者修建有碍国（边）境管理的设施的行为。

4. 妨害航空器飞行安全的行为。根据《治安管理处罚法》第34条，盗窃、损坏、擅自移动使用中的航空设施，或者强行进入航空器驾驶舱的，处十日以上十五日以下拘留。在使用中的航空器上使用可能影响导航系统正常功能的器具、工具，不听劝阻的，处五日以下拘留或者五百元以下罚款。这类违反治安管理行为的对象是使用中的航空设施。"盗窃"，是指行为人以非法占有为目的，秘密窃取航空设施的行为。"损坏"，是指行为人出于故意的心理，实施不当的行为，从而致使有关航空设施失去功能或者部分失去效能的行为。"擅自移动"，是指行为人未经允许，而根据自己的意愿，将有关的航空设施移走、改变方向等行为。实践中，航空设施通常包括飞行区设施，如跑道、升降带、跑道端安全地区、滑行道系统、机坪、目视助航系统设施、机场围界及巡场路、净空障碍物限制等设施；空中交通管理系统，包括航管、通信、导航、气象等设施；以及其他与飞行安全有关的各类设施。强行进入航空器驾驶舱的行为，是指航空器上的非机组人员不听劝阻，执意进入航空器驾驶舱的行为。为了保证驾驶航空器不受任何干扰，驾驶舱与乘务舱、行李舱是分离的。而强行闯入驾驶舱的行为对航空器的正常运行危害特别大，容易干扰航空器驾驶员对航空器的操控，从而影响到航空器的正常驾驶，需要予以相应的法律制裁。这里的"航空器"，主要是民用航空器，即除用于执行军事、海关、警察飞行任务外的民航客机、运输机等。

5. 关于妨害铁路运行安全的行为。根据《治安管理处罚法》第35条，有下列行为之一的，处五日以上十日以下拘留，可以并处五百元以下罚款；情节较轻的，处五日以下拘留或者五百元以下罚款：（1）盗窃、损毁或者擅自移动铁路设施、设备、机车车辆配件或者安全标志的行为；（2）在铁路线路上放置障碍物，或者故意向列车投掷物品的行为；（3）在铁路线路、桥梁、涵洞处挖掘坑穴、采石取沙的行为；（4）在铁路线路上私设道口或者平交过道的行为。

6. 影响火车行车安全的行为。根据《治安管理处罚法》第36条，擅自进入铁路防护网或者火车来临时在铁路线路上行走坐卧、抢越铁路，影响行车安全的，处警告或者二百元以下罚款。铁路防护网是铁路部门为了防止行人、牲畜进入铁路而设置的防护网，其目的是维护列车的行车安全和保护人民群众的生命、财产安全。《中华人民共和国铁路法》（以下简称《铁路法》）规定，禁止在铁路线路上行走坐卧。对在铁路线路上行走坐卧的，铁路职工有权制止。火车来临时在铁路线路上行走坐卧、抢越铁路，容易发生行车安全事故，造成行人的伤亡，影响列车的正常行驶。

7. 违反安装、使用电网规定，道路施工对沟井坎穴不设覆盖物、防围和警示标志，故意损毁、移动覆盖物、防围和警示标志，盗窃、损毁公共设施的行为。根据《治安管理处罚法》第37条，有下列行为之一的，处五日以下拘留或者五百元以下罚款；情节严重的，处五日以上十日以下拘留，可以并处五百元以下罚款：（1）未经批准，安装、使用电网的，或者安装、使用电网不符合安全规定的行为；（2）在车辆、行人通行的地方施工，对沟井坎穴不设覆盖物、防围和警示标志的行为，或者故意损毁、移动覆盖物、防围和警示标志的行为；（3）盗窃、损毁路面井盖、照明等公共设施的行为。

电网是用金属线连接的，可以通电流的拦设物。一般用来防盗、防逃，但如果安装、使用不当，可能会危害人民生命安全，造成伤亡事故和火灾事故。安装电网是一些特殊单位的要求，如重要军事设施、重要厂矿、监狱等。其他单位和个人未经公安机关许可，不得随意安装和使用。1983年水利电力部、公安部联合发布的《严禁在农村安装电网的通告》规定，凡安装电网者，必须将安装地点、理由，并附有安装电网的四邻距离图，以及使用电压等级和采取的预防触电措施等有关资料，向所在地县（市）公安局申报，经审查批准，方可安装。还规定，严禁社队企业、作坊安装电网护厂防盗防窃；严禁用电网捕鱼、狩猎、捕鼠等。安装、使用电网不符合安全规定，是指行为人在安装、使用电网时，违反国家对电网安装、使用的安全规定，如地网须安设内、外刺线护网，其高度不得低于一米五；电网四周明显处，应设置白底红字警示牌，支柱上隔适当距离，须安装红色警灯；等等。行为人只要违反规定安装、使用电网，或者安装、使用电网不符合安全规定，尚未造成严重后果的，就应当受到治安管理处罚。如果造成了严重后果，则构成以危险方法危害公共安全罪，应当追究其刑事责任。

盗窃、损毁路面公共设施行为。此种行为侵犯的客体属于复杂客体，即国家的财产所有权和公共安全，其中公共安全是主要的，因此将此种违法行为放在妨害公共安全行为这一节。同样，如果盗窃、损毁井盖等公用设施，危害公共安全，情节严重的，不管其价值是否达到盗窃罪的立案标准，都可以构成犯罪，即构成以危险方法危害公共安全罪。

8. 违反规定举办大型活动的行为。根据《治安管理处罚法》第38条，举办文化、体育等大型群众性活动，违反有关规定，有发生安全事故危险的，责令停止活动，立即疏散。对组织者处五日以上十日以下拘留，并处二百元以上五百元以下罚款；情节较轻的，处五日以下拘留或者五百元以下罚款。

本行为在客观上主要表现为举办文化、体育等大型群众性活动违反有关规定，有发生安全事故的危险。有关规定，是指有关举办大型群众性活动的法规、规章等。本行为的具体表现为：（1）未经许可，擅自举办大型群众性活动的。（2）超过核准人数的，如某大型群众性活动核准为2万人，而实际参加的有2.5万人。（3）场地及其附属设施不符合安全标准，存在安全隐患，如场地建筑不坚固，有发生倒塌坠毁的可能性；各种电线、线路老化，容易引发火灾。（4）消防设施不符合法定要求。如灭火器超过使用期限；没有按照规定安装火灾自动报警系统；消防通道和紧急通道被占用，一旦发生事故，消防车不能开进，人员无法逃离现场。（5）没有制订安全保卫工作方案。根据公安部《群众性文化体育活动治安管理办法》规定，申请举办群众性文化体育活动的公民、法人和其他组织，应当对活动的具体内容、安全保卫措施承担全部责任，并制订安全保卫工作方案。行为人在主观上表现为故意或者过失，有的大型活动主办者为了降低成本，获取最大经济利益，而故意减少在安全保卫方面的投入，明知存在安全隐患仍不加整改，由此造成过失也可以构成本行为。大型活动不仅涉及公共秩序，还涉及公共安全，举办者必须严格遵守各项安全规定。

9. 公共场所经营管理人员违反安全规定行为。根据《治安管理处罚法》第39条，旅馆、饭店、影剧院、娱乐场、运动场、展览馆或者其他供社会公众活动的场所的经营管理人员，违反安全规定，致使该场所有发生安全事故危险，经公安机关责令改正，拒不改正的，处五日以下拘留。

本行为的主体为社会公众场所的经营管理人员。"社会公众场所"主要包括旅馆、饭店、影剧院、娱乐场、运动场、展览馆、歌舞厅、桑拿按摩房、茶馆、酒吧、网吧等。"经营管理人员"是指对场所有直接管理责任的管理人员，如饭店经理、网吧的负责人等，一般的管理人员不能作为本行为的责任主体。本行为在客观上主要表现为：违反安全规定；有发生安全事故危险；经公安机关责令改正，但拒不改正。这三个条件需同时具备，缺一不可。需要注意的是，公安机关责令改正，应当以书面的形式告知场所的经营管理人员，即出具《责令限期改正通知书》，并按照法定程序送达场所的经营管理人员。要防止因告知不当、处罚的前置条件不充分，影响处罚的效力。

（三）侵犯他人人身权利行为

侵犯他人人身权利行为，是指故意侵犯他人人身和其他人身有关的权利，危害较小尚不够刑事处罚的行为。对侵犯他人人身权利行为，《治安管理处罚法》第40条至第45条规定了9种行为。

1. 组织、胁迫、诱骗不满十六周岁的人或者残疾人进行恐怖、残忍表演的行为。恐怖表演：指有关凶杀、暴力的表演，如表演"碎尸万段"、刀劈活人、大卸人体组织等。残忍表演：指对人的身体进行残酷折磨的表演，如吞宝剑、吞铁球、人吃活蛇、汽车过人、油锤贯顶、铁钉刺鼻等。这些行为严重摧残了未成年人、残疾人的身心健康，侵犯了他们的人身权利。

2. 以暴力、威胁或者其他手段强迫他人劳动的行为。暴力：指用殴打、体罚、捆绑、非法限制人身自由等对人身实施打击和强制的行为。威胁：指以扬言伤害、禁闭、没收押金或集资款等方式相要挟，迫使满足其劳动要求的行为。实践中注意：对发生了自然灾害、事故或者其他原因，威胁到劳动者生命健康和财产安全，需要紧急处理的；生产设备、交通运输线路、公共设施发生故障，影响生产和公众利益，必须及时抢修的；法律法规规定的其他情形下采取上述手段强迫劳动的，不构成本行为。

本条强迫劳动的行为与强迫职工劳动罪的区别：（1）只有强迫劳动情节严重的，才构成犯罪。如强迫职工劳动致使职工受伤、患病或者多次强迫职工劳动的，或者在社会上造成恶劣影响的。（2）强迫的对象不同，前者可以是强迫任何人劳动，而后者只能是强迫职工劳动。（3）强迫的方法不同。前者的方法包括暴力、威胁等，而后者强迫的方法仅限于非法限制人身自由。

3. 非法限制他人人身自由、非法侵入他人住宅或者非法搜查他人身体的行为。以下情形不构成非法限制人身自由行为：（1）人民群众对正在实行犯罪或者犯罪后即时被发觉的犯罪嫌疑人、通缉在案的犯罪嫌疑人、越狱逃跑的罪犯或者正在被追捕的犯罪嫌疑人，依法扭送到司法机关的；（2）为防止精神病患者行凶伤人而将其暂时隔离的；（3）实行正当防卫而将犯罪嫌疑人暂时捆绑并押送司法机关的。

4. 胁迫、诱骗或者利用他人乞讨，反复纠缠、强行讨要或者以其他滋扰他人的方式乞讨的行为。包括胁迫、诱骗或者利用他人乞讨的行为，反复纠缠、强行讨要或者以其他滋扰他人的方式乞讨等两种行为。第一种行为在客观上表现为：胁迫、诱骗或者利用他人乞讨，主要是利用胁迫、诱骗或者利用残疾人、未成年人和老年人等进行乞讨或者变相乞讨行为。胁迫，是指行为人以实施暴力或其他有损身心健康的行为，如冻饿、罚跪等相要挟，逼迫他人进行乞讨的行为。诱骗，是指行为人利用他人的弱点或亲属等人身依附关系，或者以许愿、诱惑、欺骗等手段指使他人进行乞讨的行为。利用他人乞讨，是指行为人使用各种手段让他人自愿地按其要求进行乞讨的行为，包括租借或者其他形式。租借，是指行为人给残疾人、未成年人或者老年人等的家属、监护人或其本人支付一定的金钱，使其进行乞讨谋取非法利益。第二种行为也称冒犯性乞讨，指反复纠缠、强行讨要或者以其他滋扰他人的方式乞讨。反复纠缠，是指乞讨人员向他人行乞遭拒绝后，仍采取阻拦、尾随等其他令人反感的方式继续乞讨钱财。强行讨要，是指以生拉硬拽、污言秽语等令人厌恶的方式乞讨钱财。其他滋扰他人的方式包括以强迫接受的方式卖花、卖唱、开车门、拎包等行为变相乞讨。这类行为的主要表现是滋扰他人，不达到乞讨的目的则不放过他人。

5. 威胁他人人身安全，侮辱或者诽谤他人，诬告陷害他人，打击报复证人，发送淫秽、侮辱、恐吓或者其他信息干扰他人正常生活，侵犯他人隐私的行为。包括：（1）写恐吓信或者以其他方法威胁他人人身安全的；（2）公然侮辱他人或者捏造事实诽谤他人的；（3）捏造事实诬告陷害他人，企图使他人受到刑事追究或者受到治安管理处罚的；（4）对证人及其近亲属进行威胁、侮辱、殴打或者打击报复的；（5）多次发送淫秽、侮辱、恐吓或者其他信息，干扰他人正常生活的；（6）偷窥、偷拍、窃听、散布他人隐私的行为。

威胁的方法既包括写恐吓信，也包括其他方法，如投寄子弹、匕首等恐吓物等；既可以是直接的威胁，也可以通过暗示的方法威胁；既可以是行为人自己威胁，也可以通过第三人的转告来威胁；还有的行为人利用公开别人的隐私来威胁。不管用什么手段来威胁，不管有没有后果发生，均不影响本行为的成立。如果行为人通过威胁的手段获取财物，则构成敲诈勒索行为。第二项侮辱行为中，"公然"指当着众人或者第三人的面，或者是利用可以使第三人听到、看到的方式，对他人进行侮辱。有侮辱行为时，被侮辱者是否在场，并不影响本行为的成立。侮辱既可以是暴力的，如以粪便泼人，强迫他人做有损人格尊严的动作等；也可以是文字的，如以大小字报、漫画等形式攻击他人人格；还可以是口头的，如用言语对他人进行嘲笑、辱骂等；对肖像的侮辱也可以构成本行为，如对他人的照片、画像进行涂画、玷污、践踏等。第三项诬告陷害行为中，"捏造事实"指捏造他人违反治安管理的事实或犯罪事实，即以根本不存在的、可能引起公安机关、司法机关给予治安管理处罚或追究刑事责任的事实，强加给被诬陷者，以使被诬陷者有可能受到治安管理处罚或刑事处罚。如果捏造的事实不是违反治安管理或犯罪事实，而是一般的生活问题或者违反其他行政法律法规的事实，则不构成本行为。诬告陷害属于行为犯，只要行为人实施了这种行为，不论是否造成他人受到刑事处罚或治安管理处罚，都不影响本行为的成立。第四项，威胁、侮辱、殴打、打击报复证人及其近亲属行为。证人包括刑事、民事、行政案件中的证人。打击报复可以是行为人利用职务上的便利对证人及其近亲属进行非法扣除工资、奖金、降级、降职、停薪、调离、解雇、开除等。第五项，发送信息干扰他人正常生活行为。客观上表现为多次通过信件、电话、网络等途径传送淫秽、侮辱、恐吓或其他骚扰信息，干扰他人正常生活。网络包括互联网，也包括局域网。其他骚扰信息，主要是指过于频繁地或者在休息时间发送提供服务、商品的信息或其他信息，可能干扰他人正常生活的。本行为必须是多次实施，即三次以上，才应予以处罚。侵犯隐私行为。隐私，是指不愿意让他人知道的，属于个人的生活秘密，如两性关系、生育能力等，不管是被他人合法知悉的隐私，还是非法知悉的隐私，一旦公开都将会给当事人的生活、心理带来压力。散布：指行为人用各种方式将了解到的他人隐私传播给他人的行为，传播的方式包括用语言、文字、图片、电子信息等形式。为了有效保护公民的隐私权，应该惩治不法分子偷窥、偷拍、偷录、窃听、散布他人隐私的行为。

6. 殴打他人或者故意伤害他人身体的行为。本条规定的故意伤害他人的行为是行为犯，只要有故意伤害他人的行为，就应当给予处罚，后果的严重程度只作为处罚的酌定情节。殴打他人行为：指行为人公然实施的损害他人身体健康的打人行为，一般采用拳打脚踢，或者使用棍棒等器具殴打他人。故意伤害行为：指行为人以殴打以外的其他方式故意伤害他人的行为，如使用机械撞击、电击、针刺、放射性物质等方法实施伤害。

以下案件是常见的因邻里纠纷导致的殴打他人事件。某日下午，王某由于自家的鸡被盗，怀疑被李某盗窃，便连连用不堪入耳的言词谩骂。李某听到王某的谩骂声，便责问其"骂什么"？王某又骂道："谁偷了鸡就骂谁"。李某不满，也以侮辱性的言词谩骂。王某与李某在谩骂中发生厮打，李某用脚踢王某的裆部，王某用手打李某的脸部、胸部，以致双方均受到伤害。经法医鉴定二人均为轻微伤，但李某的轻微伤稍重于王某。某公安分局依照本条之规定作出治安管理处罚裁决：对李某予以罚款100元；对王某予以行政拘留15日。本案中，王某由于自家的鸡被盗，怀疑被李某盗窃，从而引起了两人相互谩骂和殴打，造成两人均受到了轻微伤害。从王某与李某互殴引发的原因和造成的伤害后果看，分不出谁主谁次，在这种情况下，公安分局在对他们进行行政处罚时，应该遵循公正、合理原则，对他们作出基本相同的行政处罚，以体现"同责同罚"。但公安分局对他们作出的行政处罚，在轻重程度上明显不一样，行政拘留是限制违法者人身自由的一种制裁，而罚款则是强迫违法者交纳一定数额现金的一种制裁，显然前者比后者严重得多，因此，公安机关在适用本条时要注意正当适用行政裁量权。

7. 猥亵行为。指猥亵他人的，或者在公共场所故意裸露身体，情节恶劣的行为。猥亵行为在客观方面表现为违背他人意志使用抠摸、搂抱、舌舔、吸吮、手淫等各种方法来刺激或者满足自己性欲的淫秽行为。被猥亵的对象既可以是女性，也可以是男性，既可以是同性的猥亵，也可以是异性的猥亵。如果双方出于自愿，则不构成违反治安管理行为。在公共场所故意裸露身体行为中的"公共场所"，主要指公众进行公开活动的场所。"裸露身体"不仅包括赤裸全身，也包括赤裸下身或者暴露阴私部位，或者女性赤裸上身等情形。构成本行为必须是情节恶劣，如多次实施、引起众人围观、群众意见较大、社会影响恶劣等。

8. 虐待行为。虐待家庭成员，被虐待人要求处理的，侵害的对象是共同生活的家庭成员，而不包括保姆、徒弟等人。家庭成员有血亲关系、婚姻关系、收养关系等。血亲关系是指因生育自然形成的具有血缘关系的亲属关系，如父母、子女、在一起生活的兄弟姐妹等；婚姻关系，指夫妻关系；收养关系，指把他人收留下来作自己的子女来抚养而形成的关系。本行为在客观方面表现为经常以打骂、捆绑、冻饿、强迫劳动、有病不给医治、限制自由等方法，对共同生活的家庭成员进行肉体上、精神上的摧残和折磨。虐待行为是在一定时间内多次连续进行的，具有经常性、连续性的特点。对于虐待行为，应采取不告不理的原则。即被虐待人要求处理的，公安机关方可受理。

公安机关如何对待家庭暴力行为？家庭暴力是某一家庭成员对其他成员使用暴力的行为，一般以男性对女性使用暴力居多。就全国而言，近年来，家庭暴力行为呈逐年上升趋势，且致伤致残、致死案件也逐年增多，暴力的恶劣程度上升。同时，家庭暴力破坏家庭和睦，影响子女的健康成长，还可能导致以暴制暴，进一步危害社会稳定。公安机关不能把家庭暴力作为私人领域的事，在接到群众报案后，要及时出警，有效制止暴力行为，根据情节的严重程度，对施暴者予以教育和处罚。对于长期实施家庭暴力的行为，可以按虐待行为来处罚；对于不是经常性的实施家庭暴力的，可以根据案件的具体情节，按照殴打他人、故意伤害、侮辱等行为予以处罚。除了《治安管理处罚法》外，《中华人民共和国婚姻法》也对公安机关处置家庭暴力作出了明确规定。第43条第二、三款明确规定，"对正在实施的家庭暴力，受害人有权提出请求，居民委员会、村民委员会应当予以劝阻；公安机关应当予以制止。实施家庭暴力或虐待家庭成员、受害人提出请求的，公安机关应当依照治安管理处罚的法律规定予以行政处罚。"

9. 遗弃行为，遗弃没有独立生活能力的被扶养人的。遗弃行为有两种形式：一是积极的遗弃，如行为人将婴儿或者病残子女丢弃街头；二是消极的不作为，如对年老、重病而又没有生活来源的父母不提供经济和物质供给。

（四）侵犯公私财物的行为

侵犯公私财物是指以非法占有或者发泄怨气为目的，侵占公私财物或者故意损坏公私财物，尚不够刑事处罚的行为。

对侵犯公私财物行为，《治安管理处罚法》第46条至第49条规定了4种行为：

1. 强买强卖商品，强迫他人提供服务或者强迫他人接受服务的行为，又称为强迫交易行为，本行为客观上表现为以暴力、威胁手段强买强卖、强迫他人提供服务或者强迫他人接受服务。

2. 煽动民族仇恨、民族歧视，或者在出版物、计算机信息网络中刊载民族歧视、侮辱内容的行为。

3. 冒领、隐匿、毁弃、私自开拆或者非法检查他人邮件的行为。"邮件"包括信函、电报、汇款、包裹、印刷品等邮件，也包括通过网络传播的电子邮件。

4. 盗窃、诈骗、哄抢、抢夺、敲诈勒索或者故意损毁公私财物的行为。为界定本条行为的构成，需要明确相关犯罪行为的刑事案件立案标准：个人盗窃公私财物价值800元以上，一年内入户盗窃或者在公共场所扒窃3次以上。盗窃公私财物价值达到600元以上，具有下列情形之一的，构成刑事案件：（1）以破坏性手段盗窃造成公私财产损失的；（2）盗窃残疾人、孤寡老人或者丧失劳动能力人的财物的；（3）造成严重后果或者具有其他恶劣情节的。盗窃公私财物价值虽然达到800元，但情节轻微，并具有下列情形之一的，可不作为犯罪处理：已满16岁不满18岁的未成年人作案的；全部退赃、退赔的；主动投案自首的；被胁迫参加盗窃活动，没有分赃或者获赃较少的；其他情节轻微、危害不大的。

注意：根据司法解释，最后一次盗窃构成犯罪，前次盗窃行为在一年以内的，应当累计其盗窃数额。因此，如果一年内数次盗窃行为均不构成犯罪，则还属于违反治安管理行为，不能累计后按犯罪处理。诈骗行为的刑事案件立案标准：普通诈骗罪3 000元，合同诈骗罪5 000元。哄抢行为的刑事案件立案标准：1 000元。抢夺行为的刑事案件立案标准：500元。敲诈勒索行为的刑事案件立案标准：2 000元。故意损毁公私财物行为的刑事案件立案标准：2 000元。对于盗窃、诈骗、哄抢、抢夺、敲诈勒索、故意损毁财物未达到上述立案标准的，不作为犯罪处理，而应当依照本法给予治安管理处罚。

对于赃物的价值数额，可以参照《最高人民法院关于审理盗窃案件具体应用法律若干问题的解释》的规定，在用其他方法可以确定价值的，就不需要物价部门进行价格鉴定。如对于流通领域的商品，应当按市场零售价的中等价格计算；对于牲畜，按交易市场同类同等牲畜的中等价格计算等等。只有当赃物价格不明或者价格用该解释规定的其他方法难以确定时，才应当委托指定的价格鉴定机构进行价格鉴定。

（五）妨害社会管理的行为

妨害社会管理的行为，是指故意违反国家的有关法规，妨害国家机关对社会的管理活动，破坏社会管理秩序，尚不够刑事处罚的行为。

妨害社会管理的行为，面比较宽，性质不一样，处罚的种类和幅度也不一样，因此，《治安管理处罚法》用25个法条进行表述：

1. 拒不执行紧急状态下的决定、命令行为。《治安管理处罚法》第50条规定，有下列行为之一的，处警告或者二百元以下罚款；情节严重的，处五日以上十日以下拘留，可以并处五百元以下罚款：

（1）拒不执行人民政府在紧急状态情况下依法发布的决定、命令的；（2）阻碍国家机关工作人员依法执行职务的；（3）阻碍执行紧急任务的消防车、救护车、工程抢险车、警车等车辆通行的；（4）强行冲闯公安机关设置的警戒带、警戒区的。阻碍人民警察依法执行职务的，从重处罚。

所谓"紧急状态"是指，《宪法》第67条规定全国人民代表大会常务委员会职权的第二十项"决定全国或者个别省、自治区、直辖市的进入紧急状态"，《宪法》第80条，中华人民共和国主席根据全国人大及人大常委会的决定，"宣布进入紧急状态，宣布战争状态，发布动员令"。"紧急状态"是指一种特别的、迫在眉睫的危机或危险局势，影响全体公民，并对整个社会的正常生活构成威胁的社会状态。根据引起紧急状态的原因不同，可以分为两类：自然灾害引起的紧急状态；社会动乱引起的紧急状态。"决定、命令"是指在紧急状态下，各级人民政府根据形势的需要，为了克服危机，恢复秩序而作出的决定或命令。包括乡、镇以上各级人民政府。

第一项行为在客观方面表现为抗拒乡、镇以上各级人民政府在紧急状态情况下依法发布的决定、命令，包括作为或不作为的方式。实践中主要表现为不作为，如在防洪抢险时，不服从安全转移的命令；政府强制征用物质时，拒绝交付被征用物质；在爆发重大传染性疾病时，不服从人民政府关于隔离、强制检疫的规定等。

第二项为阻碍国家机关工作人员依法执行职务行为。"国家机关工作人员",包括权力机关、党政机关、司法机关、军事机关的工作人员。注意:国家机关工作人员必须是依法执行职务,即所进行的职务活动在他的职责权限范围内,并且符合法律规定的条件。

第三项为阻碍特种车辆通行行为。阻碍的特种车辆包括消防车、救护车、工程抢险车、警车等等,并且是正在执行紧急任务的特种车辆。

第四项为冲闯警戒带、警戒区行为。公安机关为了维护有关现场秩序可以设置警戒带和警戒区,如刑事案件的发案现场,交通事故现场,重大自然灾害、火灾、重大责任事故现场,需要隔离的传染病发生、流行地,重大突发治安事件现场等等。此类行为中的行为人的动机并不一样,如有的是出于好奇而进入现场,有的是企图进入警戒区域取回自己的财物,有的是为了制造混乱等,行为人的动机并不影响定性,而可以作为处罚时考虑的情节。在处置此类案件时,由于具有现场性、群体性,因此应当妥善处置,并严格依法使用武器警械。《中华人民共和国人民警察使用警械和武器条例》第7条:"对于强行冲越人民警察为履行职责设置的警戒线的,人民警察经警告无效的,可以使用警棍、催泪弹、高压水枪、特种防暴枪等驱逐性、制服性警械。"

2. 招摇撞骗行为。《治安管理处罚法》第51条规定,冒充国家机关工作人员或者以其他虚假身份招摇撞骗的,处五日以上十日以下拘留,可以并处五百元以下罚款;情节较轻的,处五日以下拘留或者五百元以下罚款。冒充军警人员招摇撞骗的,从重处罚。本条中的其他虚假身份招摇撞骗行为包括冒充高干子弟、记者、医生、教授、律师等等。

招摇撞骗行为与本法中的诈骗行为难以区分,两个违法行为的不同之处在于:首先,侵犯的客体不同。前者主要是国家机关的威信及其正常活动,后者仅限于公私财物的所有权。其次,客观方面不同。前者表现为冒充国家机关工作人员或其他虚假身份进行招摇撞骗,骗取非法利益;后者则是编造虚假理由或隐瞒事实真相来骗取公私财物。再次,主观目的不同。前者是追求非法利益,包括非法占有公私财物,也包括骗取其他非法利益,如政治待遇、荣誉、感情;后者只是非法占有公私财物。但是两种行为也有法条竞合的情形。如果以虚假身份骗取财物,那也从行为的构成来说,既符合招摇撞骗行为的特征,又符合诈骗行为的特征。在这种情况下,应当按照从一从重的原则来定性。

3. 关于对伪造、变造或者买卖国家机关等单位的公文、证件、证明文件、有价票证、凭证、船舶户牌等行为。《治安管理处罚法》第52条规定，有下列行为之一的，处十日以上十五日以下拘留，可以并处一千元以下罚款；情节较轻的，处五日以上十日以下拘留，可以并处五百元以下罚款：（1）伪造、变造或者买卖国家机关、人民团体、企业、事业单位或者其他组织的公文、证件、证明文件、印章的；（2）买卖或者使用伪造、变造的国家机关、人民团体、企业、事业单位或者其他组织的公文、证件、证明文件的；（3）伪造、变造、倒卖车票、船票、航空客票、文艺演出票、体育比赛入场券或者其他有价票证、凭证的；（4）伪造、变造船舶户牌，买卖或者使用伪造、变造的船舶户牌，或者涂改船舶发动机号码的。

第一项规定的"公文"，是指国家机关、人民团体、企业、事业单位或者其他组织在其职权内，以其名义制作的以指示工作、处理问题或者联系事务的各种书面文件，如决定、命令、决议、指示、通知、报告、信函、电文等。这里规定的"证件"，是指国家机关、人民团体、企业、事业单位其他组织制作颁发的用以证明身份、权利、义务关系或者有关事实的凭证，主要包括证件、证书。这里规定的"证明文件"，是指由国家机关、人民团体、企业、事业单位其他组织开具的证明其身份的文书等，如介绍信。这里规定的"印章"，是指刻有国家机关、人民团体、企业、事业单位或者其他组织名称的公章或者有某种特殊用途的专用章。从另外角度讲，本项规定的"公文、证件、证明文件、印章"都是指真实、有效的公文、证件、证明文件、印章。

第二项要处罚的行为包括下列几种行为：①买卖伪造、变造的国家机关、人民团体、企业、事业单位或者其他组织的公文、证件、证明文件的行为。②使用伪造、变造的国家机关、人民团体、企业、事业单位或者其他组织的公文、证件、证明文件的行为。其中这里所说的"买卖"与第一项中所规定的"买卖"的含义是一致的。这里规定的"使用伪造、变造的"，是指行为人明知其所用的公文、证件、证明文件是虚假的，是经过伪造或者变造的，而继续使用以欺骗他人的行为。

第三项规定处罚的行为包括以下三种：①伪造车票、船票、航空客票、文艺演出票、体育比赛入场券或者其他有价票证、凭证的行为。②变造车票、船票、航空客票、文艺演出票、体育比赛入场券或者其他有价票证、凭证的行为。③倒卖车票、船票、航空客票、文艺演出票、体育比赛入场券或者其他有价票证、凭证的行为。这里所说的"其他有价票证、凭证"，是指类似于车票、船票、航空客票、文艺演出票、体育比赛入场券的，代表一定数额现金的证明票据，如各种营业性质的展览的入场券等。

4. 船舶擅自进入、停靠国家禁止、限制进入的水域或者岛屿的行为。《治安管理处罚法》第53条规定，船舶擅自进入、停靠国家禁止、限制进入的水域或者岛屿的，对船舶负责人及有关责任人员处五百元以上一千元以下罚款；情节严重的，处五日以下拘留，并处五百元以上一千元以下罚款。

2000年5月1日施行的《沿海船舶边防治安管理规定》对各类船舶的管理作了明确规定。根据《沿海船舶边防治安管理规定》第13条，各类船舶进出港口时，除依照规定向渔港监督或者各级海事行政主管部门办理进出港签证手续外，还应当办理进出港边防签证手续。进出非本船籍港时，必须到当地公安边防部门或者其授权的船舶签证点，办理签证手续，接受检查。同时第17条规定，出海船舶和人员不得擅自进入国家禁止或者限制进入的海域或者岛屿，不得擅自搭靠外国籍或者香港、澳门特别行政区以及台湾地区的船舶。本条要处罚的就是船舶擅自进入、停靠国家禁止、限制进入的水域或者岛屿的行为，本条处罚的对象是有上述这些行为的船舶负责人及有关责任人员。

5. 非法以社团名义活动及擅自经营需公安机关许可行业的行为。《治安管理处罚法》第54条规定，有下列行为之一的，处十日以上十五日以下拘留，并处五百元以上一千元以下罚款；情节较轻的，处五日以下拘留或者五百元以下罚款：（1）违反国家规定，未经注册登记，以社会团体名义进行活动，被取缔后，仍进行活动的；（2）被依法撤销登记的社会团体，仍以社会团体名义进行活动的；（3）未经许可，擅自经营按照国家规定需要由公安机关许可的行业的。有前款第三项行为的，予以取缔。取得公安机关许可的经营者，违反国家有关管理规定，情节严重的，公安机关可以吊销许可证。

社会团体指中国公民自愿组成，为实现会员共同意愿，按照其章程开展活动的非营利性组织，如各种协会、学会、联合会、商会等。成立社会团体，应当经其业务主管部门审查同意，具备法人条件，并依法到民政部门进行注册登记。如果未经民政部门注册登记，以社会团体名义进行活动的，应当由民政部门进行处理并予以取缔。如果被民政部门依法取缔后，仍然进行活动的，方可构成违反治安管理行为。擅自经营需公安机关许可的行业有：①旅馆业。申请开办旅馆，应当经主管部门审查批准，经当地公安机关签署意见，向工商部门申请登记，领取营业执照后方可开业。②典当业。申请人在向行政主管部门领取典当经营许可证后，应当在10日内向所在地县级公安机关申请特种行业许可证。③公章刻制业。经营公章刻制业须经上级主管部门和公安机关审核批准，报公安机关备案，并领取特种行业许可证后方可营业。申请原子印章业务的，须经省级以上公安机关批准。④保安培训机构。设立保安培训机构，必须经省级公安机关审批。

6. 煽动、策划非法集会、游行、示威行为。《治安管理处罚法》第55条规定，煽动、策划非法集会、游行、示威，不听劝阻的，处十日以上十五日以下拘留。

集会：指聚集于露天公共场所，发表意见、表达意愿的活动。游行：指在公共道路、露天公共场所列队行进、表达共同意愿的活动。示威：指在露天公共场所或公共道路上以集会、游行、静坐等方式，表达要求、抗议或者支持、声援等共同意愿的活动。非法集会、游行、示威：指未依照法律规定申请或者申请未获许可，或者未按照主管机关许可的时间、地点、路线而进行的扰乱社会秩序的集会、游行、示威活动。在适用本条时，要注意处罚的对象只是煽动、策划者，即组织者和发起人。对于一般的参加者，不应依照本条处理。

7. 旅馆业的工作人员管理不严的违法行为。《治安管理处罚法》第56条规定，旅馆业的工作人员对住宿的旅客不按规定登记姓名、身份证件种类和号码的，或者明知住宿的旅客将危险物质带入旅馆，不予制止的，处二百元以上五百元以下罚款。旅馆业的工作人员明知住宿的旅客是犯罪嫌疑人员或者被公安机关通缉的人员，不向公安机关报告的，处二百元以上五百元以下罚款；情节严重的，处五日以下拘留，可以并处五百元以下罚款。

针对不按规定登记住宿旅客信息行为的处罚，注意对违法行为处于连续状态的认定，如在旅馆工作检查中发现，一个月内连续有八人次未按规定登记旅客姓名、身份证件种类和号码，那么只能按本行为处罚一次，违规的次数可以作为处罚的情节予以考虑，而不能作出八个处罚决定。关于不制止住宿旅客带入危险物质行为，要求旅馆业工作人员明知旅客将危险物质带入旅馆，而不予制止。这里的明知，在执法实践中必须有证据证明方可处理。另外，由于法律没有赋予旅馆业工作人员检查旅客行李的权利和义务，因此旅馆业经营者的发现和制止的义务仅限于从外观上很明显就能判断出携带的是危险物质的情形，如包装上标明了是危险物质。对于旅客将危险物质隐藏在行李或物品里，从外观上发现不了的，则不构成本行为。

8. 房屋出租人的违法行为。《治安管理处罚法》第57条规定，房屋出租人将房屋出租给无身份证件的人居住的，或者不按规定登记承租人姓名、身份证件种类和号码的，处二百元以上五百元以下罚款。房屋出租人明知承租人利用出租房屋进行犯罪活动，不向公安机关报告的，处二百元以上五百元以下罚款；情节严重的，处五日以下拘留，可以并处五百元以下罚款。

9. 制造噪声干扰正常生活行为。《治安管理处罚法》第58条规定，违反关于社会生活噪声污染防治的法律规定，制造噪声干扰他人正常生活的，处警告；警告后不改正的，处二百元以上五百元以下罚款。

本条所指的"噪声"仅包括社会生活噪声，而不包括工业噪声、建筑施工噪声、交通运输噪声等。在实践中，噪声的来源主要包括商业经营活动、娱乐场所、家庭使用的音响器材音量过大，或者在休息时间装修房屋噪声过大，影响他人的正常休息等。在适用本条时，应注意对初次制造噪声干扰他人正常生活的，只能处警告处罚。经警告处罚后，行为人仍不改正的，才可以处200元以上500元以下罚款。这里的警告处罚也是一种治安管理处罚，同样应当按照治安处罚的受案、询问、取证、告知权利、审批、作出书面处罚决定并送达被处罚人等程序进行，当然，符合当场处罚条件的，可以作出当场处罚决定。

10. 收购国家禁止收购的物品的行为。《治安管理处罚法》第59条规定，有下列行为之一的，处五百元以上一千元以下罚款；情节严重的，处五日以上十日以下拘留，并处五百元以上一千元以下罚款：（1）典当业工作人员承接典当的物品，不查验有关证明、不履行登记手续，或者明知是违法犯罪嫌疑人、赃物，不向公安机关报告的；（2）违反国家规定，收购铁路、油田、供电、电信、矿山、水利、测量和城市公用设施等废旧专用器材的；（3）收购公安机关通报寻查的赃物或者有赃物嫌疑的物品的；（4）收购国家禁止收购的其他物品的。

违法收购废旧专用器材行为，收购赃物、有赃物嫌疑的物品行为，收购国家禁止收购的其他物品行为，三种违反治安管理行为的主体是特殊主体，即废旧金属经营者，包括单位和个人。

11. 干扰执法机关的正常工作的行为。《治安管理处罚法》第60条规定，有下列行为之一的，处五日以上十日以下拘留，并处二百元以上五百元以下罚款：（1）隐藏、转移、变卖或者损毁行政执法机关依法扣押、查封、冻结的财物的；（2）伪造、隐匿、毁灭证据或者提供虚假证言、谎报案情，影响行政执法机关依法办案的；（3）明知是赃物而窝藏、转移或者代为销售的；（4）被依法执行管制、剥夺政治权利或者在缓刑、暂予监外执行中的罪犯或者被依法采取刑事强制措施的人，有违反法律、行政法规和国务院有关部门的监督管理规定的行为。

关于隐藏、转移、变卖、损毁行政执行机关依法扣押、查封、冻结的财物行为中的"行政执法机关"既包括公安机关，也包括其他具有行政执法权的部门，如市场监督局、税务局等。公安行为对于在行政执法机关办案调查取证时作伪证、伪造隐匿毁灭证据的行为进行处理。提供虚假证言指在行政执法机关调查取证时，行为人故意作出歪曲事实、虚假的证言，妨害行政执法的行为，但证人拒不作证则不能构成违反治安管理行为。其动机是多种多样的，但不影响定性，如为了陷害他人或者乘机报复他人，帮助他人逃脱法律制裁，干扰执法机关的正常工作等等。违反监督管理规定的行为主体是被执行管制、剥夺政治权利、缓刑、假释、保外就医等在监狱外执行刑罚的罪犯，以及被采取取保候审、监视居住强制措施的犯罪嫌疑人。"法律、行政法规和国务院公安部门有关监督管理规定"主要包括《刑法》《刑事诉讼法》《罪犯保外就医执行办法》《公安机关对被管制、剥夺政治权利、缓刑、假释、保外就医罪犯的监督管理规定》等。

12. 偷越国（边）境的违法行为。《治安管理处罚法》第61条规定，协助组织或者运送他人偷越国（边）境的，处十日以上十五日以下拘留，并处一千元以上五千元以下罚款。第62条规定，为偷越国（边）境人员提供条件的，处五日以上十日以下拘留，并处五百元以上二千元以下罚款。偷越国（边）境的，处五日以下拘留或者五百元以下罚款。

13. 故意损坏文物、名胜古迹的行为。《治安管理处罚法》第63条规定，有下列行为之一的，处警告或者二百元以下罚款；情节较重的，处五日以上十日以下拘留，并处二百元以上五百元以下罚款：第一，刻划、涂污或者以其他方式故意损坏国家保护的文物、名胜古迹的；第二，违反国家规定，在文物保护单位附近进行爆破、挖掘等活动，危及文物安全的。

行为人主观上是故意，过失不构成本行为。本行为可能与故意损毁财物有竞合之处，如果刻划、涂污等损坏文物、名胜古迹行为未造成严重后果，不构成犯罪的话，也有可能构成故意损毁财物的违反治安管理行为。在这种情况下，应当按照从一从重处理的原则予以认定。即根据具体案件的情节，按哪一种行为处罚较重的，就按哪种行为处罚。

14. 偷开机动车的行为。《治安管理处罚法》第64条规定，有下列行为之一的，处五百元以上一千元以下罚款；情节严重的，处十日以上十五日以下拘留，并处五百元以上一千元以下罚款：（1）偷开他人机动车的；（2）未取得驾驶证驾驶或者偷开他人航空器、机动船舶的。

本行为在客观方面表现为未经机动车所有人、管理人或驾驶人同意，擅自驾驶他人的机动车的行为。这种行为不仅妨碍了他人对机动车辆的正常使用，还对道路交通安全构成了潜在的危害。行为人可能有机动车驾驶证，也可能没有驾驶证，不影响本行为的构成。实践中，行为人的动机一般是出于取乐、好奇、摆阔等，但不具有非法占有的目的。另外，偷开他人的电动自行车等非机动车的，不构成违反治安管理行为。与盗窃机动车的区别：主观上是否有非法占有机动车的目的。另外，根据最高法的解释，如果行为人将机动车私自开走后予以改装、变卖或者遗弃的，应当认定为盗窃行为。如果行为人在实施该行为时，没有非法占有的目的，并且事后将机动车停放在原处的，才构成本项的偷开机动车行为。

15. 破坏、污损坟墓行为，毁坏、丢弃尸骨、骨灰行为及违法停放尸体行为。《治安管理处罚法》第65条规定，有下列行为之一的，处五日以上十日以下拘留；情节严重的，处十日以上十五日以下拘留，可以并处一千元以下罚款：（1）故意破坏、污损他人坟墓或者毁坏、丢弃他人尸骨、骨灰的；（2）在公共场所停放尸体或者因停放尸体影响他人正常生活、工作秩序，不听劝阻的。

在实践中，有不少情形是行为人为了解决与死者相关的问题而在上访活动中抬尸、停尸，给有关部门或人员施压。因此，在处理此类事件时，要注意工作方式方法，多做劝解工作，给当事人讲明政策和法律，防止因态度蛮横、工作方法简单而激化矛盾。只有对那些经反复做思想工作，不听劝阻，执意闹事的，才可以适用本项规定予以处罚。

16. 卖淫行为，嫖娼行为。《治安管理处罚法》第66条规定，卖淫、嫖娼的，处十日以上十五日以下拘留，可以并处五千元以下罚款；情节较轻的，处五日以下拘留或者五百元以下罚款。在公共场所拉客招嫖的，处五日以下拘留或者五百元以下罚款。

卖淫嫖娼：指不特定的异性之间或者同性之间以金钱、财物为媒介，发生性关系的行为，包括口淫、手淫、鸡奸等行为。根据这一定义，对卖淫嫖娼应当广义理解。一是对行为人的理解，即同性之间、异性之间都可以发生卖淫嫖娼行为，既有女性卖淫，也有男性卖淫。

如何认定卖淫嫖娼的情节轻重？在以往的执法中，有一种认识误区，就是对一起卖淫嫖娼案件，对卖淫者和嫖娼者应当作出相同的处罚，否则就是显失公平。笔者认为这种理解是有失偏颇的。认定情节轻重，应当从行为人本人的主观恶性、行为方式等多方面进行全面考量。如对卖淫者来说，对行为人确因生活所迫，在公共场所以流动人口为卖淫对象，且所得不多的情况，与以卖淫为主要生活来源、有固定住所或场所专门从事卖淫的，其情节就有明显的不同，在处罚时就应当予以考虑。对嫖娼者来说，对受到卖淫者引诱而偶然嫖娼和主动到有关场所去寻找卖淫者嫖娼的情节又有不同。

拉客招嫖违法行为的主体为卖淫者，可以是女性，也可以是男性。本行为主要表现在公共场所实施拉客招嫖行为，意图卖淫的。公共场所、拉客、招嫖三个条件需同时具备，才构成本行为。正确理解"拉客"的含义，是指通过语言、动作、反复纠缠等各种方式，拉拢、引诱他人的行为，而不应仅仅理解为用手去拉。拉客招嫖行为与卖淫行为是有几方面区别的：卖淫嫖娼的行为主体之间主观上已经就卖淫嫖娼达到一致，已经谈好价钱或已给付金钱、财物，并且着手实施，但由于本人主观意志以外的原因，尚未发生性关系的；或者已经发生性关系，但尚未给付金钱、财物的，都应当按照卖淫嫖娼行为处理。认定招嫖行为，只需要对其拉客的目的进行定性分析，不必形成事实的卖淫嫖娼行为，其关键在于抓住"谈价"等能够体现"卖淫嫖娼行为将不正当性关系商业化"这一本质特征。如果谈好价钱，着手实施但未发生性关系的，属于情节较轻的卖淫行为；如果谈价未成，就符合招嫖行为的构成要件，属于拉客招嫖行为。

17. 引诱、容留、介绍他人卖淫行为。《治安管理处罚法》第67条规定，引诱、容留、介绍他人卖淫的，处十日以上十五日以下拘留，可以并处五千元以下罚款；情节较轻的，处五日以下拘留或者五百元以下罚款。与引诱、容留、介绍卖淫罪的区别主要在情节轻重的不同，情节较轻的，构成违反治安管理行为，否则构成犯罪。所谓情节较轻，目前没有明确的规定，一般是指实施引诱、容留、介绍他人卖淫的次数少，偶然为之，认错态度好并积极配合公安机关工作的等情形。

18. 有关传播淫秽物品和信息的行为。《治安管理处罚法》第68条规定，制作、运输、复制、出售、出租淫秽的书刊、图片、影片、音像制品等淫秽物品或者利用计算机信息网络、电话以及其他通讯工具传播淫秽信息的，处十日以上十五日以下拘留，可以并处三千元以下罚款；情节较轻的，处五日以下拘留或者五百元以下罚款。第69条规定，有下列行为之一的，处十日以上十五日以下拘留，并处五百元以上一千元以下罚款：（1）组织播放淫秽音像的；（2）组织或者进行淫秽表演的；（3）参与聚众淫乱活动的。明知他人从事前款活动，为其提供条件的，依照前款的规定处罚。

制作、运输、复制、出售、出租淫秽物品行为。不要求以牟利为目的。刑事案件立案标准为：①以牟利为目的，制作、复制、出版淫秽影碟、软件、录像带50张（盒），淫秽音碟、录音带100张（盒），淫秽扑克、书刊、画册100副（册），淫秽照片、画片500张以上。②以牟利为目的，贩卖淫秽影碟、软件、录像带100张（盒），淫秽音碟、录音带200张（盒），淫秽扑克、书刊、画册200副（册），淫秽照片、画片1 000张以上。③以牟利为目的，向他人传播淫秽物品200人次以上，组织播放淫秽影像10场次以上。④以牟利为目的，制作、复制、出版、贩卖、传播淫秽物品，获利5000元以上。未达到上述立案标准的，按本行为处罚。

传播淫秽信息行为在客观上表现为利用计算机信息网络、电话、传真、无线寻呼等通讯工具传播淫秽信息。淫秽信息：指具体描绘性行为或露骨宣扬色情的诲淫性的视频文件、音频文件、电子刊物、图片、文章、短信息等互联网、移动通讯终端电子信息和声讯台语音信息。

19. 组织播放淫秽音像行为。《治安管理处罚法》第69条第一款第一项，组织播放淫秽音像行为。第一款第二项，组织淫秽表演行为，进行淫秽表演行为。第一款第三项，参与聚众淫乱行为。第二款，为淫秽活动提供条件行为。这些行为都不要求以牟利或营利为目的。组织播放淫秽音像行为与组织播放淫秽音像制品罪的区别在于，组织播放淫秽电影、录像等音像制品15场次或者造成恶劣社会影响的，构成犯罪。否则属于违反治安管理行为。组织淫秽表演行为客观上表现为进行淫秽表演而策划、编排节目，纠集、招募、雇佣表演人员，寻找、安排、租用表演场地，招揽观众等行为。进行淫秽表演行为客观上表现为表演人员当众进行脱衣舞、裸体舞等败坏社会风尚、有伤风化的表演。对淫秽表演应当广义理解，即不但包括在有关场所进行的表演，也包括在网上用视频聊天的形式对多数人进行表演，就是通常所说的"裸聊"。一般来说，如果只有聊天的两人互相可以看到，其他任何第三人无法看到的裸聊不应构成进行淫秽表演行为。据报道，江苏省公安机关有数百名网警24小时在线巡逻，一旦发现淫秽色情违法犯罪活动，将快速出击，予以查处。对于此举，有观点认为，警方24小时监视"裸聊"者的后果其实是把所有的聊天者都监视了起来，侵害了网民的隐私权、人身权、通信自由权。而且并不是所有的"裸聊"者都是违法犯罪分子，有的属于私生活的范畴。

20. 为赌博提供条件及赌博行为。《治安管理处罚法》第70条规定，以营利为目的，为赌博提供条件的，或者参与赌博赌资较大的，处五日以下拘留或者五百元以下罚款；情节严重的，处十日以上十五日以下拘留，并处五百元以上三千元以下罚款。为赌博提供条件的行为要求主观上以营利为目的。提供的条件包括提供赌资、赌具、场所、专门运送赌博者的交通工具，以及其他提供方便的条件，如专门为赌博人员提供食宿等。在办理赌博案件中，除了适用国家法律法规以及司法解释、公安部的有关规定外，还应当符合地方性法规。现场查获的赌博案件应制作现场笔录，可以进行拍照或摄像。依法收缴赌具、赌资，赌资应逐人分清，分别收缴。不能逐人分清的赌资，单独收缴。结案时，赌具应当经局领导批准后予以销毁。

21. 非法种植、买卖、运输、储存、持有毒品原植物行为。《治安管理处罚法》第71条规定，有下列行为之一的，处十日以上十五日以下拘留，可以并处三千元以下罚款；情节较轻的，处五日以下拘留或者五百元以下罚款：（1）非法种植罂粟不满五百株或者其他少量毒品原植物的；（2）非法买卖、运输、携带、持有少量未经灭活的罂粟等毒品原植物种子或者幼苗的；（3）非法运输、买卖、储存、使用少量罂粟壳的。有前款第一项行为，在成熟前自行铲除的，不予处罚。

22. 非法持有毒品行为和向他人提供毒品行为。《治安管理处罚法》第72条规定，有下列行为之一的，处十日以上十五日以下拘留，可以并处二千元以下罚款；情节较轻的，处五日以下拘留或者五百元以下罚款：（1）非法持有鸦片不满二百克、海洛因或者甲基苯丙胺不满十克或者其他少量毒品的；（2）向他人提供毒品的；（3）吸食、注射毒品的；（4）胁迫、欺骗医务人员开具麻醉药品、精神药品的。《治安管理处罚法》第73条规定，教唆、引诱、欺骗他人吸食、注射毒品的，处十日以上十五日以下拘留，并处五百元以上二千元以下罚款。

23. 为吸毒、赌博、卖淫、嫖娼人员通风报信行为。《治安管理处罚法》第74条规定，旅馆业、饮食服务业、文化娱乐业、出租汽车业等单位的人员，在公安机关查处吸毒、赌博、卖淫、嫖娼活动时，为违法犯罪行为人通风报信的，处十日以上十五日以下拘留。为吸毒、赌博、卖淫、嫖娼人员通风报信行为主体是特殊主体，即旅馆业、饮食服务业、文化娱乐业、出租汽车业等单位的人员，包括一般员工和负责人员。客观上表现为上述单位的人员在公安机关查处吸毒、赌博、卖淫嫖娼活动时，为违法犯罪行为人通风报信。其中，在公安机关查处卖淫嫖娼活动时，为违法犯罪分子通风报信，情节严重的，构成包庇罪。注意：构成包庇罪仅限于公安机关查处卖淫嫖娼行为时，而不包括公安机关查处吸毒、赌博行为时，若在公安机关在查处吸毒、赌博时，这些人员为违法犯罪分子通风报信，即使情节严重，也只构成违反治安管理行为，而不构成包庇罪。

24. 饲养动物干扰他人正常生活，放任动物恐吓他人行为。《治安管理处罚法》第75条规定，饲养动物，干扰他人正常生活的，处警告；警告后不改正的，或者放任动物恐吓他人的，处二百元以上五百元以下罚款。驱使动物伤害他人的，依照本法第43条第一款的规定处罚。对于饲养的动物，如狗、猫等等，因其粪便、叫声、气味等问题干扰他人正常生活的，应当先给予警告处罚。只有在警告后还不改正的，才可以处以罚款。警告是一种治安管理处罚，应当按照处罚的程序进行。当然，符合当场处罚条件的，可以当场作出处罚决定。放任动物恐吓他人的，不能给予警告处罚，而只能给予罚款。对于动物的主人或饲养人员利用各种方式驱使动物伤害他人的，饲养的动物实际上就成了违法犯罪行为的工具，如果造成的伤害不够轻伤，则按照故意伤害行为予以治安管理处罚；如果造成轻伤以上后果，就构成了故意伤害罪。

25.《治安管理处罚法》第76条规定，有本法第67条、第68条、第70条的行为，屡教不改的，可以按照国家规定采取强制性教育措施。所谓"屡教不改"，指有上述行为被依法判处刑罚执行期满后五年内又实施前述行为之一，或者被依法予以罚款、行政拘留、收容教育、采取强制性教育措施执行期满后三年内实施前述行为之一，情节较重，但尚不够刑事处罚的情形。

二、成立条件

违反治安管理行为成立的条件主要有四个：

（一）必须是实施了违反治安管理的行为。也就是实施了《治安管理处罚法》所禁止的各种行为。这种行为可以是作为也可以是不作为。

（二）违反治安管理的行为必须是侵犯了《治安管理处罚法》所保护的社会关系和社会秩序。

（三）实施违反治安管理行为的主体必须是达到法定年龄和具有责任能力的公民和法人。《治安管理处罚法》第12条规定："已满十四周岁不满十八周岁的人违反治安管理的，从轻或者减轻处罚；不满十四周岁的人违反治安管理的，不予处罚，但是应当责令其监护人严加管教。"《治安管理处罚法》第13条规定："精神病人在不能辨认或者不能控制自己行为的时候违反治安管理的，不予处罚，但是应当责令其监护人严加看管和治疗。间歇性的精神病人在精神正常的时候违反治安管理的，应当给予处罚。"《治安管理处罚法》第14条规定：盲人或者又聋又哑的人违反治安管理的，可以从轻、减轻或者不予处罚。

（四）必须是行为人出于故意或过失。即有的行为人明知自己的行为违法，会造成危害而故意实施的；有的行为人则因为疏忽大意，行为不慎而实施的。

三、法律特征

违反治安管理行为的法律特征，是衡量是不是违反治安管理行为和要不要给予治安管理处罚的法律依据。其特征是：

（一）必须是违反国家治安管理的行为，而不是违反其他行政管理的行为。如违反金融管理、工商管理、药品管理、城建管理就不是违反治安管理。

（二）必须是尚不够刑事处罚的行为。治安管理处罚与刑罚往往是情节和程度的差别。如赌博行为，一般属违反治安管理行为。若以营利为目的，聚众赌博或以赌博为常业，则构成刑法规定的赌博罪，应处以刑罚。①

（三）必须是应当给予治安管理处罚的行为。有些人虽然违反了治安管理法规，但情节显著轻微，仅属于应当批评教育的行为，而不属于违反治安管理的行为，不应给予治安管理处罚。

（四）必须是具有已经发生一定危害或者有发生危害可能的行为。

四、治安管理处罚

（一）处罚实施机关

有权处罚的机关就是公安机关，其他任何团体、企事业单位和个人都无权进行治安处罚。《治安管理处罚法》第91条规定："治安管理处罚由县级以上人民政府公安机关决定；其中警告、五百元以下的罚款可以由公安派出所决定。"

（二）处罚种类

根据行为人违反治安管理的情节轻重分别给予下列三种处罚：

1. 警告。这是给予违反治安管理行为人的一种谴责和警戒。它具有批评教育性质，也具有强制性质。警告由警察机关经过讯问、查证后，按照裁决程序裁决，并须填写裁决书，向本人宣布，通过被处罚人所在单位、居住地派出所协助执行。

2. 罚款。这是对违反治安管理行为人的一种经济性制裁处罚。罚款数额分三个档次：（1）一般罚款金额在一元以上二百元以下。（2）对种植罂粟等毒品原植物、赌博、传播淫秽制品的，处三千元以下罚款。（3）对卖淫、嫖宿、暗娼、介绍或容留卖淫、嫖宿、暗娼者，可处五千元以下罚款。

3. 拘留。这是在短期内限制人身自由的一种惩罚。拘留期限为一日以上十五日以下。

（三）强制措施

1. 没收。指警察机关对违反治安管理所得的无主财物、违禁品、所使用的工具等给予强制没收的措施。

---

① 《治安管理处罚法》第三章关于违反治安管理的行为的认定与处罚部分共有54条71款238种违法行为，与刑罚的界限较为明显，但存在一些法条上的竞合和冲突，有关部门未及时作出规范和解释，导致法条在执行中存在混乱。参见卢国胜：《治安管理处罚法与刑法衔接及竞合研究》，《湖北警官学院学报》2010年第3期，第83页。

2. 损失赔偿。指由于违反治安管理给被侵害人造成损失的赔偿。

3. 担负医疗费用。指由于违反治安管理造成伤害，应由加害人担负医疗费用。

（四）处罚界限

处罚界限，即警察机关及其人民警察对违反治安管理行为人进行处罚时，依据行为人的具体违法情节和程度进行处罚的法定要求。

1. 不予处罚。是指虽有某种违反治安管理行为，但由于法定的原因而不予以处罚。《治安管理处罚法》对此规定了三种情况：（1）《治安管理处罚法》第13条规定的精神病人，由于不能辨认或者不能控制自己行为的时候违反治安管理的不予处罚。（2）《治安管理处罚法》第14条规定的又聋又哑的人或者盲人，可以从轻、减轻或者不予处罚。（3）《治安管理处罚法》第22条规定的，违反治安管理行为在六个月内公安机关没有发现的，不再处罚。

2. 免于行政拘留处罚。免予行政拘留处罚的情况，即《治安管理处罚法》第21条的规定，已满十四周岁不满十六周岁的；已满十六周岁不满十八周岁，初次违反治安管理的；七十周岁以上的；怀孕或者哺乳自己不满一周岁婴儿的。

3. 从重处罚。从重处罚是指在应处罚种类的幅度以内，从低、中、高限中选择最高限处罚，也就是通常所说的上限。《治安管理处罚法》第20条规定了从重处罚的四个条件：其一，有较严重后果的；其二，教唆、胁迫、诱骗他人违反治安管理的；其三，对报案人、控告人、举报人、证人打击报复的；其四，六个月内曾受过治安管理处罚的。

4. 数种行为处罚。《治安管理处罚法》第16条规定："有两种以上违反治安管理行为的，分别裁决，合并执行。"分别裁决，就是有几个行为，给几个裁决。例如，某人既偷窃又有流氓行为，分别裁决就是偷窃裁决拘留十日，流氓裁决拘留十日。合并执行，就是把多个行为裁决的处罚合并一起执行。如上述两个行为处罚可合并执行拘留二十日。

5. 共同行为处罚。《治安管理处罚法》第17条规定："共同违反治安管理的，根据违反治安管理行为人在违反治安管理行为中所起的作用，分别处罚。"其构成要件，必须是行为人共同实施了违反治安管理的行为，且都是故意地共同参与违法活动的。

6. 连续行为处罚。是指行为人在一定时间内连续数次实施《治安管理处罚法》规定的同一种性质完全相同的违反治安管理的行为。对连续行为的处罚不适用"分别裁决，合并执行"的条款，可根据连续实施数个完全相同的行为的情节从重处罚。如对一定时间内连续赌博行为，可视为"屡教不改"，予以从重处罚。

7. 继续行为处罚。是指违反治安管理行为实施之后，在一定时间内其行为的状态仍处于持续之中。如故意涂改户口证件、隐匿文物等。在处罚时，要注意情节。这一行为不是从重从轻的法律依据。继续行为与上述连续行为的区别是：前者是处于不间断的持续状态，特点是一个行为；后者是在一定时间内连续实施数个性质相同的行为，特点是数个行为。

8. 牵连行为处罚。是指实施某一违反治安管理行为为目的，而实施该行为的方法和结果又触犯了《治安管理处罚法》的其他条款。牵连行为的两种结果是由一个行为造成的，仍然按一种违反治安管理行为查处。如某人去一居民家偷窃财物，采取破门而入的手段，既毁坏了私人的财物，又是非法侵入他人住宅，这后两种行为都是由偷窃的一种行为造成的，因此，应按一种行为处罚。

9. 吸收行为处罚。是指事实上是数个不同行为，其中一行为吸收另一行为。也就是较重的行为吸收较轻的行为，有意行为吸收无意行为。如某行为人偷开他人机动车辆，其本人又无驾驶证，这种无证行为就被偷开他人机动车辆的行为所吸收，只按一种行为处罚。

五、治安管理处罚的裁决、执行与调解

（一）裁决

《治安管理处罚法》第91条规定："治安管理处罚由县级以上人民政府公安机关决定；其中警告、五百元以下的罚款可以由公安派出所决定。"

（二）执行

1. 警告处罚的执行。制作裁决书一式三份，一份交给本人，向其宣布，对其教育，使其今后不再重犯。一份交本人所在单位，一份交本人常住地公安派出所，请他们协助执行。

2. 罚款的执行。《治安管理处罚法》第104条规定：受到罚款处罚的人应当自收到处罚决定书之日起十五日内，到指定的银行缴纳罚款。但是，有下列情形之一的，人民警察可以当场收缴罚款：（1）被处五十元以下罚款，被处罚人对罚款无异议的；（2）在边远、水上、交通不便地区，公安机关及其人民警察依照本法的规定作出罚款决定后，被处罚人向指定的银行缴纳罚款确有困难，经被处罚人提出的；（3）被处罚人在当地没有固定住所，不当场收缴事后难以执行的。

3. 拘留的执行。《治安管理处罚法》第103条规定：对被决定给予行政拘留处罚的人，由作出决定的公安机关送达拘留所执行。

（三）诉讼

1. 诉讼提起。指公民和法人不服上一级公安机关的申诉裁决，向当地人民法院提出的诉讼，即治安行政诉讼。

2. 公安机关应诉。即治安行政诉讼提起后，公安机关作为被告依法应诉。

公安行政诉讼是反映、检验行政执法能力与质量的试金石。《行政诉讼法》实施以来，治安行政诉讼案件明显增加，结合各地所发生的治安行政诉讼案件，当前存在的常见执法问题主要有：办案程序不规范；证据意识不强；案件定性不准、适用法律法规错误；案件处理不及时等问题。[①]如钱某诉讼案：钱某与邻居孙某因琐事发生争吵，孙某将钱某家窗户砸碎，但钱某称孙某闯入其家中打砸家具，造成了较大的损失。派出所对孙某予以治安罚款100元的处罚，钱某不服派出所对孙某的处罚而以派出所不作为为由向人民法院提起诉讼。经审查，派出所在处理此案时，只分别对钱某和孙某做了一次询问，在两人表述不一致的情况下就对孙某作出了处罚，派出所因案子小不依法办理，忽视证据搜集的做法显然不适当，是不符合行政处罚原则的，由此引起行政诉讼也是难免的。

（四）调解

1. 调解条件。治安调解是指在公安机关主持下，因民间纠纷引起的打架斗殴或者损毁他人财物等违反治安管理行为，情节轻微，当事人双方有意调解，执法人认为可以调节处理的行为。

2. 调解的原则。治安调解应遵循如下原则：依法调解原则；双方自愿原则；教育疏导原则；强制执行原则。

根据《治安管理处罚法》《公安机关办理行政案件程序规定》及《公安机关治安调解工作规范》第153条的规定，适用调解的治安案件有：对于因民间纠纷引起的殴打他人、故意伤害、侮辱、诽谤、诬告陷害、故意损毁财物、干扰他人正常生活、侵犯隐私、非法侵入住宅等违反治安管理行为，情节较轻，且具有下列情形之一的，可以调解处理：（1）亲友、邻里、同事、在校学生之间因琐事发生纠纷引起的；（2）行为人的侵害行为系由被侵害人事前的过错行为引起的；（3）其他适用调解处理更易化解矛盾。同时规定了不适用治安调解的情形：（1）雇凶伤害他人的；（2）结伙斗殴或者其他寻衅滋事的；（3）多次实施违反治安管理行为的；（4）当事人明确表示不愿意调解处理的；（5）当事人在治安调解过程中又针对对方实施违反治安管理行为的；（6）调解过程中，违

[①]高光顺：《行政诉讼视域下加强公安行政执法工作的实践与思考》，《公安教育》2018年第2期，第46页。

法嫌疑人逃跑的；（7）其他不宜调解处理的情况。

另外，对于因民间纠纷引起的打架斗殴或者损毁他人财物等违反治安管理行为，情节较轻的，公安机关可以调解处理。经公安机关调解、当事人达成协议的，不予处罚。经调解未达成协议或者达成协议后不履行的，公安机关应当依照本法的规定对违反治安管理行为人给予处罚，并告知当事人可以就民事争议依法向人民法院提起民事诉讼。

实践中，个别公安机关的工作人员对不属于治安调解的案件如寻衅滋事、结伙斗殴行为予以调解，认为只要当事人要求调解就可以调解，执法随意性较大，违反了治安调解的范围，另外在没有分清双方当事人责任的情况下，"各打五十大板"，其工作方式、工作方法有待提高。[1]

第三节　公共秩序管理法

一、公共秩序管理的法律依据

公共秩序也称社会秩序，它是国家法律规定或者确认的维护社会共同生活而要求人们必须遵守的行为规范。就全国范围来讲，对公共秩序进行管理的法律依据是《治安管理处罚法》《中华人民共和国集会游行示威法》（以下简称《集会游行示威法》）及《中华人民共和国集会游行示威法实施条例》，国务院发布的《娱乐场所管理条例》、公安部发布的《群众性文化体育活动治安管理办法》等。地方各省、自治区、直辖市人大及其常委会和地方各省、自治区、直辖市人民政府都可以在自己所辖范围内根据公共秩序情况和实际需要，在和宪法、法律、行政法规不相抵触的情况下制定有关加强公共秩序管理方面的地方性法规和地方性规章。省、自治区人民政府所在地的市的人大及其常委会和省自治区人民政府所在地的市人民政府也可依法制定地方性法规和地方性规章。经国务院批准的较大的市的人大及其常委会和经国务院批准的较大的市的人民政府也依法享有在本辖区内制定地方性法规和地方性规章的权力。这些地方性法规和地方性规章都是地方警察机关及其人民警察对自己所辖范围内的公共秩序实施管理、进行处罚的基本依据。

---

[1] 李洁晖：《公安行政执法规范化探析》，《湖南警察学院学报》2015年第8期，第93页。

二、公共秩序管理的法定场所

根据《治安管理处罚法》及相关法律规定，严密公共场所社会秩序的治安管理，是预防和制止违法犯罪活动的有力措施。因此，法律规定公共秩序治安管理的主要场所有：

（一）车站、码头等公共场所。火车站、汽车站、客车码头、航空汽车站以及公共汽车、电车、火车、船舶等场所，人员密集，来往频繁，人多拥挤，容易造成秩序混乱。一些不法分子倒卖车票或乘机进行偷窃、流氓、诈骗等违法活动，有些暴徒伺机制造凶杀、爆炸案件，严重威胁着人民群众的生命安全。因此，搞好这些公共场所的社会治安很有必要。

（二）公共文娱、体育等公共场所。这主要包括影剧院、俱乐部、运动场、体育馆、文化宫、网吧以及露天放映、演出场所。这些场所是人民群众参加和欣赏文化娱乐活动或大型聚会的地方，也是社会主义精神文明建设的重要阵地。管理好了，可以促进人民群众身心健康，培养高尚情操和良好品德。管理不善，易发生伤亡事故，也给违法犯罪分子以可乘之隙。他们利用这些场所传播资产阶级腐朽思想和淫秽物品，散布精神毒素。有的聚众闹事，打架斗殴，进行流氓、扒窃活动，甚至搞爆炸、纵火等破坏事故。因此，各级公安机关应根据许可权限严格审批，对不符合条件者坚决不予许可。

（三）公园、风景游览区等公共场所。公园、风景游览区是公民休息、游玩度假的场所。这里名胜古迹、文物集中，吸引很多中外游客。也有一些不法之徒混迹其中，乘机抢劫、偷盗、起哄、斗殴，进行流氓活动。

（四）商场、集贸市场等公共场所。商场、集贸市场是人民群众购买日常生活用品的地方，也是城乡物资集散、商品交流的场地。这些地方人员流动性大，一些人乘机进行诈骗、抢夺、扒窃、偷盗和坑蒙拐骗活动，使之无法正常经营，严重损害人民群众利益。

（五）群众集会等公共场所。集会、游行示威是宪法赋予公民的政治权利。因此，公民依法举行集会、游行示威活动，应该受到人民政府的保护。为了保护公民的民主权利和人身安全，防止在集会、游行示威中堵塞交通，影响社会秩序，就需要依法进行管理。

（六）网络公共秩序。不法分子故意散布虚假恐怖信息，造成社会恐慌，扰乱了社会秩序，根据《治安管理处罚法》第25条规定：散布谣言，谎报险情、疫情、警情或者以其他方法故意扰乱公共秩序的，处五日以上十日以下拘留，可以并处五百元以下罚款；情节较轻的，处五日以下拘留或者五百元以下罚款。

三、公共秩序管理的法定内容

根据公共秩序治安管理法规的规定，公共秩序管理的法定内容主要有：

（一）维护公共场所的治安秩序。维护公共场所的治安秩序，是依法对公共秩序实施管理的最基本内容。公共场所具有正常良好的治安秩序，是对公共秩序实施管理的起码要求。

（二）制止和打击流氓活动。流氓活动是一种性质恶劣的行为，多发生在公共场所，也有发生在偏僻街巷或荒郊野外，对公共秩序危害极大。在流氓活动多发地区，人民群众惊恐不安，尤其致使女性不敢上夜班和单独外出，严重影响群众的生产和生活的安宁。公安机关要打击的扰乱公共秩序的流氓活动包括：结伙斗殴；寻衅滋事；以下流语言和动作调戏猥亵侮辱妇女；损害妇女的人身或人格等。

（三）制止和打击煽动群众闹事和制造混乱的活动。煽动群众闹事、制造混乱是严重扰乱公共秩序的行为。它易造成社会秩序混乱，损害国家、集体和公民个人的利益。其表现有两个方面，其一，谎报险情，制造混乱，以发泄不满情绪或报复他人，故意捣乱。其二，造谣惑众，煽动闹事，以实现个人不可告人的目的和阴谋。

（四）制止和取缔利用封建迷信手段骗钱害人的违法活动。封建迷信是一种极端落后、愚昧的社会现象。封建统治者历来把它作为愚昧、麻痹、毒害劳动人民的工具。现在也有人利用它进行违法犯罪活动，扰乱公共秩序，坑害人民群众。如请神降仙、驱病赶鬼、测字算命、揣骨相面、占卜断卦、消灾祈雨、求生儿女、护佑风水等。这些活动多由巫婆、神汉操纵，他们妖言惑众，装神弄鬼，挑拨政府与群众关系，破坏生产，诈骗钱财，甚至损害公民身心健康，伤害人命。

（五）禁止赌博活动。赌博是不劳而获，损人利己，尔虞我诈，扰乱公共秩序，诱发犯罪的行为，会造成家庭不和，甚至倾家荡产，妻离子散；还可能导致行凶斗殴、盗窃、抢劫等犯罪活动。

（六）查禁、取缔淫秽物品活动。淫秽物品是精神鸦片，毒害人们的思想，诱发犯罪，危害极大。查禁淫秽物品的范围是，具体描写性行为或露骨宣扬色情淫荡形象的录像带、录音带、影片、电视片、幻灯片、照片、图画、书籍、报刊、抄本，印有这类图片的玩具、用品以及淫药、淫具等。

（七）严禁卖淫、嫖宿、暗娼活动。卖淫、嫖娼是旧社会遗留的腐朽、丑恶现象，是剥削制度的产物。这种丑恶行为严重污染社会风气，败坏道德风尚，腐蚀人们思想，危害社会公共秩序，破坏精神文明，有损政府和公民声誉，必须坚决取缔。

（八）严禁吸食鸦片、吗啡、海洛因和贩卖毒品活动。

（九）协助有关部门收容流散在社会上的精神病患者、呆傻人员。

以上九个方面违反公共秩序管理的行为，情节严重构成犯罪的，由司法机关依法处理。未构成犯罪的，予以治安处罚或进行强制性教育措施。

第四节　公共安全管理法

一、公共安全的依法管理

公共安全直接关系到人民群众生命财产的安危。不安定因素的存在，除了会危及人们的生命、健康外，还有可能造成国家、集体和个人财产的损失。因此，妨害公共安全行为是破坏性、危险性比较大的一种违法行为。因为它不是侵犯特定的某个人的人身、财产的安全，而是威胁到不特定的多数人的人身、财产的安全。

为了保护公民的人身、财产安全，加强公共安全的管理，中华人民共和国成立以来，国家颁布了一批有关公共安全的法律、法规和规章。这些都是公共安全管理的法律依据。具体说，主要有两种类型。

（一）对全国性的公共安全依法管理

其法律依据主要有《治安管理处罚法》《中华人民共和国枪支管理法》（以下简称《枪支管理法》）《娱乐场所管理条例》，公安部发布的《对部分刀具实行管制的暂行规定》《施工现场治安管理规定》《典当业治安管理办法》《统配民用爆破器材购销管理规定》《关于运输烟花爆竹的规定》《射击运动枪支弹药管理办法》《射击运动枪支配置办法》等。

（二）对地方性的公共安全依法管理

各省、自治区、直辖市的人民代表大会及其常委会和人民政府为贯彻全国性的公共安全管理方面的法律、法规和规章，都根据本地实际情况制订了地方性法规和规章。这些也都是公共安全管理方面的重要依据。比如，北京市人民政府的《关于收缴爆炸物品的通知》，天津市的《爆炸、易燃、化学危险物品管理范围》

《关于严禁在本市区使用气枪射击的通知》等。

二、枪支弹药的依法管理

枪支弹药既是进攻的武器，也是防御的武器，具有强大的杀伤力。《枪支管理法》对枪支的佩带和配置、制造、购买，外国人的枪支管理及违反枪支管理处罚等，都作了明确规定。

属于公安机关管理的枪支，是指非军事系统的枪支，即非军用的手枪、步枪、冲锋枪和机枪，射击运功用的各种枪支，狩猎用的线膛枪、散弹枪、火药枪，麻醉动物用的注射枪以及能发射金属弹丸的气枪等。[①]

法律规定，非经国家特许，任何单位和个人不准私自制造、修理和装配枪支。凡是私自制造、修理和装配枪支以及非法买卖、私藏、使用、携带枪支弹药的。都是违法行为；经批准持枪的人员，要认真执行佩带枪支的有关规定；持枪人员不准私自将枪支、弹药赠送或转借他人；持有猎枪的人，迁移驻地时应缴销持枪证换领携运证，到达目的地后，凭携运证向当地公安机关办理新的持枪证。凡违反枪支管理规定的，视情节轻重分别予以治安处罚，构成犯罪的要追究刑事责任。

近年来，网络成为不法分子违法犯罪的工具。2018年4月，连云港警方破获一起网络贩卖枪支弹药案，抓获各类涉枪犯罪嫌疑人23人，涉及全国23个省、市，涉案人员达200余名，缴获各类枪支24支，枪支配件50余件，气枪子弹1万余发。

三、民用爆炸物品的依法管理

民用爆炸物品管理的法律依据主要是《民用爆炸物品安全管理条例》。这个条例规定，民用爆炸物品包括三个方面：其一，爆炸器材，含各类炸药、雷管、导火索、导爆索、非电导爆系统、起爆器和爆破剂；其二，黑火药、烟火剂、民用信号弹和烟花爆竹；其三，警察机关认为需要管理的其他爆炸物品。

[①] 枪支认定的标准是什么？2017年1月，一个摆摊儿打气球的天津大妈被当地法院一审判处有期徒刑3年6个月，罪名是非法持有枪支罪，大妈摆摊用的6支枪是用来打气球的。公安部发布、2008年3月1日实施的《枪支致伤力的法庭科学鉴定判据》明确，未造成人员伤亡的非制式枪支致伤力判据为枪口比动能≥1.8焦耳/平方厘米。公安部在2010年修订的《公安机关涉案枪支弹药性能鉴定工作规定》中明确，按照《枪支致伤力的法庭科学鉴定判据》的规定，当所发射弹丸的枪口比动能大于等于1.8焦耳/平方厘米时，一律认定为枪支。这件事情发生后迅速引发了公众的热议，学者认为，一支枪的枪口比动能，几乎是无法用一般常识判断的，1.8焦耳/平方厘米的枪支概念很多法学专业人士都不了解，更别说普通大妈，当前枪支认定标准的科学性有待商榷。

根据《民用爆炸物品安全管理条例》的规定，对民用爆炸物品的生产、储存、运输、销售、购买、使用，必须按法律规定实行严格管理。

（一）安全生产

对生产爆炸物品的工厂要在厂址选择上实行严格审批制度；在建筑设计、水电设备安装等方面实行严格审核制度；工厂建成后，公安机关要会同有关部门实行验收发证。具体要求是：该工厂应当建立在远离城市的独立地段，工厂要与周围建筑、水利设施、交通要道、桥梁、隧道、输电线路保持一定的安全距离；制造爆炸物品的现场、车间，必须设有相应的通风、降温、防火、防爆、避雷等安全设施和太平出口；参加生产的职工，必须政治可靠、责任心强、熟悉爆炸物品性能和操作规程；新职工参加生产前要进行技术训练和安全教育。

（二）安全储存

爆破器材的储存要实行严格的审批审核制度。其程序分为库址选择、建筑设计审核和验收发证三个阶段。具体要求是：爆破器材必须存放在专用的仓库、储存室内，并设专人管理；严禁将爆破器材分发给承包户或个人保存；建立严格的保管、收发制度；如有丢失、被盗，必须积极报告所在地公安机关。

（三）安全销售和购买

爆破器材销售和购买实行严格的许可制度。严禁企业自销自买。销售企业要依法申请领取爆炸物品销售许可证，购买的单位要依法领取爆炸物品购买证。

（四）安全运输

运输爆破器材，必须向当地县、市公安局申请领取爆炸物品运输证后，方准运输。严禁个人携带爆破器材搭乘公共汽车、电车、轮船、飞机。严禁在托运的行李、包裹和邮件中夹带爆破器材。

例如徐某未经公安机关许可经由道路运输烟花爆竹，民警查验了徐某的驾驶证、车辆是否符合运输条件，烟花爆竹是否为伪劣产品，发现其未办理烟花爆竹运输许可证。民警从受案、调查取证、告知到决定，都做到了事实清楚、证据确凿。从案件的审核到引用法律法规条文和处罚幅度，做到了正确适宜，并将处罚决定书在7日内送达了徐某。①

（五）安全使用

使用爆破器材必须建立和执行严格的技术操作规程和安全管理制度。凡是使

---

① 高光顺：《行政诉讼视域下加强公安行政执法工作的实践和思考》，《公安教育》2018年第2期，第46页。

用爆破器材的单位，首先要经上级机关审查同意，在向所在地县、市公安局提出申请，依法领取爆炸物品使用许可证。严禁任何单位和个人私拿、私用、私藏、赠送、转让、转卖和转借爆破器材。

四、危险化学品的依法管理

危险化学品管理的法律依据主要是国务院发布的《危险化学品安全管理条例》。危险化学品包括爆炸品、压缩气体和液化气体、易燃液体、易燃固体、自燃物品和遇湿易燃物品、氧化剂和有机过氧化物、有毒品和腐蚀品等。生产、经营、储存、运输、使用危险化学品和处置废弃危险化学品的单位，其主要负责人必须保证本单位危险化学品的安全管理符合有关法律、法规、规章的规定和国家标准的要求，并对本单位危险化学品的安全负责。公安部门负责危险化学品的公共安全管理，负责发放剧毒化学品购买凭证和准购证，负责审查核发剧毒化学品公路运输通行证，对危险化学品道路运输安全实施监督。

五、其他危险物品的依法管理

有关公共安全的其他危险物品管理的法律依据除了《危险化学品安全管理条例》外，还有《放射事故安全管理规定》《麻醉药品管理办法》《麻黄素运输许可证管理规定》《公安部对部分刀具实行管制的暂行规定》《射击场设置管理规程》等。具体说，包括以下几方面管理内容：

（一）对剧毒、麻醉物品和放射元素的依法管理

剧毒物品管理主要包括红矾（砒霜）、氰化钾等剧毒品；麻醉药品管理主要包括鸦片类、吗啡类、可卡因类等能成瘾癖的毒性药品；放射性同位素管理主要包括镭、铀、钴等。

（二）对法定部分刀具的管制

实行管制的刀具不是我们日常生活中用的刀具，而是指匕首、三棱刀、带有自锁装置的弹簧刀（跳刀）以及其他相类似的单刃、双刃、三棱尖刀。严禁非法制造、销售、携带和使用管制范围的各种刀具。少数民族使用的藏刀、腰刀等只准在民族自治地方销售。

（三）对民用射击场的依法管理

所有作为射击运动的射击场，都必须经过当地国防体育部门审核、公安部门

登记，选择安全地点进行设置并按规定实行管理。未经批准不得启用射击场进行射击。

（四）对电网安装的依法管理

军事机关、特殊厂矿、科研单位、特殊仓库和监狱，根据需要可以依法安装、使用电网。严禁农村乡办企业、私人安装电网。严禁用电网捕鱼、狩猎、捕鼠、灭害等。

第五节　特种行业管理法

一、特种行业治安管理法规

特种行业是公安机关对某些特定行业的总称，简称"特业"或"特行"。它是指根据维护公共秩序、保障公共安全的需要，经国家或地方政府以正式法规规定，由公安机关实行治安管理的某些行业。由于违法犯罪分子往往利用这些行业作为藏身落脚或进行违法犯罪活动的场所，如有些流窜犯、在逃人员利用旅店藏身落脚，有些盗窃犯、抢劫犯利用旧货店信托寄卖进行销赃，有些犯罪分子利用印铸刻字业私刻公章，伪造证件进行犯罪活动，因此，国家特意地把这些行业列为治安管理的范围。公安机关对特种行业的管理，不是业务经营的管理，也不是隶属关系的行政管理，而是特种行业在工商行政管理部门和企业上级主管部门的领导管理下，同时接受公安机关的治安行政管理。

特种行业在过去是指工商企业服务行业中的旅馆业、旧货业、印铸刻字业、修理业等四类行业。根据治安形势的需要，1985年3月21日发布的《公安部关于改革和加强特种行业管理工作的通知》（本节以下简称《通知》），对特种行业的管理范围作了调整，列为特种行业管理的主要有五大类：

（一）旅馆业，包括旅店、旅馆、客栈、车马店和住客的饭店、浴池、茶庄以及对外经营的招待所、宾馆、农家乐等；

（二）刻字业；

（三）印刷业；

（四）信托寄卖业；

（五）生产性废旧金属收购业。[①]

根据上述范围可知，我国对修理业、印铸业和收购一般生活用旧物品的行业，不再列为特种行业管理。同时，根据公安部的《通知》精神，各地公安机关根据实际情况，认为其他有必要列入特种行业管理的，可报省、自治区、直辖市人民政府批准。

新中国成立后，为了加强对特种行业的管理，我国中央政府与地方政府先后颁布了若干相关法规，主要有《城市旅栈业暂行管理规则》《印铸刻字业暂行管理规则》[②]《旅馆业治安管理办法》《印刷行业管理暂行办法》《出版物市场管理规定》《典当行管理办法》和《北京市旅店业管理暂行办法》《天津市旅店业管理办法》《天津市管理旧物废品收购、委托行业的试行办法》《江西省关于旅馆、刻字、收购生产性废旧金属和信托寄卖业治安管理的试行办法》《河南省〈旅馆业治安管理办法〉实施细则》等。这些都是本行政区域内管理特征行业的法律依据。

二、旅馆业治安管理法规

我国旅馆业治安管理的法律依据主要是1987年9月23日经国务院批准、由公安部同年11月10日公布并于公布之日起生效实施的《旅馆业治安管理办法》。2011年1月8日经第588号国务院令公布，对《旅馆业治安管理办法》部分条款作出修改。[③]这个办法明确规定：凡经营接待旅客住宿的旅馆、饭店、招待所、客货栈、车马站、浴池等（以下统称旅馆），不论是国营、集体经营，还是合伙经营、个体经营、中外合资、中外合作经营，不论是专营还是兼营，不论是常年经营还是季节性经营，都要接受公安机关的治安管理。主要包括以下几方面内容。

（一）开业审批

申请开办旅馆，应经主管部门审查批准后，报当地县、市公安机关审批。公安机关对旅馆业开业审查的内容主要包括：房屋建筑、消防设备、出入口和通道等是否符合《建筑设计防火规范》和《中华人民共和国消防法》（以下简称《消

[①]也有学者认为，目前列为特种行业的有：1. 旅馆业（包括旅社、饭店、宾馆、酒店、招待所、有接待住宿业务的办事处、培训中心、住客浴室、度假村等）；2. 印铸刻字业（包括印刷、排版、制版、装订、覆膜、复印、打字、制作名片、铸字、印章、刻字等）；3. 旧货业（包括旧货市场、生产性废旧金属收购站点、寄售调剂店、报废机动车（船）回收、拆解企业等）；4. 典当业；5. 拍卖业；6. 信托寄卖业。

[②]2018年2月14日，公安部公开关于《印章业治安管理条例（公开征求意见稿）》，向社会公开征求意见。

[③]2017年2月13日公安部公开关于《旅馆业治安管理条例（征求意见稿）》的公告，目前该条例尚未出台。

防法》）等有关规定，有无必要的防盗安全措施等。对符合规定的，公安机关签署意见后，然后开办单位向工商管理部门申请登记后，领取营业执照，方准经营。经批准的旅馆，如遇歇业、转业、合并、迁移、改变名称等情况，应当在工商行政管理部门办理变更登记后3日内，由公安机关登记备案。

（二）承制审批制度

公安机关要求刻字业凭有关证明文件刻制印章。机关、团体和国有企事业单位需要刻制公章，必须凭批准建制机关的文件或开具的证明（文件刊头凭本单位证明）到所在地县、市公安机关办理审批。公安机关审查无误后，发给《刻制印章通知书》并说明规格、型号等，到指定的刻字店刻制。刻制能够组成机关单位名称的单字、各种业务专用章，凭单位行政部门的介绍信，直接到刻字店办理承制手续。集体、个体企业刻制印章，凭工商部门发给的营业执照到刻字店刻制。

（三）承制登记制度

刻字业要建立和健全承接、登记、制作、检验、监督、保管、取货等管理制度。刻制业在承制物件时，对委托单位、委托人及承制物品项目、数量等要详细登记，登记簿要妥善保存备查。

（四）营业监督检查

公安机关对刻字业的经营管理、安全设施、产品规格、承制的证明文件等情况进行监督检查。公安机关可以会同工商行政管理部门、企业的上级主管部门进行联合检查，也可以单独进行检查。刻字店（厂）必须予以协助。

（五）依法实施奖惩

刻字业对违法私刻印章等行为，必须积极向公安机关报告。公安机关对因刻字业的检举或报告而查获重大犯罪者，应予以表扬奖励。对违法活动要依法处理。对于违反规章擅自承制印章者，公安机关可以会同有关部门根据情节轻重给予批评教育、纪律处分、经济处罚、治安处罚直至追究刑事责任。

三、印刷业治安管理法规

印刷业治安管理的法律依据有三个：一是《印刷业管理条例》。这是2001年7月26日国务院第43次常务会议通过，2001年8月2日国务院315号令颁布实施的行政法规。2016年2月6日国务院令第666号《国务院关于修改部分行政法规的决定》、2017年3月1日国务院令第676号《国务院关于修改和废止部分行政法规的决定》修订。二是《印刷、复印等行业复制国家秘密载体暂行管理办法》。这是由国家保密局、国家工商行政管理局、公安部、新闻出版署、文化和旅游部、轻工业部于1990年4月9日以国保〔1990〕第83号文印发，并于1990年8月1日起施行的。三是《出版物市场管理规定》已经2016年4月26日国家新闻出版广电总局局务会议通过，并经商务部同意，自2016年6月1日起施行。于1999年11月8日颁行的《出版物市场管理暂行规定》同时废止。①这是新闻出版署在新形势下的又一个印刷业治安管理方面的法规。

印刷业是指专营或兼营排版、制版、印刷、装订、复印、油印、誊写、打印等印刷业务的行业。包括两个方面：一是营业性印刷行业，具体包括全民性质、集体经营和个体经营的排版、印刷、装订等印刷厂或作坊。二是非营业性印刷行业，具体包括党政军机关、团体、事业单位内部的出版厂、社、所等。

印刷行业管理不严，一些宣扬淫秽色情、凶杀暴力、封建迷信和资产阶级自由化的书籍报刊等非法出版物就会泛滥，毒害社会，尤其对青少年造成恶劣影响。为此，公安机关将印刷业列为特种行业管理范围。其管理内容主要包括以下几个方面。

（一）开业审批登记

开办印刷企业，除经主管部门或所属街道办事处、乡政府及所在地省、市、县级新闻出版局、文化局、轻工局审查批准外，必须经所在地公安机关审查同意，然后才能持上述批准文件，向当地工商行政管理机关申请登记，经核准领取营业执照。各单位内部印刷厂、社、所应到所在地新闻出版（或文化管理）部门、轻工业部门办理登记手续，并向公安机关备案，不能对外经营。凡需要对外经营者，也必须按上述规定办理。

（二）营业监督检查

公安机关对印刷业依法实行监督管理。帮助督促行业制定各种安全、保密制度，并经常进行检查。公安机关对印刷业要固定专人管理，制定必要的制度，使管理工作制度化、经常化。

（三）依法实施奖惩

公安机关对遵纪守法、经营思想端正、自觉抵制非法印刷活动的印刷企业，应予表扬；凡能遵照规定进行报告、检举，因而查获违法犯罪案件或破获违法犯罪案件者，应予奖励。公安机关对违反规定的印刷企业，可根据情节轻重，分别

① 《出版物市场管理规定》相较《出版物市场管理暂行规定》有六大变化：一是新增"中小学教科书发行资质"相关内容；二是降低出版物批发单位门槛；三是取消"出版物总发行"审批；四是取消"出版物连锁经营"审批；五是取消出版物发行员职业资格，六是全国性出版物展销、出版物批发、零售单位设立非法人分支机构由"审批"改为"备案"。

给予批评教育、警告、停业整顿等处罚；情节严重触犯刑律的，应依法追究其刑事责任。

四、旧货业治安管理法规

旧货业治安管理的法律依据主要有：公安部发布的《废旧金属收购业治安管理办法》《机动车修理业、报废机动车回收业治安管理办法》；国家市场监督管理总局、公安部、商业部、国家工商行政管理局联合发布的《关于严禁拆卸、偷盗和收购铁路器材的通告》；国务院批转国家经委等部门发布的《关于改进个人拣拾的生产性废旧金属器材收购工作的报告》；商业部、公安部、国家工商行政管理局联合发布的《关于城乡个体商业经营废旧物资的暂行规定》；由商务部审议通过，并经发展改革委、公安部、建设部、工商总局、环保总局同意的《再生资源回收管理办法》以及全国各省、自治区（区）、直辖市（市）制定的地方性法规和规章等。具体说，旧货业治安管理包括两方面内容。

（一）生产性废旧金属收购业

生产性废旧金属是指工厂、矿山、建筑等单位淘汰、更替的陈旧机械设备、配件、电缆和生产、加工金属器材中剩余的边角、废料、碎屑等，它包括钢、铁、铜、铝、锌、锡等。生产性废旧金属收购业，往往是犯罪分子销赃的处所，公安机关必须依法管理。具体要求如下：

1. 登记备案。经营生产性废旧金属收购业，必须经上级主管部门、废旧物资部门、金属回收部门同意，由工商行政管理部门发给营业执照，公安机关登记备案后，方准营业。生产性废旧金属收购专业点，由公安机关会同工商、金属回收部门和废旧物资部门确定，严禁一切非法收购活动。

2. 监督检查。公安机关要加强对生产性废旧金属收购业的监督检查，指导其建立健全治安保卫组织和规章制度。发现问题，督促改正。禁止收购枪支、弹药和爆炸物品；禁止收购剧毒、放射性物品及其容器；禁止收购铁路、油田、供电、电信、通讯、矿山、水利、测量和城市公用设施等专用器材，禁止收购公安机关通报寻查的赃物或者有赃物嫌疑的物品。

3. 查处违法。公安机关对违反规定的，会同有关部门给予行政处罚。可视情节轻重依法处以一定数额的罚款、没收违法所得、责令停业整顿或者吊销特种行业许可证，直至追究刑事责任。

（二）信托寄卖业

信托寄卖业是适应人民群众互通有无、进行多余物品交换的需要而发展起来的一种商业性服务行业，也可能成为盗窃犯、诈骗犯、抢劫犯等用以处理赃物的场所。因此，它除接受工商部门管理外，还要接受公安机关的管理。具体要求是：

1. 颁发许可证。经营信托寄卖业的单位和个体工商户，应经主管部门和有关部门同意，向所在地县、市公安机关申请许可证。凭公安部门批出的特种行业许可证向所在地工商部门办理工商登记手续，取得营业执照或设摊证后，始准营业。

2. 监督检查。公安机关应加强对信托寄卖业的监督检查，指导、协助单位和个体工商户建立健全治安管理制度。督促落实治安防范措施，协助单位对职工和个体工商户进行治安业务知识培训。法律、法规禁止买卖的物品或者财产权利不得寄卖；枪支弹药、军警器材、间谍用具、黄金白银、古籍善本等文物不得作寄售物品。

3. 查处违法。公安机关对提供线索和协助公安机关查破重大案件有显著成绩的单位和个人，应当酌情给予表彰和奖励；对违反规定的，公安机关应当责令其限期改正。逾期不改的，责令其停业整顿，甚至吊销其许可证，并商请工商部门同时吊销其营业执照或设摊证。对构成治安案件的，根据《治安管理处罚法》予以处罚。

第六节　户籍与居民身份证管理法

一、户籍管理

《中华人民共和国户口登记条例》（以下简称《户口登记条例》），是1958年1月9日第一届全国人大常委会第九十一次会议通过的我国第一部户口登记法律。它明确规定我国户口登记与户口管理工作的主管机关是公安机关。1999年10月1日由公安部公布施行《中华人民共和国居民身份证条例实施细则》，是一部逐步完善的居民身份证使用、管理制度。这一制度的实施，在证明公民身份，便利公民进行政治、经济、文化、社会活动，保障公民合法权益，加强国家行政管理，维护社会秩序，促进社会主义现代化建设等方面都发挥了十分重要的作用。

（一）户口登记

户口登记是户口管理工作的基础，是公安派出所的一项经常性任务，是户籍民警的主要职责。

1. 户口登记范围。根据《户口登记条例》规定，凡中华人民共和国的公民都应履行户口登记。现役军人和户口由军事机关按照现役军人的有关规定进行登记。居留在我国的外国人和无国籍人的户口登记，除另有规定外，应按照《户口登记条例》的规定履行户口登记。

2. 立户的标准。立户标准应根据便于管理、便利群众的原则确定。一般立户的标准是：户口登记以户为单位。同主管人共同居住一处的立为一户，以主管人为户主；单身居住的自立一户；居住在机关、团体、学校、企事业等单位集体宿舍的，共立一户或者分别立户。

3. 户口登记的基本制度。我国现行的几项户口登记的基本制度是：城镇实行常住、暂住、出生、死亡、迁入、变更、更正等7项登记；农村实行常住人口登记和出生、死亡、迁出、迁入等5项登记。

（二）户口管理

户口管理，又称"户籍管理""户政管理"，是公安机关代表国家对辖区范围内的住户人口实施的行政管理活动。它是公安机关一项重要的基层基础工作，也是公安派出所的一项基本任务，具体表现在三个方面：一是登记、调查人口情况，预防和发现违法犯罪活动，维护社会秩序和公共安全；二是证明公民身份，保护公民行使权利和履行义务；三是统计人口数字，为社会主义现代化建设提供人口信息。我国的户口登记和户口管理，是按照居民的居住地区和居民的不同情况，按照方便群众、利于管理的原则，将户口分为下列6种类型进行管理的。

1. 城镇户口。是指在城市和设有公安派出所的镇注册登记的户口。根据《户口登记条例》规定，城市和集镇户口由公安派出所直接登记管理，户籍民警负责本辖区的户口管理工作。实行岗位责任制，要求做到登记全面准确，变动情况及时掌握，户口底数清楚，人口情况了如指掌。

2. 农村户口。是指在农村由乡、镇人民政府和公安派出所注册登记的户口。农村户口以行政村为单位设立户口簿。由农村派出所或不设公安派出所的乡（镇）人民政府为户口登记机关，建立人口出生、死亡及迁出、迁入登记册，根据人口变动情况，随时填入或者注销，掌握全乡（镇）实有人口情况。

3. 船舶户口。又称水上户口，是指在水上常年以船舶从事生产、运输等职业和以船舶为家的户口。船舶户口由船舶停靠的港口公安派出所登记管理；在不设公安派出所的水系，委托经常停靠地乡（镇）人民政府管理，市（县）公安局进行业务指导：一要坚持水上常住、暂住、出生、死亡及迁出、迁入和变更登记；二要发给统一的船民证，以证明船民身份；三要对外出、返回的（单位）登记进行监督检查；四是定期不定期地核对户口，掌握情况。

4. 集体户口。又称公共户口，是指在机关、团体、学校、企业、事业等单位内部居住和在外部集体宿舍居住的单身职工，以及居住在军事机关和军人宿舍内的非现役军人的户口。一般来说，同一单位共住一处立一户，分居几处分别立户。凡集体户口，发集体户口簿。由专职或兼职户口员掌管。凡有集体户口的单位，应指定专人在本单位或保卫部门领导下，协助公安派出所办理户口登记和管理工作。

5. 集镇自理口粮户口。是指到集镇（不含城关镇）务工、经商、办服务业的农民和家属，在集镇有固定住所，有经营能力，或在乡镇区事业单位长期务工的，经公安机关准予落常住户口，发给《自理口粮户口簿》的户口。统计为非农业人口。

6. 暂（寄）主户口。即暂住户口和寄住户口。

（1）暂住户口。是指公民离开常住户口所在地到其他城市、乡、镇暂时居住地登记的户口。对暂住户口进行管理主要包括以下内容：

①暂住人口登记。公民在常住地市、县范围以外的城市暂住3日以上的，由暂住地的户主或者本人在3日以内向暂住地公安派出所申报暂住登记。离开前申报注销暂住人口登记。

②暂住证申领和签发。暂住时间拟超过3个月的16周岁以上的人，须向暂住地派出所申领暂住证，暂住人口离开暂住地之前，应申报注销暂住户口。

③暂住在宾馆、旅店的，由宾馆、旅店设置旅客登记簿，随时登记，公安派出所定期进行检查。对宿留在单位内部的暂住人员，可由所在单位的人事、保卫部门负责登记管理，当地公安派出所负责监督检查。

④公民在常住地市、县范围内的暂住，或者在常住地市、县范围以外的农村暂住，除暂住在宾馆、旅店设置登记簿随时登记外，不办理暂住人口登记。

⑤集镇公安派出所对乡镇以外的人来集镇拟暂住3日以上的暂住登记。对暂住超过3个月的16周岁以上的人签发暂住证；海外华侨和港澳台同胞来大陆探亲、参观、旅游、学习，进行暂住登记，填写《华侨、港、澳、台同胞暂住人口登记表》。此外，正在监狱服刑或被采取强制性教育措施的人，因病、因事请假回城镇暂住的，应凭所在监狱、强制性教育机关的证明，当日到住地户口登记机关申报暂住登记，离开时申报注销。

（2）寄住户口。是指在常住地以外的城镇务工、经商、开办服务业，暂住时间较长的人在暂住地登记的户口。

①城市寄住人口。对外来开店、办厂、从事建筑安装、联营运输、服务行业的暂住时间较长的人，采取雇佣单位和常住户口所在地主管部门相结合的办法，按照户口登记机关的规定登记造册，由所在地公安派出所登记为寄住户口，发给寄住证。

②集镇寄住人口。对从事建筑、运输、包工等外来本地的群体中暂住时间较长的人，由这些单位的负责人登记造册，及时报送公安派出所或户籍办公室，由公安派出所登记为寄住人口，发给寄住证。

二、居民身份证管理

2003年6月28日第十届全国人民代表大会常务委员会第三次会议通过的《中华人民共和国居民身份证法》（以下简称《居民身份证法》），根据2011年10月29日第十一届全国人大常委会第23次会议《全国人民代表大会常务委员会关于修改〈中华人民共和国居民身份证法〉的决定》修正。对居民身份证的申领、换领、补领、使用、签发、编号、查验等方面均作了规定。实行居民身份证制度，是我国户口管理的一项重大改革，对保障公民的权利和正常生活，加强社会治安管理，都有重要意义。

（一）居民身份证的发放范围

凡居住在中华人民共和国境内的年满16周岁的中国公民，都应当按照规定申领中华人民共和国居民身份证。未满16周岁的中国公民，可以依照《居民身份证法》的规定申请领取居民身份证。正在服现役的人民解放军军人、人民武装警察，不领取居民身份证，由军事委员会、武警总部分别颁发军人和武装警察身份证件。

（二）居民身份证的格式和有效期限

居民身份证由公安机关统一印制颁发。其登记事项包括姓名、性别、民族、出生日期、住址；签发日期、有效日期和编号；上印本人照片和签发机关印章。居民身份证有效期限分为四种：一种为10年期的，发给16周岁至25周岁公民；第二种为20年期的，发给26周岁至45周岁的公民；第三种为长期的，发给46周岁以上的公民。第四种为5年期的，发给未满16周岁自愿申请领取居民身份证的中国公民。

（三）居民身份证的签发机关

根据《居民身份证法》的规定，居民身份证的签发机关是县（市）公安局和城市公安局，而户口登记机关即公安派出所，负责办理居民身份证的申领、换领、补领和其他日常工作。

（四）居民身份证的申领

凡年满16周岁并符合领证条件的公民，从年满16周岁起3个月内，向常住户口所在地的公安机关申请领取居民身份证，未满16周岁的公民，由监护人代为申请领取居民身份证。申领时应当填写《居民身份证申领登记表》，交验居民户口簿；香港同胞、澳门同胞、台湾同胞迁入内地定居的，华侨回国定居的，以及外国人、无国籍人在中华人民共和国境内定居并被批准加入或者恢复中华人民共和国国籍的，在办理常住户口登记时，应当依照《居民身份证法》规定申请领取居民身份证。

（五）居民身份证的换领、补领

居民身份证有效期满、公民姓名变更或者证件严重损坏不能辨认的，应当申请换领新证；居民身份证登记项目出现错误的，公安机关应当及时更正，换发新证；领取新证时，必须交回原证。居民身份证丢失的，应当申请补领。

（六）居民身份证的使用

按照规定，公民办理下列18项事务，可使用居民身份证，即：选民登记；户口登记；兵役登记；婚姻登记；入学、就业；公证；前往边境管理区；申请出境；参与诉讼；办理车船驾驶证；申领个体营业执照；申请个人信贷；参加社会保险和领取社会救济；办理乘机手续；投宿旅店；取汇款、邮件；寄卖物品；其他事务。

（七）居民身份证查验

公民应随身携带居民身份证并妥善保管。户口登记机关即公安派出所通过办理户口登记、检查户口或者结合日常工作定期查验居民身份证。《居民身份证法》第15条规定，人民警察依法执行职务，可以查验居民身份证的情形包括：对有违法犯罪嫌疑的人员，需要查明身份的；依法实施现场管制时，需要查明有关人员身份的；发生严重危害社会治安突发事件时，需要查明现场有关人员身份的；法律规定需要查明身份的其他情形。在以上几种情形下，人民警察有权查验居民身份证，但应首先出示自己的工作证件。任何组织或者个人不得扣押居民身份证。但是，公安机关依照《刑事诉讼法》执行监视居住强制措施的情形除外。

（八）居民临时身份证

年满16周岁的中国公民，应该申领、补领或者因为常住户口待定而尚未领到居民身份证的，按规定向常住地公安派出所办临时居民身份证手续。在申领、换领、补领时填写的《居民身份证申领登记表》中加注或者填写《临时身份证申领登记表》，经核准由县（市）公安局、城市公安分局签发有效期为一年、二年的临时身份证。临时身份证由公安机关同一印制、编号、管理，期满前应当换领。它同正式身份证一样具有法律效力。

（九）居民身份证管理

这里所说的居民身份证管理，主要是指户口登记机关即公安派出所办理、申领、换领、补领居民身份证时对公民填写的《常住人口登记表》《居民身份证编号顺序码登记表》造册保管；对交回存放的居民身份证造册保管；有效期满的证件，由户口登记机关将证件签发机关印章的一部分剪掉，编造销毁清册，送签发机关定期销毁。

第七节 道路交通管理法

一、概述

（一）道路交通管理法的含义

道路交通，是指人或事在道路上从一个地点到另一个地点的行驶往来过程。它是由人、车、路三个基本要素构成的。

道路交通管理是由公安机关依照《中华人民共和国道路交通安全法》（以下简称《道路交通安全法》）等法规、规章实施的一种活动。《道路交通安全法》是2003年10月28日公布的关于道路交通安全的法律，于2007年与2011年两次修订。[①]根据2021年4月29日第十三届全国人民代表大会常务委员会第二十八次会议《关于修改〈中华人民共和国道路交通安全法〉等八部法律的决定》第三次修正。它是为了达到道路交通安全、畅通、低公害、低能耗的目的，依法采取行政和技术手段对道路、车辆和驾驶人员、乘车人、行人、在道路上进行与交通活动有关的人员以及交通环境的统一管理。《中华人民共和国道路交通安全法实施条例》（以下简称《道路交通安全法实施条例》）根据《道路交通安全法》制定，自2004年5月1日起施行。《道路交通安全法实施条例》于2004年4月28日国务院第

[①]2018年全国人大会上，上海代表团提出修改《道路交通安全法》的议案，源头是想要上路的无人驾驶车辆，探讨高频出现的新技术新模式新业态的需求，法律法规应当及时修改好废止。参见钮怿：《"无人驾驶车上路"需要怎样的道路交通安全法》，《文汇报》2018年3月7日第5版。

49次常务会议通过，2017年10月7日，国务院第687号令对《道路交通安全法实施条例》进行了修订。

道路交通管理法，是指规定公安机关行使道路交通管理权，履行维护交通安全和交通秩序职责，调整公民、法人和其他组织在道路交通中的权利与义务关系的法律规范的总和。它以《道路交通安全法》为主体，由车辆与驾驶员管理法规、道路交通秩序管理法规和道路交通事故处理法规三部分组成，具有法律、行政法规、部门规章和地方性法规、规章等多种法律形式。人工智能技术和互联网技术的飞速发展给道路交通管理提出了挑战，学者对无人驾驶这一新型交通方式的驾驶制度、事故责任、保险制度的完善进行研究[1]，对其所承担的刑事法律责任问题进行了论证[2]。

我国道路交通管理法的适用范围主要是：1. 对群众广泛深入地进行交通安全的宣传教育，提高遵守交通管理法规的自觉性。2. 车辆管理，包括机动车和非机动车管理。3. 驾驶人员管理。4. 行人和乘车人管理。5. 道路管理。6. 处理交通违章和交通事故。

（二）道路交通管理的意义

交通与国家经济建设、人民群众的日常生活、工作都有着十分密切的关系，是国家经济建设的战略重点之一。搞好道路交通管理，具有重要的意义：

1. 道路交通管理是保障交通运输安全、畅通和社会主义现代化建设的必不可少的重要手段。道路交通是国民经济的动脉，是社会主义现代化建设的"先行官"，无论是工农业生产所需的原材料和生产的产品的运输、城乡物资交流、广大人民群众日常生活用品的供应，都要通过交通运输，而且相当一部分是通过道路交通运输的，即使通过飞机、船舶运输的物资，最先和最终都要通过道路交通运输。如果道路交通不安全、不畅通，就会妨碍社会主义现代化建设的顺利进行。因此，只有加强道路交通管理，才能在车辆、人员、物资、交通流量大幅度增加的情况下，保障安全与畅通，最大限度地提高运输效率，从而为确保社会主义现代化建设的顺利进行创造条件。

2. 道路交通管理是保障人民生活正常进行和生命财产安全的重要措施。通行权是人的基本权利[3]，交通秩序是社会治安秩序的重要方面，关系到千家万户

---

[1] 胡军师等：《无人驾驶汽车对现行法律的挑战及应对分析》，《市场周刊》2017年第6期，第12页。
[2] 费一龙：《无人驾驶对现行交通肇事罪的挑战及应对》，《法制与社会》2018年第17期，第26页。
[3] 袁晓新：《道路通行权的范畴及行使方法》，《广东交通职业技术学院学报》2015年第2期，第31页。

的日常生活和人民生命财产安全。如果交通秩序不好，道路交通阻塞，交通事故增多，就会妨碍人们的正常工作、学习和生活，危及群众的生命和财产，从而对社会治安秩序的稳定造成影响。因此，只有加强道路交通管理，维护好交通秩序，减少交通阻塞，防止交通事故，才能有效地保障人民群众的正常生活和生命财产的安全。

3. 道路交通管理有利于减少交通公害，保护人民的身体健康。在道路交通管理过程中，通过改善交通设施、保持交通畅通、限制鸣放喇叭的路段、时间，从而减少机动车排放的废气，降低发出的噪声，减少对环境的污染，这就在一定程度上保护了人民的身体健康。

4. 道路交通管理关系党和国家的声誉。交通秩序是国家精神文明建设的一个窗口，直接反映国家的科学文化水平、人民的道德面貌、社会风尚和文明程度。因此，加强道路交通管理，维护交通秩序，保障交通安全与畅通，是维护党和国家声誉的一件大事。

二、一般道路交通管理

《道路交通安全法》明确了加强道路交通管理、维护交通秩序、保障交通安全与畅通，以适应现代化建设需要的立法目的；适用于在道路上通行的车辆、行人、乘车人以及在道路上进行与交通有关活动的人员；规定任何部门和单位都有教育所属人员遵守交通法规、维护交通秩序的责任，并有劝阻和控告违反本交通法规行为的权利；明确了"右侧通行、各行其道、确保安全畅通"的原则。

（一）交通设施管理

交通设施管理，在这里主要是指交通信号、交通标志和交通标线的管理。

1. 交通信号。包括：指挥灯、车道灯、人行横道信号和指挥棒信号、手势信号。在道路上通行的车辆、行人都必须遵守交通信号。

2. 交通标志。它是传达道路信息和交通管理指令的一种交通设施，可分为警告标志、禁令标志、指示标志、指路标志等。

3. 交通标线。它是传达道路信息和交通管理指令的一种交通设施，分为纵向标线、横向标线、其他标线三类。

车辆、行人必须遵守交通标志和交通标线规范的内容。车辆、行人遇有灯光信号、交通标志或交通标线与交通民警的指挥不一致时，服从交通民警指挥。

（二）交通车辆管理

1. 车辆必须经过车辆管理机关检验合格，领取号牌、行驶证后方可行驶；

号牌须按指定位置安装，并保持清晰；号牌和行驶证不准转借、涂改和伪造。

2. 机动车没有领取正式号牌、行驶证前，需要移动或试车时，必须申领移动证、临时号牌或试车号牌，按规定行驶。

3. 机动车保持车况良好、车容整洁。制动器、转向器、喇叭、刮水器、后视镜和灯光装置，必须保持齐全有效。自行车、三轮车及残疾人专用车的车闸、车铃、反射器以及畜力车的制动装置，必须保持有效。自行车、三轮车不准安装机械动力装置。

4. 机动车的噪声、排放的有害气体，必须限制在国家规定的标准以内。

5. 机动车必须按车辆管理机关规定的期限接受检验，未按规定检验或者检验不合格的，不准继续行驶。

6. 汽车拖拉机拖带挂车时，只准拖带一辆。挂车的载重量不准超过汽车的载重量。连接装置必须牢固，防护网和挂车的制动器、标杆、标杆灯、制动灯、转向灯、尾灯，必须齐全有效。

7. 机动车的转向器、灯光装置失效时，不准被牵引；发生其他故障需要被牵引时，必须遵守《道路交通安全法》的有关规定。

8. 起重机、轮式专用机械车，不准拖带挂车或牵引车辆；两轮摩托车、轻便摩托车不准牵引车辆或被其他车辆牵引。

（三）车辆装载管理

机动车载物，必须按行驶证上核定的载重量，不得超过；装载需均衡平稳，捆扎牢固。各种不同类型的机动车和非机动车载物的高度、宽度、长度必须符合《道路交通安全法》规定的要求，不准超过其相应的标准数值。

车辆载运不可解体的物品，其体积超过规定时，须经公安机关核准后，按指定的时间、路程、时速行驶，并须悬挂明显标志。

机动车载人，必须按行驶证上核定的载人数，不得超过。货运机动车不准人货混载；货运汽车挂车、拖拉挂车、半挂车、平板车、起重车、自动倾卸车、罐车不准载人。上述车辆在特定情况下附载押运人员或装卸人员时，须符合《道路交通安全法》的规定或者经过车辆管理机关的核准，并严格按照规定或核定的人数。机动车除驾驶室和车厢外，其他任何部位都不准载人。二轮、侧三轮摩托车后座不准附载不满12岁的儿童。轻便摩托车不准载人。

（四）车辆行驶管理

1. 车辆与行人必须各行其道。车辆应按照交通信号、交通标志和交通标线所示行驶，并服从交通警察指挥。遇有交通警察出示停车示意牌时，任何车辆必须停车接受检查。

2. 车辆必须按规定分道行驶，各类机动车在不同的情况下须按规定的时速行驶，机动车转向灯以及近光灯、示宽灯、尾灯、远光灯、防雾灯等的使用，须符合规定。

3. 车辆通过有交通信号或交通标志控制的交叉路口，通过没有交通信号或交通标志控制的交叉路口，通过铁道路口、行径渡口、浸水路或漫水桥，行驶中发生故障不能行驶时以及会车、超车、掉头、倒车，都必须遵守有关规定。

4. 各种特种车辆行驶时必须遵守规定。（1）警车及其护卫车队、消防车、工程救险车、救护车执行任务时，在确保安全的情况下不受行驶速度、路线、方向和指挥等信号的限制，其他车辆和行人必须让行，不准穿越或超越。消防车、工程救险车、救护车安装报警器和标志灯具，须经公安机关批准，并只准在执行任务时按规定使用。（2）洒水车、清扫车、道路维修车作业时，在保障交通安全畅通的情况下，不受行驶路线、行驶方向的限制。（3）执行任务的邮政车辆，凭公安机关核发的通行证，可以不受禁止驶入和各种禁止机动车辆通行标志的限制。（4）履带式车辆，需要在铺装路面上横穿或短距离行驶时，须经市政管理部门或公路管理部门同意，并按公安机关指定的时间、路线行驶。

5. 自行车、三轮车、畜力车的行驶，必须遵守《道路交通安全法》的规定。

6. 车辆停放，必须在停车场或准许停放车辆的地点，依次停放。不准在车行道、人行道和其他妨碍交通的地点任意停放。在临时停车场以外的其他地点停车，必须符合规定。

（五）行人、乘车人管理

行人走路须走人行道，横过车行道时，须走人行横道或者人行天桥、人行地道；乘车须在站台或指定的地点依次候车，待车停稳后先下后上；不能在道路上扒车、追车、强行拦车或抛物击车；机动车行驶途中不准将身体的任何部位伸出车外，不准跳车；乘坐货运机动车时，不准站立或坐在车厢拦板上。

（六）道路管理

1. 道路的占用、挖掘，须与公安机关协商并在共同采取维护交通的措施后，再行施工，未经公安机关批准，不能占用道路摆摊设点、停放车辆、堆物作业、搭棚、盖房、进行集市贸易和其他妨碍交通的活动。挖掘道路施工现场，须设置明显标志和安全防围设施。不准在道路上打场、晒粮、放牧、堆肥和倾倒废物。

2. 除公安机关外，其他部门不准在道路上设置检查站拦截、检查车辆。

3. 开辟或调整公共汽车、电车和长途汽车的行驶路线或车站，须事先征得公安机关的同意。

4. 在道路上种植的行道树、绿篱、花木，设置的广告牌、横跨道路的管线等，不准遮挡路灯、灯光信号、交通标志，不准妨碍安全视距和车辆、行人通行。

5. 铁路道口的瞭望视距、宽度、平台长度和铁路道口两侧道路的坡度须符合安全要求，并设置道口标志和必需的安全防护设施；交通流量较大或重要的道口，须设专人看守。

6. 新建、改建大型建筑物和公共场所，须设置相应规模的停车场。停车场由城市规划部门审核，并经公安机关同意后，方准施工。

三、特殊道路交通管理

（一）高速公路交通管理

高速公路是指国家公路主管部门验收认定，符合高速公路工程技术标准，有完善的交通安全设施、管理设施和服务设施，专供机动车高速行驶的公路。

为了保障高速公路的安全畅通，必须加强交通管理。高速公路交通管理的主管机关是公安机关，管理的主要依据是1994年12月22日由公安部公布施行的《中华人民共和国高速公路交通管理办法》。

1. 对车辆、行人、乘车人的管理。行人、非机动车、轻便摩托车、拖拉机、电瓶车、轮式专用机械车以及设计最大时速小于70公里的机动车辆，不得进入高速公路。车辆行驶中，乘车人不准站立，不准向车外抛弃物品，轿车驾驶员和前排乘车人应系安全带。

2. 对车辆载物的管理。车辆载运危险物品时，或者载物长度、宽度、高度超过道路交通管理法规中有关车辆装载规定的，须经主管机关批准，按指定路线、时间、车道、时速行驶。

3. 对车辆行驶管理。最低时速不得低于50公里，最高时速不得高于110公里，遇有限速标志时按其规定。在高速公路上通行，应在右侧或中间车道上行驶，禁止车辆骑压车道分界线行驶。不准在高速公路上掉头、倒车和穿越中央分隔带，不准在匝道上超车、停车。因故障停车必须停在紧急停车带内或右侧路肩上，禁止在行车道上修车。车辆因故不能离开行车道或者路肩上停车时，必须开启危险报警闪光灯或在车后设置警告标志，夜间要同时开启示宽灯和尾灯。除执行任务的交警外，禁止任何人在高速公路上拦截车辆。

（二）民用机场道路交通管理

民用机场道路是指民用机场的自建自管通行社会车辆的道路。年旅客吞吐量在30万以上的机场（省会市所在地机场为20万人）或有其他特殊需要的机场，在机场公安机关设立交通警察队，其余机场根据需要配备若干交通警察。机场交通警察队的执法权限由省、自治区、直辖市公安厅、局作出规定。被处罚人不服民航公安交通管理机构作出的处罚裁决提出申诉时，由所隶属的民航公安机关复议。

（三）港口道路交通管理

1. 港口道路交通管理实行预防事故、安全畅通、科学管理、服务港口的方针，依法严格管理，预防和减少交通事故、交通违章和交通阻塞现象，保障港口交通运输安全畅通。

2. 严格依法办事，加强执法监督。由于港口道路管理工作的特殊性，在执行国家统一的交通管理法规的同时，根据港口生产特点，制定货物道路管理、港口作业车辆管理、驾驶员管理制度，并认真贯彻实施。港口道路交通管理还须加强交通干警的教育，严格执法监督检查，正确行使交通管理的权力。

3. 抓好港口交通安全的综合治理。把交通安全纳入港口安全生产计划，同经济效益挂钩。坚持不懈地进行交通安全宣传教育，开展安全竞赛活动，提高广大职工群众安全意识和遵守纪律观念，扩大社会宣传，使进港人员和车辆驾驶员遵守港口交通规定。

四、道路交通事故处理

县以上地方各级公安机关为各级行政区域内处理交通事故的主管机关。其职责是处理交通事故现场，认定事故责任，处罚责任者，对损害赔偿进行调解。

（一）交通事故现场处理

在道路上发生交通事故，车辆驾驶人应当立即停车，保护现场；造成人身伤亡的，车辆驾驶人应当立即抢救受伤人员，并迅速报告执勤的交通警察或者公安机关交通管理部门。因抢救受伤人员变动现场的，应当标明位置。乘车人、过往车辆驾驶人、过往行人应当予以协助。

（二）交通事故责任认定

公安机关交通管理部门应当根据交通事故现场勘验、检查、调查情况和有关的检验、鉴定意见，及时制作交通事故认定书，作为处理交通事故的证据。交通事故认定书应当载明交通事故的基本事实、成因和当事人的责任，并送达当事人。司法实践中，对交通事故责任认定书在诉讼法上属于书证还是鉴定意见，争议颇大。[1]

（三）交通事故处理

对交通事故损害赔偿的争议，当事人可以请求公安机关交通管理部门调解，也可以直接向人民法院提起民事诉讼。经公安机关交通管理部门调解，当事人未达成协议或者调解书生效后不履行的，当事人可以向人民法院提起民事诉讼。

（四）交通事故损害赔偿

损害赔偿的项目有人身损失和财产损失：人身损失指侵害被侵权人的生命权、健康权等人身权益所造成的损害，为"人身伤亡"，赔偿项目包括医疗费、误工费、住院伙食补助费、护理费、残疾者生活补助费、残疾用具费、丧葬费、死亡补偿费以及被抚养人生活费、交通费、住宿费等。财产损失的范围包括车辆的修理费用、物品损失、施救费用、重置费用以及经营性车辆的停运损失和非经营性车辆使用中断的损失。[2]构成交通肇事罪的案件，移送人民检察院，由人民检察院依法提起刑事附带民事诉讼。

---

[1] 张丽华：《浅谈道路交通事故责任认定的几个问题》，《广东科技》2007年第9期，第146页。

[2] 根据2012年12月21日起施行的《最高人民法院关于审理道路交通事故损害赔偿案件适用法律若干问题的解释》。

第三章　公安行政程序制度

第一节　公安行政程序概述

一、公安行政程序的概念

所谓程序，就是指实施某一行为的步骤和方式，以及完成该步骤和方式的时限和先后顺序所构成的有机过程。行政程序，就是行政机关作出行政行为时必须遵守的步骤、方式、时限、顺序所构成的过程。现代程序法律制度分为立法程序法律制度、行政程序法律制度、司法程序法律制度三类。公安行政程序就属于行政程序法律制度的一种。

由上可知，公安行政程序就是指公安行政主体以行政机关身份、依法实施公安行政行为时，所必须遵守的步骤、方式、时限、顺序所构成的有机过程。对这一概念可以从以下几个方面进行考量：

（一）公安行政程序所调整或规制的主体的特定性。公安行政法律关系是由公安行政主体和相对一方的自然人、法人、其他组织组成的，但是公安行政程序仅指公安行政主体作出公安行政行为时应遵循的程序，而不是相对一方应遵循的程序。另外需要注意的是，只有公安机关以行政机关身份行使行政权力作出行政行为时的程序才是行政程序。因为公安机关身份具有多重性，它不仅是行政机关、同时又是刑事司法机关，还可以是民事主体。公安机关以刑事司法机关或民事主体身份实施行为时所遵循的程序就不是行政程序。

（二）公安行政程序的法定性。公安行政程序是法制化了的程序，它要求公安机关从事任何行政行为时都必须遵守法定的程序规则。例如，在公安机关采取行政强制措施，进行行政处罚或实施行政许可时，必须遵守《行政处罚法》《治安管理处罚法》《中华人民共和国行政强制法》(以下简称《行政强制法》)、《中华人民共和国行政许可法》(以下简称《行政许可法》) 等法律，遵守2018年11月25日修正的《公安机关办理行政案件程序规定》[①] 及行政法规、地方性行政法规、

[①] 本程序规定规范了公安机关办理行政案件程序，保障公安机关在办理行政案件中正确履行职责，保护公民、法人和其他组织的合法权益，解决了《治安管理处罚法》《行政强制法》等单行法不能充分细化操作步骤的问题。参见李春华：《〈公安机关办理行政案件程序规定〉对办理治安案件的完善》，载《公安教育》，2006年第11期，第33页。

行政规章的规定。如果公安机关在实施行政行为的过程中违反法定的步骤、方式、时限、顺序，则应该承担相应的法律责任。

（三）公安行政程序的构成要素具体包括：步骤、方式、时限、顺序等，是空间形式和时间形式的统一。步骤和方式构成公安行政程序的空间表现形式；时限和顺序构成公安行政程序的时间表现形式。

步骤是实施某一行为必经的若干阶段。公安行政程序一般由程序的启动、过程、终结三个阶段组成。例如，对违反《治安管理处罚法》的行为进行行政处罚的步骤是传唤、询问、取证、裁决。

方式是实施行为的方法及行为过程和结果的外在表现形式。比如是采用公开方式还是秘密方式作出决定，是书面的还是口头的方式作出决定。又如，询问要有笔录，传唤需要传唤证。

时限是规制公安机关完成某一行为的期限。整个行政行为完成的过程就是由一个接一个的步骤和方式联结而成的，完成这一程序过程需要一定的时间。为了促进公安机关依法积极行使权力，提高办事效率，从而使行政相对人的权利义务关系得以早日确定，有必要设置行政行为的完成时限。

顺序是指公安机关完成某一行为所必经的步骤间的先后次序。如在作出公安行政决定时，必须先取证，后裁决，而不能先决定，后收集证据。

（四）公安行政程序是公安行政行为的形式，具有独立的法律价值。任何公安行政行为都是实体内容和程序形式的统一。公安行政程序是公安行政行为的形式，但是公安行政程序具有自身独立的价值，它与公安行政行为的实体内容是相对称的，是同一公安行政行为的两个方面，它们互相依存。程序是行为的方式、步骤、实现和程序，实体则是行为的目的和结果。公安行政程序决定着实体能否得到解决以及解决的方式、途径及其社会效果。

公安行政程序有利于规范和制约公安行政权合法行使，体现法治政府和文明政府的理念，并为维护相对人的法律地位和人格尊严提供程序性保障，促进公安行政权合理行使，提高公安行政效率。

二、公安行政程序的基本分类

从不同的角度，根据不同的标准可以对公安行政程序作不同的分类。各种不同种类的公安行政程序，构成公安行政程序的完整体系。认识公安行政程序的分类，有助于公安机关实施行政行为，也有助于相对人更好地保护自己的合法权益。

（一）具体行政程序和抽象行政程序

以公安行政程序所规范的公安行政行为是具体的还是抽象的为标准，可以分为具体行政程序和抽象行政程序。

具体行政程序是指以规范具体公安行政行为而设置的公安行政程序。具体公安行政行为的对象是特定的、具体的，是针对特定的人或事采取的；效力具有前溯性，即在时限上一般只对已经发生的事件具有效力。经过具体公安行政程序所作出的一个公安行政行为，可以直接作为强制执行的依据，因此对公安行政相对人的权益的影响是直接的。

抽象行政程序是指以规范抽象公安行政行为而设置的行政程序。抽象公安行政行为就是公安机关制定规范性文件的行为，它具有普遍性和后及性。它的对象是不特定的，是针对某类人或事普遍适用的；在时限上一般只面向未来发生效力。经过抽象的公安行政程序所作出的一个公安行政行为，不能直接作为强制执行的依据，不会直接对行政相对人的权益产生直接的影响。但是，违反抽象公安行政程序可能产生的危害性在范围上更广泛和深远。

这一分类的法律意义在于：其一，要认识到对抽象行政程序的设计应该更加复杂、严格、民主，这是由它的普遍性、后及性特征决定的；而具体行政程序的设计应该侧重简便、灵活，以提高保护相对人之合法权益的效率。其二，违反不同性质的程序将导致不同的法律后果，也将适用不同的法律救济程序。

（二）依职权行政程序和依申请行政程序

依公安行政程序的启动和终结是由公安行政主体主动引起，还是由行政相对人的申请为区分标准，可以将公安行政程序分为依职权行政程序和依申请行政程序。

依职权行政程序是公安行政主体主动引发或终结的公安行政程序。多数公安行政程序都是由公安行政主体主动引发或终结的，而不受相对人是否申请或声明的制约，这是公安机关从保护社会公共利益的角度出发，主动行使行政职权的需要。

依申请行政程序是指完全依赖于公安相对人的申请或撤回申请，程序才开始或终结的公安行政程序。依申请行政程序多适用于授益性公安行政行为，如公安行政许可程序即属于依申请行政程序。

（三）强制性行政程序和任意性行政程序

以公安机关在实施行政行为时对所遵守的程序是否有一定的自由选择权为标准进行分类，可以划分为强制性行政程序和任意性行政程序。

强制性行政程序是指对于法律中所作出的具体详尽的公安行政程序，公安行政主体在实施行政行为时没有自主选择的余地，必须严格遵守的程序。无选择性，即不得随意增加、删减、变更公安行政行为的步骤、方法、时限、顺序。例如，责令停产停业的公安行政处罚，必须先告知相对人听证权后才可以作出，否则该公安行政处罚决定无效。

任意性行政程序是指公安行政主体在实施公安行政行为时法律规定了可供选择的余地，由公安行政主体根据具体情况自由选择适用的程序。

这一分类的法律意义在于：强制性程序，公安机关必须遵守，不得任意选择，否则将导致该行政行为无效，在司法审查中可能会导致相应行为的撤销或重作。而任意性程序，公安机关可以任意选择，一般也不受司法审查。当然，违反任意性程序且超出选择范围或选择极不合理时，也会导致司法审查中相应行为的撤销或重作。

（四）内部行政程序和外部行政程序

以公安行政程序规范公安行政行为所涉及的对象和范围为标准进行划分，可以分为内部行政程序和外部行政程序。

内部行政程序是指公安行政主体对内部事务管理和运作时所应当遵守的程序。例如公安机关内部的公文处理程序、某些公安行政监督程序。内部行政程序是适用于行政主体系统内的一种行政程序，法律化程度较低。许多内部公安行政程序都是由公安行政主体自己设置，且违反内部公安行政程序的往往只能通过公安行政主体系统内部来解决。

外部行政程序是指公安机关对其系统外的自然人、法人、其他组织进行管理时所必须遵循的程序。外部公安行政程序是公安行政程序法理论研究的重点和核心。外部公安行政程序的设置将产生影响行政相对人合法权益的后果。外部行政程序强调行政程序的民主化、法律化，注重保障相对人的参与权及其他合法权益。外部行政程序如果不重视程序上的法制化，极易导致渎职或滥用职权。因此，外部行政程序是否完备是衡量现代行政民主化的一个基本标志。

（五）一般行政程序和简易行政程序

根据公安行政程序的繁简程度，可以划分为一般行政程序和简易行政程序。

一般行政程序，又称为普通程序，是指公安行政主体行使公安行政权时应当遵守的基本程序，是公安行政程序中最完整的程序。除法律明确规定可以适用简易程序外，公安行政行为都应当适用一般行政程序。一般公安行政程序主要有立案、调查、裁决三个环节，听证程序和证据审查程序是其中最重要的两个程序。

简易程序，又称非正式程序，是指公安行政主体对于事实清楚、情节简单的公安行政事务，给予简便处理和执行的程序。简易程序的适用数量远远大于普通程序的适用数量。简易程序更接近人们的生活，成本低、效率高。对于必须当场必须给予处理，否则事后难以取证的事件，一般应适用简易程序。但是，设立简易程序应当充分保障行政相对人的合法权益，不能只重效率而忽视人权和公正。因此，对简易程序的理论研究，具有很强的现实意义。

简易程序体现了公安行政效率原则，公安机关在行使其职能时，要力争以尽可能短的时间、尽可能少的人员、尽可能低的经济消耗办尽可能多的事，并使之办得尽可能地好，也即以最少的投入争取最大的收益。2012年某月某日下午，李某骑车与高某相撞，发生口角，继而动手推打，引得过路行人驻足观望，阻碍了这一路段的交通，县公安局接到报案到达现场后认定李某、高某的行为阻碍交通，扰乱公共秩序，触犯了《治安管理处罚法》的规定，根据简易程序的规定，当场决定分别给予李某、高某二人各罚款50元的行政处罚，并对二人的吵打及影响交通的行为进行了批评。由于县公安局的及时处理，制止了这一事态的扩大，并恢复了这一路段的交通。就本案而言，对李某、高某的违法行为完全可以适用简易程序进行处罚，而且还体现了公安行政效率原则。根据《行政处罚法》的第33条的规定，简易程序的适用条件有三个：（1）违法事实确凿；（2）处罚有法定依据；（3）适用小数额罚款和警告处罚，即对公民处以50元以下的罚款或警告，对法人或者其他组织处1 000元以下的罚款和警告。当这三条同时具备，能够适用简易程序进行行政处罚。

（六）行政立法程序、行政执法程序和行政救济程序

这是以公安行政行为的内容为标准进行划分的。

行政立法程序是指公安机关制定相关的行政法律规范时所应遵循的程序。例如公安部制定行政规章的程序。由于行政立法行为具有对象的不特定性和后及性的特点，决定了行政立法行为的影响范围更加广泛和深远。行政立法程序的关键在于保障立法的过程民主、合法，例如需要经过规划、起草、民主讨论、审议通过、发布、备案等阶段，每个阶段又包括一些具体的制度，如听证制度、专家讨论制度等等。因此，行政立法程序比较复杂和严格。

行政执法程序是指公安行政主体行使行政执法权作出具体行政行为时所适用的程序。这是公安行政程序的主要部分。由于行政执法行为方式和手段上的多样性，使得行政执法程序也具有多样性，比如行政许可、行政处罚、行政奖励、行政强制执行等。行政执法程序调整的都是具体的行政行为，主要涉及相对人的权利和义务，因而行政执法程序所关注的是行政效率和相对人的参与权和合法权益的保障。

行政救济程序是指公安机关依法解决公安行政管理范围内的纠纷时所必须遵循的程序，比如行政裁决、行政复议。强调公正是行政救济程序的核心内容和基本要求。公安机关及其人民警察开展公安行政执法工作，要依法接受党的监督，依法接受行政监督，依法接受权力机关的监督和人民检察院的法律监督，依法接

受人民法院的司法监督，依法接受人民政协和民主党派的民主监督，依法接受人民群众的监督，依法接受舆论监督。这里最重要的、经常性的是权力机关的监督、行政监督、司法监督和公安机关内部的监督。[①]对于行政行为的相对人来说，监督的途径就是行政救济途径，相对人如果对公安机关的行为不服，可以采取相应的监督方式。

三、公正合理的公安行政程序在实践中的意义

公安行政程序是实体法实施的操作技术规则，公正合理的程序是实体法正确实施的保障。特别是在我国重实体轻程序的法制传统影响下，如何在公安行政主体和相对弱小的相对人之间建立健全公安行政程序，从而使公安行政活动受到合理的制约和调控，并提高行政效率，以更好地保障相对人的合法权益，具有重要的现实意义。

（一）规制公安行政主体依法行使职权，避免行政权力的滥用

由于公安行政权的实施，离不开人的主观意志和自由裁量，因此，要防止仅凭主观臆断滥用权力或渎职，必须由法律事先为公安行政主体行使公安行政权的每一环节设置严格的规则。否则，公安行政主体违反程序规则，肆意行使权力，则须承担不利的法律后果。

（二）提高公安行政效率

在现代国家中，公安行政程序为公安行政权的运行设定了必要的方式、步骤、顺序、时限。程序法的作用就在于，通过法律化、制度化的程序约束公安行政行为，从而达到既能提高公安行政效率，又能保护公民的合法权益的目的。"迟到的正义"必将损害相对人的合法权益，公安行政效率是公安行政活动的生命。当然，要在效率和公正、民主之间寻求一个适当的比例，兼顾效率和公平。

（三）使行政相对人可以直接介入公安行政权的行使过程

传统的公民参政权仅是通过自己的代表对公安行政机关行使权力进行间接性监督，且这种监督大多是追惩性的事后监督。然而，直接参政、事先监督、预防性监督具有更加明显的优越性。现代的公安行政程序，使公民可以越过自己的代表直接介入公安行政权的行使过程。在这个过程中，公民权可以成为约束公安行政权合法、正当行使的一种外在的规范性力量，并随时可以对公安行政权的行使是否合法依法提出抗辩。公安行政程序不仅实现了公安行政相对人对公安行政行为的有效监督，而且达到及时保护其合法权益的目的。

---

① 王龙天、刘冰：《公安行政执法基本原则研究》，《中国公安大学学报》2003年第2期，第52页。

（四）从制度上和源头上制止渎职、滥用职权等违法、腐败现象

公安行政程序强调公开、参与原则，且明确了行使行政行为的步骤、方式、顺序和时限，使得公安行政权力行使者实施行政行为时没有或减少自由裁量权的使用，从而无法找借口拖延办理行政相对人申请的事务或滥用权力，也杜绝了以权谋私的方便之门。

（五）保护公安行政相对人的程序权益

程序权益是实现实体权益的保障，如果不从程序上对公安行政权行使的启动和过程进行规制，则无法判定实体意义上公安行政权的行使是否合法。在公安行政法律关系中，公安行政相对人的法律程序权益只能通过相应的公安行政程序来保障。

第二节　公安行政程序的基本原则

一、公安行政程序基本原则的含义及确立标准

公安行政程序的基本原则是指公安行政程序设立、实施时所应遵循的基本行为准则。确立公安行政程序基本原则，至少应该考虑以下几个方面的因素：

（一）特殊性，公安行政程序的基本原则应能充分体现公安行政程序的特点，是为公安这一部门所特有的；

（二）全面性，公安行政程序的基本原则不能仅限于规范公安行政主体的行为，必须同时规范公安行政相对人和其他参与人的行为；

（三）补充性，应当充分认识到公安行政程序的基本原则不仅具有指导公安行政程序法律规范的功能，而且还具有补充公安行政程序法律规范的功能；

（四）灵活性，应当认识到其不仅具有强制性，还具有灵活性；

（五）联系性，行政程序是公安行政法的组成部分，公安行政程序的基本原则不能割裂与公安行政行为的联系。

二、我国公安行政程序法的基本原则

截至目前，我国还没有制定法典形式的行政程序法，但从党的十一届三中全会以来，已经在不少法律中规定了行政程序规范。根据我国相关立法规定以及学者关于行政程序法有关基本原则的讨论，对我国公安行政程序法律应该明确和遵循的基本原则归纳如下：

(一) 法定原则

公安行政程序法定原则, 即用以规范公安行政权的公安行政程序必须通过立法程序使其法律化, 即公安行政主体行使公安行政权所遵循的程序必须由法律加以明确规定。

其内容主要是: 1. 公安机关作出有关涉及公安行政相对人行政行为的步骤、方式、方法、顺序、时效等程序规则, 必须依法明文规定。2. 公安机关实施行政行为必须严格依照法定的程序规则进行。3. 公安机关违反法定程序规则的行为无效, 应当予以撤销, 并承担相应的法律责任。

公安行政主体拥有的公安行政实体法上的权力与公安行政程序法上的义务成正比, 与公安行政程序法上的权力成反比。在公安行政实体法律关系中, 公安行政主体与公安行政相对人的法律地位是不平等的, 公安行政主体处于有权支配公安行政相对人的法律地位, 在行使公安行政权力时极容易侵犯公安行政相对人的合法权益。因此, 通过健全规范公安行政权的法律程序, 在公安行政权行使之初和过程中控制其行为结果趋于合理性, 是一种比较有效的法律控制方法。由于公安行政程序是对公安行政权的一种制约, 而公安行政权天然具有一种反制约的本能。为了达到制约公安行政权的目的, 通过国家立法机关将公安行政程序法定化, 体现以权力制约权力; 在法定的公安行政程序中, 必须为公安行政相对人设定足够的公安行政程序权利, 为其在公安行政实体法律关系中处于劣势的法律地位提供法律上的补救。

如发生在2003年的孙志刚案件, 该案至少有一个涉及公安行政执法程序的问题值得探讨, 那就是公安机关工作人员在什么情况下查验公民的身份证是合法的? 身份证查验制度的法律依据是《居民身份证法》, 其中第15条明确规定了可查验居民身份证的四种情况。[①] 在孙志刚案件中, 警察对孙的盘查到对身份证的查验都有超越适用对象范围的嫌疑, 没有相关证据证明孙志刚形迹可疑或有必要对其"忽然"进行盘查, 警察的执法程序存在的瑕疵和漏洞很明显, 他们到底基于何种甄别标准对孙志刚产生了怀疑? 对孙的盘查、查验的对话和行为为何没有记录? 另外, 该条第四项在立法上依然采用了"部门职权本位主义", [②] 扩大了公安行政权, 限制了公民权, 对公安行政执法程序的规范化建设极为不利。

[①] 人民警察依法执行职务, 遇有下列情形之一的, 经出示执法证件, 可以查验居民身份证: (一) 对有违法犯罪嫌疑的人员, 需要查明身份的; (二) 依法实施现场管制时, 需要查明有关人员身份的; (三) 发生严重危害社会治安突发事件时, 需要查明现场有关人员身份的; (四) 法律规定需要查明身份的其他情形。其中第四项是2011年修改该法增加的, 在孙案发生时尚无该条。

[②] 曾佳欣:《论我国公安行政执法程序之规范化建设》,《普洱学院学报》2016年第4期, 第38页。

（二）公开原则

公开原则是指公安机关在实施行政行为的过程中，除涉及国家秘密、商业秘密、个人隐私的内容外，应当一律向行政相对人和社会公开。公开原则是现代行政法治的必然要求。公开原则具体应包括以下内容：

1. 行使公安行政行为的依据必须公开。凡是涉及相对人权利义务的行政法律规范必须向社会公开，否则不得作为执法的依据。《行政处罚法》第4条规定，对违法行为给予行政处罚的规定必须公开。

2. 执法过程公开。公安行政相对人对公安机关作出的影响其利益的执法行为的过程有权了解和参与，但也并不是要求公安机关的整个执法行为都让公安行政相对人参与。

3. 行政信息公开。信息公开，是指公安机关应主动或者根据行政相对人的申请，及时提供所需的行政资料和档案，除法律规定不得公开的内容外，不得拒绝。

4. 执法决定公开。执法决定必须向相对人公开，从而使相对人有获得行政救济的机会。如果不及时将所作的决定告知相对人，则该决定不具有法律执行力。

公开原则需要一系列制度予以保障，主要包括：表明身份制度，即公安行政主体在实施公安行政行为时，要通过一定方式向公安行政相对人表明身份，包括配有明显标志或者出示证件；告知制度，即公安行政主体在实施公安行政行为时，必须通过有效方式将相关事项告知相对人；说明理由制度，即公安行政主体作出公安行政决定必须说明理由。无论是阶段性决定还是最终决定，只要公安行政决定涉及公安行政相对人权益，就必须说明作出决定的事实根据和法律依据。

（三）公平原则

公平原则是指公安行政主体在作出行政行为时，要平等地对待各方当事人，排除可能造成不平等或偏见的因素，尤其是在行使自由裁量权时必须体现合理性和科学性。公安行政主体公平地行使公安行政权力，对于公安行政主体来说，是树立公安行政权威的源泉；对于公安行政相对人和社会来说，是信服公安行政权的基础，也是公安行政权具有执行力量的保证。

公安行政自由裁量权本质上是一种"自由"的权力，权力本身的扩张性和操纵权力的人的自身不可克服的弱点容易导致公安行政自由裁量权被滥用。因此，必须借助于公安行政程序法功能，并以程序公平原则作为公安行政合法性原则的补充，确保公安行政主体公平、正当地行使公安行政自由裁量权。

程序公平原则应当包括如下内容：

1. 公安行政程序立法应当赋予公安行政相对人应有的行政程序权利，以保护在行政实体法律关系中处于劣势法律地位的公安行政相对人的合法权益，同时为公安机关设置相应的行政程序义务。

2. 公安机关在实施公安行政行为或其他管理活动时，要尽可能地兼顾公共利益，对所有公安行政相对人都一视同仁，不偏不倚。自古以来，公正始终是法律内涵的基本价值之一。英国普通法中"自然公正原则"的法律精神现已为民主宪法体制下的法律所接受，对程序法律的影响尤其明显。它要求公安行政主体必须在公正心态支配下行使公安行政权，不考虑相关的因素或者考虑了不相关的因素，都是缺乏公安行政公正性的表现。

3. 公安行政主体所选择的公安行政程序必须符合客观情况，具有可行性。当法律规定公安行政主体具有公安行政程序自由裁量权时，公安行政主体必须充分考虑所选择的公安行政程序是否具有可行性。缺乏可行性的公安行政程序，既不能确保公安行政主体公平行使公安行政权力，也不能保障公安行政相对人维护自身的合法权益。

4. 公安行政主体所选择的公安行政程序必须符合社会公共道德，具有合理性。社会公共道德不具有法律一样的强制性，但它是一个社会正常发展的基本条件。人们的许多行为在接受法律规范的同时，也受着社会公共道德的约束；而且，社会一般对违反公共道德的敏感程度高于违反法律。因此，公安行政主体的公安行政行为必须充分体现社会公共道德所蕴含的公平内容，使公安行政行为尽可能符合社会绝大部分人的利益和要求。

5. 公安行政主体所选择的公安行政程序必须符合规律或者常规，具有科学性。客观规律和常规体现了人们对客观事物的认同性，若公安行政主体选择的公安行政程序违背常规，不仅难以达到行使公安行政权力的目的，而且可能会引发社会的不满情绪，增加公安行政主体管理社会事务的难度。所以，公安行政主体必须受程序公平原则约束，所作出的公安行政行为须符合常理，被社会接受，从而获得社会力量的支持，达到行使公安行政权的目的。

（四）正当原则

正当原则，又叫程序合理性原则，是指公安机关实施公安行政行为的程序必须正当、合理，符合客观规律、社会常规和公共道德，不得滥用自由裁量权。该原则起源于英国的"自然正义"。"自然正义"的内容大致包括两项最基本的程序规则：一是任何人不能自己审理自己或与自己有利害关系的案件，即任何人或团体不能做自己案件的法官；二是任何一方的诉词都要被听取，即今天所谓任何人或团体在行使权力可能使别人受到不利影响时，必须听取对方意见，每个人都有为自己辩护和防卫的权利。

其主要内容包括：1. 公安机关规定的行政程序法律规范必须合乎情理，切实可行，即具有可行性。例如，规定罚缴分离的同时也规定，如果在边远地区当事人向指定银行缴款有困难时，经当事人提出可以当场收缴罚款。2. 公安机关实施行政程序自由裁量权时，应当考虑是否必要、合乎情理，符合规律或常规，即具有科学性。只有符合客观规律，才会被相对人接受，否则可能会引发社会的不满情绪。3. 公安机关实施行政行政自由裁量权，应当符合社会公德，即具有合理性。公安机关的行政行为必须充分体现社会公共道德所蕴含的正当合理性内容，并尽可能体现社会绝大部分人的利益和要求，充分照顾到民风民俗。4. 公安机关实施行政自由裁量权，应尽量考虑是否符合社会一般公正心态，即是否具有正当性。

（五）参与原则

参与原则，是指公安行政主体在作出公安行政行为的过程中，除法律有特别规定外，应当尽可能为公安行政相对人提供参与公安行政行为的各种条件和机会，从而确保公安行政相对人实现公安行政程序权益。

参与原则的内容集中体现在公安行政相对人在行政程序的权利上，这些权利主要有：

1. 参与听证权。其本质是公民运用法定权利抵抗公安行政主体的不当公安行政行为，并缩小公民和公安行政主体之间因地位不平等造成的巨大反差。公安机关在进行行政立法或作出重大行政决定前，应广泛征求社会各方的意见和建议。公安行政听证的目的在于弄清事实、发现真相，其核心是质证，给予当事人就重要事实表明意见的机会，通过向公安行政主体陈述意见，将其体现于公安行政决定中，相对人能动地参与公安行政程序，影响关系自身权利义务的公安行政决定的作出，有利于公安行政主体全面、客观、公正地作出决定，体现了公安行政行为的公正与民主性。

2. 公安行政相对人的陈述、申辩与质证权。陈述权是指就所知悉的事实向公安机关陈述的权利；申辩权是指对于不利指控依据法律和事实进行辩解和反驳的权利；质证权是指对于公安机关收集的证据，围绕其真实性、关联性、合法性进行质疑、说明和辩驳的权利。《行政处罚法》明确规定了公安行政相对人在公安行政处罚程序中的陈述、申辩和质证权。陈述、申辩、质证权是公安行政相对人在公安行政程序中不可缺少的正当防卫权，它对于公安行政程序控制公安行政权，防止权利被滥用具有十分重要的意义。

3. 复议申请权。即公安行政相对人在不服公安机关作出的行政行为时，有权依照法律向法定机关提出申请，要求复核该行政行为的权利。在行政复议中，申请人有查阅案卷资料、撤回复议申请等权利。

（六）效率原则

效率原则是指公安行政程序中的各种行为方式、步骤、时限、顺序的设置都必须有助于确保基本的公安行政效率，并在不损害公安行政相对人合法权益的前提下适当提高公安行政效率。

过分强调效率又会影响公安行政程序的民主公正性。公安行政程序的效率原则与民主的价值取向有相辅相成的一面，也有矛盾的一面。本质上，二者是一致的，无论是倡导民主还是追求效率，都是为了促成公安行政目的的实现。但有时也会产生矛盾，如过于强调民主原则可能会因为时间、物质、精力的消耗而影响公安行政效率，因此，有必要在效率和民主之间确定一定的规则或前提，具体制度包括：

1. 时效制度。时效制度的基本内容是：公安行政主体实施公安行政行为，特别是涉及相对人权益的行为，法律法规要对之确定明确的时间限制。如对公安行政主体实施公安行政许可行为，法律法规要规定其申请的审查、送达的时限。如对公安行政主体实施公安行政处罚或公安行政处分行为，法律、法规要为其规定调查相对人违法行为的时限，审查证据的时间，作出处罚、处分的时限，向相对人送达处罚、处分决定书的时限，执行的时限等。

2. 不停止执行制度。公安行政相对人因不服公安行政行为而提起复议或诉讼后，除非有法律的特别规定，公安行政行为必须执行。不停止公安行政行为执行的意义是：在确保公安行政行为被撤销后，公安行政相对人可以恢复其权利的前提下，使公安行政行为得以迅速执行，从而提高公安行政效率。

由于我国一向重实体轻程序，所以在行政执法领域非法证据排除规则的起步较晚。虽然早在1990年实施的《行政诉讼法》中就确立了被告不得自行收集证据的规则，但其只是禁止性规定而未明确违反该规定的后果，尚未体现非法证据排除规则。1995年3月6日《最高人民法院关于未经对方当事人同意私自录制其谈话取得的资料不能作为证据使用的批复》可以视为非法证据排除规则在我国司法实践中初现端倪。之后1999年《最高人民法院关于执行〈中华人民共和国行政诉讼法〉若干问题的解释》第30条关于"被告严重违反法定程序收集的其他证据不能作为认定被诉具体行政行为合法的根据"的规定，则初步确立了我国行政法律制度中的非法证据排除规则。2002年7月24日《最高人民法院关于行政诉讼证据若干问题的规定》（以下简称《行政证据规定》）又进一步对该规则进行了较为全面的规范和完善，至此，非法证据排除规则得以在我国基本确立。有鉴于此，在2004年1月1日实施的《公安机关办理行政案件程序规定》第26条首次明确规定了公安行政案件中非法证据的排除。此后，经2012年12月19日公安部令第125号发布，先后经2014年6月29日公安部令第132号第一次修正、2018年11月25日公安部令第149号第二次修正、2020年8月6日公安部令第160号第三次修正的《公安部关于修改〈公安机关办理行政案件程序规定〉的决定》中的第27条等条文均明确设计了非法证据排除的具体规定。

《治安管理处罚法》第79条则首次以法律的形式确立了公安机关行政执法办案中的非法证据排除规则。从立法的角度讲，非法证据排除规则已经深入到了公安行政执法领域，对于指导公安机关在行政案件办理过程中依法收集和运用证据认定案件事实，具有极其重要的作用。[①]

第三节　公安行政程序的重要制度

公安行政程序的重要制度，是指作用于整个公安行政程序，从而影响公安行政行为法律效力的，规范性的外部程序制度。从公安行政程序基本原则的具体实施过程来看，内在逻辑顺序依次为：基本原则—重要制度—具体制度—行政程序规则。因此，可以说公安行政程序的重要制度能够保障公安行政程序基本原则得以实现。

例如，2016年发生的雷洋案件，北京昌平警方通报称，警方在查处足疗店过程中，将涉嫌嫖娼的雷洋控制并带回审查，此间雷洋因突然身体不适经抢救无效身亡。该案所折射出公安行政执法程序存在的问题：民警便衣执法的合法性问题；盘问及带至公安机关的合法性问题，使用警戒的合法性问题。[②]这些问题的判断涉及以下的信息公开制度、告知制度、说明理由制度及表明身份制度等。

一、信息公开制度

信息公开制度，是指公安行政主体的一切活动除涉及国家秘密、个人隐私和商业秘密并由法律规定不得公开的以外，必须向公安行政相对人及社会公开。没有公开的信息不得作为公安机关行政行为的依据。

（一）信息公开的内容。包括公安机关所作出的行政决定及其据以作出相应决定的有关会议、适用的公安行政法规范、行政统计资料、公安机关的有关工作制度、工作规则、应收取的费用标准及依据等。但是，涉及国家秘密或相对人隐

---

① 张栋磊：《公安行政执法中的非法证据排除规则》，《公安研究》2010年第7期，第50页。
② 王贵松：《雷洋案行政执法的合法性问题》，微信公众号"法学学术前沿"，2016年5月26日。

私、商业秘密的内容不得任意公开。也就是说，除法律、法规另有规定的以外，凡是涉及公安行政相对方权利和义务的信息，必须向社会公开。

（二）公安行政公开的范围。公开的范围取决于公安行政决定的效力范围和应公开的内容。一般说来，公开的范围应与公安行政决定将发生法律效力的范围相一致，应与有关内容的重要性和特点相一致。同时，公安行政主体应将有关内容向上级公安行政主体和监督机关公开。

（三）公安行政公开的方式。公安信息公开应根据有关内容的不同而采用相应的方式，如通过公报刊载、张贴，新闻媒介、互联网的报道，向相对人说明、解释、通知，以及供有关部门和人员观察、查阅、了解等。另外，公安行政公开化制度应具有相应的法律保障机制。

信息公开是公安行政公开原则的重要体现和必要保障。它直接关系到相对人的了解权，是公民行使其他权利的前提和基础，也有利于发展和强化民主政治及清除公安行政的腐败行为。

在北大法宝数据库从2005至2015年间围绕公安行政执法信息公开问题的704份法院裁判文书中，因公安机关依职权公开信息而引发的诉讼所占比例不到1%，因当事人申请公开公安行政执法信息而引发的诉讼案件数量呈不断上升趋势。[①]

二、表明身份制度

表明身份制度，是指公安行政主体及其执法人员在实施公安行政行为之前，要向相对一方当事人出示执法证明或授权令，表明自己享有进行某种行政行为的职权或权力的制度。因为赋予公安行政管理的执法者很大的自由裁量权，就要同时设计相应的约束机制和责任机制，才符合行政法治的要求，才可以使行政相对人免受不法侵犯，防止其超越职权、滥用职权。同时，这一制度还为行政回避制度的建立奠定了基础。

表明身份这一制度不仅仅限于勘验、检查时才适用，而且还包括其他多种多样的方式，比如统一着装、佩戴统一的标志、出示工作证件等，用以向相对人证明公安机关工作人员具有某种特殊身份或拥有特殊执法权力并表示即将或正在行使此权力的相关程序规则。在民警行使公安执法权时，应当及时出示工作证以表明其身份，其目的不仅是令相对人能够明确人民警察的身份，而且也有利于执法相对人配合和监督民警的工作。

---

① 张悦雯：《公安行政执法信息公开诉讼现状调查研究》，《北京政法职业学院学报》2017年第1期，第81页。

三、告知制度

告知制度是指公安行政主体作出影响行政相对人权益的行为,应事先告知该行为的内容,包括行为的时间、地点、主要过程,作出该行为的事实根据和法律依据,相对人对该行为依法享有的权利等。告知可采用书面形式、口头形式等。但是对于重要事项的告知应采用书面形式,因为事后如果发生争议,行政主体应负举证责任。

告知制度可以事前告知相对人予以配合,使之予以充分准备,利于保证行政行为的顺利进行;行政相对人如果认为其违法或不当,可以依法采取措施,阻止其行为的发生,从而减少违法、不当行政行为给相对人造成损害。

告知的形式有多种,比如在报刊上公布或发布、直接送达或以邮件等方式书面告知,对于无法送达的行政决定文书予以公告、口头告知等。告知是整个公安行政行为中的核心部分,不仅体现了行政主体对相对人人权的足够尊重,而且在降低相对人对公安执法人员的对抗情绪方面也有很大的帮助,利于提升公安机关执法的可接受性和实效性。

四、听证制度

听证制度是指为了保障行政相对人的合法权益,在公安行政处罚决定作出之前举行的有行政案件调查承办人员一方和当事人一方参加的,听取当事人申辩、质证、意见,进一步核实证据和查清事实,以保证处理结果合法、公正的制度。

(一)听证的范围。并不是所有的行政案件都必须听证,下列公安行政处罚案件可以进行听证:

责令停产停业;吊销公安机关颁发的许可证或执照;较大数额的罚款(指对个人处以2 000元以上,单位处以1万元以上,违反边防出入境管理法律、法规、规章的个人处以6 000元以上。对于违反地方性法规、规章作出的罚款,按地方规定执行);法律、法规、规章规定相对人可以要求举行听证的其他情形,具体可以根据《治安管理处罚法》《行政许可法》《行政处罚法》等来确定。

(二)听证的形式,根据分类的标准不同可以分为不同形式。比如根据要求提供书面文件还是要求到会参加讨论的不同,可以分为书面听证、口头听证;根据公安行政主体直接派员主持听证,还是委托他人主持听证的不同可以分为自行听证和委托听证;随着网络的普及,行政主体借助网络听取相对人和利害关系人的意见的网络听证形式也是一种独立的听证形式。

(三)听证的程序。一般可以分为三个阶段:第一,准备阶段。将听证的日期、场所、参加人争执点的整理等通知各方。第二,进行阶段。这主要是口头听证的进行程序，主持人引导参加人围绕争执点进行讨论，弄清事实，核实证据，维持秩序，制作笔录。第三，听证后的处理阶段。如果主持人是行政首长的，可以直接作出决定，否则应拟定听证报告，提出建议，呈交有关公安行政主体。

五、回避制度

回避制度是指公安机关的行政主体在行使职权过程中，因与其所处理的法律事务有利害关系，为保证实体处理结果和程序进展的公正性，依法终止其职务的行使并由他人代替的一种程序法律制度。这就要求公安行政主体所作的公安行政决定不能有个人利益上的联系。这种利益既包括物质利益，如金钱，也包括精神利益，如感情利益、人事任免利益；既包括正当利益，也包括非法的利益关系，比如收受贿赂、同居关系等。

实行回避制度有利于保障公安行政程序的公正性，使公安行政程序的公正性原则得到落实。也可以消除当事人的思想顾虑，提高公安机关的威信。

根据《中华人民共和国公务员法》（以下简称《公务员法》）、《行政处罚法》《治安管理处罚法》等的规定，我国法律已经建立了任职回避和公务回避两种回避制度。

（一）任职回避包括职务回避和地域回避。职务回避是指有一定亲属关系的公安机关人民警察在担任某些关系比较密切的职务时所进行的回避。地域回避是指一定级别的公安机关人民警察因籍贯而实行的回避。

（二）公务回避是指人民警察在执行公务时，其本人或者与本人有一定亲属关系的人员，同所执行的公务有利害关系，可能影响公正执行公务时而实行的回避。

职务回避是不得担任某种职务，公务回避是不得参与执行某项公务。公务回避有申请回避和决定回避两种。申请回避又分为公安民警主动申请和利害关系人申请之分；职务回避的实行则不需要本人或利害关系人的申请。

回避制度的例外：1. 没有其他机构或人员能够代替的机构或人员的情形；2. 法律明文规定即使有利害关系，也应由该行政主体处理的情形。

六、职能分离制度

职能分离制度是指公安机关的审查案件职能与对案件裁决的职能，分别由其内部不同的机构或人员来行使，以确保公安行政相对人的合法权益不受侵犯。该制度直接调整的不是行政主体和相对人的关系，而是行政主体内部机构和人员的关系。

（一）职能分离制度的主要内容

1. 内部职能分离，即在同一公安机关内部由不同的机构或人员分别行使案件调查、审查权与裁决权。

2. 罚缴分离，即公安行政处罚中除当场收缴的罚款外，作出罚款决定的机关应当与收缴罚款的机构分离。

（二）职能分离制度的价值

1. 建立权力制约机制，防止腐败和滥用权力；

2. 保证公安行政公正、准确，防止执法人员偏见，消除相对人对公安机关执法不公的担忧。

七、说明理由制度

说明理由制度是指公安机关在作出对公安行政相对人合法权益产生不利影响的行政行为时，除法律有特别规定外，必须向公安行政相对人说明其作出该行政行为的事实根据、法律依据及自由裁量时所参考的政策、公益等因素。

（一）说明理由制度的主要内容

1. 合法性理由的说明。用于说明公安行政行为合法性的依据，如事实材料、法律规范；

2. 合理性理由的说明。用于说明公安行政机关正当行使自由裁量权的事实、理由和依据，如政策形势、公共利益、惯例、公理等。

（二）说明理由制度的价值

1. 避免公安行政主体滥用自由裁量权，损害相对人的合法权益；

2. 体现了对相对人的尊重，有利于取得相对人的理解和支持，有利于树立公安机关的文明形象。

说明理由作为公安行政机关的一项法定执法告知义务，体现在《行政处罚法》《治安管理处罚法》《行政强制法》等法律中。早在2004年国务院的《全面推进依法行政实施纲要》中明确规定："行政机关在行使自由裁量权时，应当在行政决定中说明理由。"公安机关工作人员在行使公安行政权力的过程中，应当对说明理由这一法定义务切实履行，对行政相对人详细说明其如何认定案件事实，如何考量相关法律、政策、形势、惯例，从而作出行政行为。此外，在行政案件办理的网上审批流程中，对工作人员究竟如何说明理由，应予以严格审查。

八、时效制度

公安行政时效制度是指公安机关在法定期限内行使权利或履行义务，否则就要承担不利法律后果的一种程序制度。

（一）公安行政时效制度的基本内容

1. 公安行政主体实施公安行政行为，特别是涉及相对人权益的行为，法律、法规要对之确定明确的时间限制。如公安机关等行政主体在法定期限内应该作为而不作为的，可以视为同意或拒绝；

2. 对公安行政主体实施行政处罚时，法律法规要规定调查相对人违法行为的时限，审查违法违纪事实，证据或听证的时限，作出处罚、处分的时限等等。《公安机关办理行政案件程序规定》第154条规定："违反治安管理行为在六个月内没有被公安机关发现的，其他违法行为在二年内没有公安机关发现的，不再给予行政处罚。"

公安行政时效制度既是公安行政主体的程序制度，又是相对人的程序制度。公安行政相对人在法定期限内不行使其权利的，可以视为自动放弃；公安行政相对人在法定期限内不履行义务的，可视为不履行义务，应承担相应的法律责任。

（二）公安行政时效制度的主要价值

1. 提高公安行政办事效率，避免因公安行政行为的拖延造成相对人权益的损害；

2. 避免因时间拖延而导致有关证据毁灭，有利于更好地维护社会治安环境。

实践中，公安执法部门和公安相对人往往注重行政实体问题，相对人有无违法行为、是否有足够的证据、是否在自己的职权范围内等，却容易忽略是否符合行政程序，这容易侵害相对人的合法权益，无法保证公安行政行为本身合法、公正。一旦相对人提出复议或诉讼，因行政程序的违法，复议机关或法院可能裁决撤销公安行政行为，相关工作人员和负责人会受到相应的行政惩戒。如果发生公安行政赔偿，也可能由工作人员承担追偿责任。

例如，某公安局交警大队在执法中发现一外地货车违章行驶，遂拦截并扣缴驾驶员的驾驶证。驾驶员请求交警大队的执法人员拿出执法证件，并申辩自己没有违反交通法规，要求执法人员说明扣缴理由。交警大队的执法人员以当事人无理狡辩为由，加处罚款300元，并限其当日去银行缴纳，否则从次日起按日加处5%的罚款。本案中有哪些违反公安行政处罚程序的情况？首先，按照《行政处罚法》第44条的规定，行政机关在作出行政处罚决定前，应当告知当事人作出行政处罚决定的事实、理由及法律依据，并告知当事人依法享有的权利。所以，本案的执法人员不主动告知，并在当事人请求告知的情况下仍不告知，违反行政处罚程序。其次，《行政处罚法》第45条规定，当事人享有陈述权和申辩权，行政机关不得因当事人的陈述、申辩而给予更重的处罚。所以，本案的执法人员以当事人无理狡辩为由加处罚款是违法的。第三，按照《行政处罚法》第51条规定，适用简易程序当场作出处罚决定，仅限于对个人处于200元以下和对法人或者其他组织处以3 000元以下的罚款，而且必须是违法事实确凿，并有法定依据。所以，本案处以300元罚款必须适用普通程序，不能当场处罚当场执行。最后，按照《行政处罚法》第67条的规定：当事人自收到行政处罚决定书之日起15日内到指定的银行缴纳罚款。所以，本案的执法人员限令当事人当日缴纳不符合法律规定；且对逾期不履行行政处罚决定的，每日按罚款数额加处5%罚款也于法无据。

　　如何规范规范执法程序、提升执法质量，是每一个执法机构包括公安机关与生俱来的课题。公安行政执法建设中发生了一些典型案例，典型案例之于我国公安法治建设的意义在于集中展示了社会发展过程中难以消化的矛盾和问题，有助于推动我国公安行政执法程序的规范和完善。多年来，公安机关一直在为规范化建设行政程序、实现执法为民而努力，出台了一系列公安法律、法规、规范性文件。①这些规范性文件的发布，揭开了公安行政执法规范化的新篇章，使公安行政执法的程序更加规范。

---

① 公安部先后出台一系列规范性文件，主要有：2008年11月12日，公安部发布了《关于大力加强公安机关执法规范化建设的指导意见》，提出六项强化措施。2009年3月10日，公安部又发布了《全国公安机关执法规范化建设总体安排》，明确"十六项重点工作"，2010年公安部下发《公安机关执法规范化建设阶段目标和成效标准》，对相关推进情况组织检查验收。2016年，中共中央通过了《关于深化公安执法规范化建设的意见》，2017年5月，公安部修订《公安机关执法细则（第三版）》《公安机关受理行政执法机关移送涉嫌犯罪案件规定》《公安部关于实施公安行政处罚裁量基准制度的指导意见》等规定及近500项裁量基准，为公安执法提供法律依据。

第四章　公安行政救济制度

第一节　公安行政救济法的涵义

一、公安行政救济法的内涵

（一）公安行政救济法的概念

党的十九大报告再次提出了"建设法治政府，推进依法行政，严格规范公正文明执法"的新要求，这对公安民警规范行政执法提出了更为严格的标准和更高的目标。"有权利必有救济"是法治的一项基本要求，没有救济的权利不是真正的权利。"救济"一词的本意是对生活困难者给予经济上的一种补救或帮助，法律意义上的救济，指的是一种法律制度，而非物质帮助。具体指国家裁决社会上的争议，制止或矫正侵权行为，从而使合法权益遭受损害者能够获得法律补救。同样，当公民、组织的权利受到公安行政主体的侵害时，可以请求公安行政救济获得权利补救。如通过侦查活动协助其他国家机关制裁犯罪行为，从而促进对受害人权利的保护，又如通过处理已发生的交通事故、消防事故等促进对相对人权利的保护。前者为刑事司法行为，后者为公安行政行为，是本章讨论的内容，两者都是广义上的公安行政救济途径。[①]

公安行政救济法是指一定的公民、组织认为公安行政主体在行政活动中，由于违法或者不当行使行政职权，侵犯其合法权益或者正当利益，而向法定的国家机关提出申请，由该国家机关依照法定程序，对公安行政主体在具体行政活动中的行政职权行为进行审查，从而消除行政职权违法或不当所造成的侵害，对受损害的公民、组织依法实施法律补救的各种制度的总称。

（二）公安行政救济法的特征

根据以上含义，公安行政救济法具有如下特征：

1. 公安行政救济法的存在基于因行使公安行政职权而产生的行政纠纷。公安行政主体所行使的行政职权是一种国家权力，为维护公共利益和公共秩序的需

---

① 周赟、黄金兰：《公安行政与人权保障》，《山东公安专科学校学报》2003年第9期，第24页。

要，公安行政权力具有强制性。这种强制性主要表现在：公安行政权是一种可以支配他人的力量，掌管着行政权力的行政主体依据公共秩序、公共利益的要求，可以支配被管理者，命令其从事或禁止其从事某种活动。同时，公安行政权也是一种强制他人服从的力量。在公安行政权力作用的过程中，公安行政主体可以单方面决定被管理者的活动，而不论这种决定是否遵从被管理者的意志，因此，在公安行政职权的行使过程中，公安行政主体的意志和行为与作为被管理一方的行政相对人或者与之有法律上利害关系的公民、组织的权利就有可能产生冲撞，从而产生相应的行政纠纷，就必须通过一定的纠纷解决机制来解决这种纠纷。公安行政救济就是国家机关通过相关行政纠纷的审理，以解决这种行政纠纷为目的相关法律制度。

2. 公安行政救济法是通过救济手段的实施对行政权力进行监督的法律制度。在公安行政活动中，公安行政主体理应依照宪法和法律的规定依法享有行政职权，但是这种权利是由于人民的委托而产生的，行使的过程和结果理应受到人民的监督。在我国，除了由一定的国家机关（如权力机关、行政监察机关、审计机关等）所实施的行政法制监督外，行政职权的形式也必须受到公民的监督。《宪法》第27条第2款规定："一切国家机关和国家工作人员必须依靠人民的支持，经常保持同人民的密切联系，倾听人民的意见和建议，接受人民的监督，努力为人民服务。"公安行政救济制度则是人民实施对行政主体监督的法定途径和重要制度之一。虽然在公安行政救济的过程中，认为公安行政职权行为侵犯自己合法权益的公民、法人或者其他组织仅仅是公安行政救济程序的启动者，并不拥有最终决定的权利，但通过整个公安行政救济过程中对公安行政主体认定事实、适用法律、运用程序、行使职权范围以及相关合理性问题的质证和辩论，并通过相应国家机关的审理、审查，可以对违法的公安行政决定予以撤销或确认违法，对不当的公安行政决定予以变更，对侵犯公民、法人或者其他组织合法权益并造成损害的违法行使公安行政职权的主体责令赔偿，这不仅是一种对违法或不当行政行为的矫正和纠正，从本质上来说，则是体现了对公安行政权的依法监督。

3. 公安行政救济法是依法对公民、法人或者其他组织的权利进行法律救济的制度。权利救济理论认为，有权利必有救济，没有救济就没有权利，立法机关在授予权利的同时，应设置各种救济手段，使权利在受到侵犯时能凭借这些手段消除侵害，获得赔偿或补偿。在法治社会，公民和组织皆依照宪法和法律享有政治、社会、经济、文化和人身等各项权利，当认为自己的行政权利受到行政职权的侵害时，同样依法享有向国家请求救济的权利。作为一种对公民和组织的权利进行救济的行政法律制度，公安行政救济法中的若干制度所体现的对受损权利的救济、恢复和弥补方面的功能十分明显。

4. 公安行政救济是由认为行政职权行为侵犯了自己合法权益的公民、组织的申请而启动的救济。如前所述，公安行政救济的发动者是认为公安行政主体的行政职权行为侵犯了自己合法权益的公民、法人或者其他组织，即公安行政救济是一种依申请的救济。公民、组织认为公安行政职权行为侵犯了自己的合法权益，这种"认为"或者是申请救济者的一种主观认识，或者是已经经过相应的国家机关依法确认。决定是否申请救济，以及通过什么样的救济途径获得救济，而且想要达到何种救济结果，是申请救济者依法享有的权利，因此，都应当由申请者通过法定程序向依法拥有救济权的国家机关进行充分表达。

5. 公安行政救济法是公安行政法上各种救济法律制度的总称。法律上的救济并不仅仅是一种意愿的表达，更表现为一种法定的制度。在法治国家，无论救济名称、内容和所包含的范围如何，都应建立相应的法律制度对公民权利实施有效的救济，因而公安行政救济具有法定性的特征：（1）救济权利法定。公民或组织享有的公安行政救济权利，与人身权、财产权等一样，都是真正的法定权利，如果没有法律的赋予和规定，公民或组织就不可能寻求和获得公安行政救济。（2）实施救济的主体法定。实施行政救济的主体是法定的国家机关，至于具体是哪些国家机关，完全取决于法律规定，在我国不外乎行政机关和人民法院。（3）公安行政救济途径的法定。公民或组织的合法权益受到行政主体的侵害后可以通过多种途径获得补救，但作为法律意义上的公安行政救济是指那些具有法律效力意义的途径，如公安行政复议、公安行政诉讼等。（4）公安行政救济的程序法定。救济机关实施公安行政救济，其中最重要的一点就是救济的程序法定。

公安行政救济法体现民主制度的基本精神，也是国家民主和法治的一个重要标志。作为一种由于公安行政权力的行使而产生公法效果的救济制度，它在保障公民权利、抑制公安行政权力的滥用进而推行公安行政法治化的进程中所起到的作用是十分重要的。

二、公安行政救济法中相关救济制度确立的意义

（一）公安行政救济制度的完整建立，表明我国公安行政法具有现代意义

我国当代行政法制的真正实现，是从《行政诉讼法》的颁布开始的。而公安行政诉讼以及其他相关公安行政救济制度的建立和完善，使公民权益在受到行政权侵害时能得到更全面、更切实的保障。公安行政救济制度进一步扩展了宪法中

的平等观念，将法律面前人人平等扩展到公安机关与公民之间。在法律面前，公安行政权力和公民权利是平等的，若两者有争议，则通过法制的途径解决，由此可以看出公安行政救济制度具有现代法治意义。

（二）公安行政救济制度促进了依法行政原则和理念的形成

公安行政救济不仅建立了一种补救制度，更重要的是建立了一项民主制度，同时又通过这一制度确立了公安机关必须依法行政的法治理念。公安行政救济制度的建立和实施，使公安机关认识到依法行政的重要性，并通过对这一重要性的认识促进依法行政原则的实施，同时，促进了公安机关行政理念的转变。2004年3月，国务院发布《全面推进依法行政实施纲要》，提出要在未来的十年中，基本实现建设法治政府的目标。党的二十大报告明确了到2035年基本建成法治国家、法治政府、法治社会的宏伟目标。法治政府的基本要求就是合法行政、合理行政、程序正当、高效便民、诚实守信、权责统一。公安行政救济制度为建设法治政府发挥着保驾护航的作用。

（三）公安行政救济制度体现出以人为本的精神

我国公安行政救济制度的建立，改变了过去只能"警察管民"而"民不能告警察"的历史传统，在行使公安行政权力过程中出现的一些违法现象目前也能依据相关制度得到救济，表明我国法治建设正逐步实现以人为本。公安行政诉讼和公安行政复议制度将违反法定程序的具体行政行为规定为违法无效，在立法上明确将程序违法提到了与实体违法同等重要的位置，促使人们从更高的层面上审视公安行政救济法的价值，改变了过夫重目的轻手段的历史传统，这标志着公安行政立法的指导思想和价值取向上的一个重大转变，即效率与公平并重，对行政权的确认与公民权利的保障并重，这些措施对推进我国的法治进程起到了前所未有的重要作用。没有救济，就没有权利；没有监督，权利就会腐败。我国公安行政救济制度以及该制度中确立的程序制度对我国法治建设的影响是重大的，同时可以看出，公安行政救济制度在不断完善，在此过程中凸显了对公安行政权的依法监督和对公民权利的依法维护。

第二节　公安行政救济制度的基本内容

公安行政相对人认为公安机关的行政执法行为侵害其合法权益，依法可以获取相应的权益补救。按照当事人的救济提起权，分为基于公民申诉控告权、行政复议申请权、行政诉讼起诉权和国家赔偿请求权的救济。[1]公民的申诉和控告权在公安行政救济中表现为：向地方人大常委会申诉、向监察委员会提出控告[2]、向行政主管部门的申诉和信访。以下主要谈公安行政救济中的后三种救济方式：公安行政复议制度、公安行政诉讼制度、公安行政赔偿制度。

一、公安行政复议制度

（一）公安行政复议的概念和性质

公安行政复议，是指公民、法人或其他组织认为公安机关的具体行政行为侵害其合法权益，依法向该公安机关的上一级机关或法定行政机关提出申请，由受理申请的机关对原具体行政行为重新进行审查并作出裁决的活动。公安行政复议是公安机关实行内部层级监督的有效途径，加强行政复议工作有利于保障公安行政执法质量，维护和监督公安机关依法行使行政职权，保障行政相对人的合法权益。

就公安行政复议的性质来看：首先，公安行政复议是一种具备一定司法形式特征的行政行为。它是一种行政系统内部解决公安行政争议的活动，由于复议的主体是公安机关或法定的某一行政机关，其行为表现为行政行为。但这种行为又具有其自身的特殊性，即这种行为在形式上兼具司法性，体现为具有某些司法特征的行政行为。其次，公安行政复议实际上是一种行政内部监督。公安行政复议是一种应申请的、由作出具有争议的行政行为的上一级公安机关或法定的行政机关的审查行为。通过审查，复议机关可以依法撤销、改变、纠正违法或不当的行政行为。最后，公安行政复议是一种行政补救。公安机关违法或不当的具体行政行为可能会造成相对方合法权益受损。对于公民、法人或其他组织而言，公安行政复议是一种通过行政途径的救济和保障。公安行政复议通过纠正违法或不当的行政行为，使相对方受损的权利或利益得以恢复原状，并挽回或弥补给相对方造成的损失。

[1] 姜明安：《行政法与行政诉讼法》（第七版），北京大学出版社，2019，第361页。
[2] 根据2018年3月20日通过的《中华人民共和国监察法》第二章监察机关及其职责第11条的规定：监察委员会依照本法和有关法律规定履行监督、调查、处置职责：（一）对公职人员开展廉政教育，对其依法履职、秉公用权、廉洁从政从业以及道德操守情况进行监督检查；（二）对涉嫌贪污贿赂、滥用职权、玩忽职守、权力寻租、利益输送、徇私舞弊以及浪费国家资财等职务违法和职务犯罪进行调查；（三）对违法的公职人员依法作出政务处分决定；对履行职责不力、失职失责的领导人员进行问责；对涉嫌职务犯罪的，将调查结果移送人民检察院依法审查、提起公诉；向监察对象所在单位提出监察建议。公民对公安机关及其工作人员的行为不服，可以向监察委员会反映。

（二）公安行政复议的特征

1. 公安行政复议是上一级公安机关或法定的行政机关的行政活动。通常，复议是上一级公安机关的职责，个别情况下，是由法律、法规规定的特定的机关行使复议权。所谓"特定"包涵两种情况：一是由同一级公安机关进行复议，如对公安部作出的具体行政行为不服，应向公安部申请复议。二是特定情况下由其他法定机关行使公安行政复议权，如举行游行示威者对公安机关不许可的决定不服的，向同级人民政府申请复议。

2. 有权提出公安行政复议申请的必须是公安行政管理相对方。复议申请人必须是与具体公安行政行为有着直接的实体上的利害关系的公民、法人或者其他组织。

3. 公安行政复议的被申请人是各级公安机关，即作出具有争议的具体公安行政行为的主体。

4. 公安行政复议的标的是具体公安行政行为。具体公安行政行为是公安行政执法权的动态表现，是公安行政机关行使警察权实施社会管理，对相对方的权益产生影响的行为。在公安行政管理时间中体现为各类具体执法行为，如治安管理处罚行为、公安行政许可行为、公安行政强制措施等。由此产生的争议则可能成为复议的标的。

二、公安行政诉讼制度

公安行政诉讼是指公民、法人或其他组织，认为公安机关的具体行政行为侵犯了其合法权益向人民法院提起诉讼，人民法院在当事人和其他诉讼参与人的参加下，依法审理和解决行政争议的活动。

根据《行政诉讼法》具体规定和公安行政诉讼的实际情况，人民法院受理的具体公安行政行为包括：公安行政处罚行为、公安行政强制措施、公安机关侵犯经营自主权的行为、公安机关不予颁发证照的行为、公安机关的行政不作为等。人民法院不受理抽象公安行政行为、公安内部行政行为、公安机关最终裁决的行政行为、公安机关依照《刑事诉讼法》的明确授权实施的行为、公安机关的调解行为。公安行政诉讼的基本依据是《行政诉讼法》，以及公安行政管理法规中所涉及的有关行政诉讼的法律规范。

三、公安行政赔偿制度

公安行政赔偿是公安机关及其人民警察在行使职权时，违法侵犯公民、法人和其他组织合法权益造成损害的，国家向受害人赔偿的制度。

公安行政赔偿有三种方式：支付赔偿金、返还财产和恢复原状。支付赔偿金是公安行政赔偿的主要方式。公安机关对行政相对人造成的无论是人身权损害还是财产权损害，都可采用支付赔偿金的方式予以赔偿。上述三种赔偿方式，一般都是单独采用一种赔偿方式，只有在单独采用一种赔偿还是不足以弥补受害人的损失时，才会合并采用其他赔偿方式。公安行政赔偿的依据是《国家赔偿法》。随着时间的推移，这部法在一些方面的规定已显现出诸多的不适应。例如赔偿范围偏窄、赔偿标准过低等，需要通过法律的修改加以完善。

以上三种救济方式不属于内部规制，如行政诉讼，是司法权对公安行政权的监督。内部规制如行政复议，属于公安行政权内部的监督方式。公安行政赔偿可以和行政复议和行政诉讼结合，也可以单独进行，如果单独进行则属于外部规制的范畴。除此之外，外部规制还包括立法控制，如向立法机关反映，寻求立法机关的监督；外部规制还包括信访、行政监察等。公安行政救济方式无论是外部规制还是内部规则都有其自身的特点，内部规制有主动性、专业性和同步性等优势，但外部规制有公正性、终局性、中立性等优点。基于内部规制和外部规制目的上的一致性，两者应共同构建经常性沟通机制，以便及时发现新情况、新问题，并及时寻找解决方案。[1]

---

[1] 王星元：《警察权内部控制和外部控制的互动》，《东北师范大学学报》2015年第5期，第40页。

第五章　公安行政复议制度

公安行政复议，是指公民、法人或者其他组织不服公安机关或者法律、法规授权的组织作出的具体公安行政行为，依法向公安行政复议机关提出申请，由受理的复议机关依照法定程序对引起公安行政争议的具体公安行政行为的合法性或适当性进行审查并作出裁决的活动。公安行政复议是我国行政复议制度的重要组成部分，是公安行政救济的一条重要途径，也是公安机关内部进行自我监督的有效措施。据统计，截至1999年《中华人民共和国行政复议法》（以下简称《行政复议法》）颁布实施十年后的2009年，全国公安机关共办理行政复议案件25万余件、行政应诉案件4.5万余件。其中，通过行政复议决定撤销、变更、确认违法、责令履行职责等方式直接纠错的案件达4.6万余件，通过撤回申请等方式间接纠错的案件达4.1万余件。

通过公安行政复议化解公安行政争议，促进了公安机关依法行政，有效地保护了当事人的合法权益，提高了公安机关的执法质量和执法水平，从而在很大程度上发挥出了公安行政复议制度的自我监督和自我纠错功能。《行政复议法》第1条规定：为了防止和纠正违法的或者不当的具体行政行为，保护公民、法人和其他组织的合法权益，保障和监督行政机关依法行使职权，根据宪法，制定本法。与原《行政复议条例》相比，突出了行政复议监控行政权的职能。[1]公安部为补充健全公安行政复议制度，先后制定了《公安机关办理行政复议案件程序规定》等规章和规范性文件，作为规范公安具体行政行为的"有力杠杆"[2]，此后，公安部制定、颁布了《公安部关于印发公安行政复议法律文书格式（修订）的通知》《公安部关于公安机关贯彻实施〈中华人民共和国行政复议法〉若干问题的意见》等一系列规范性文件，明确规定了公安行政复议机关、公安行政复议案件的申请、受理、审查、决定等程序，更好地促进了公安行政复议工作，加强了公安行政执法的规范性、制度性、合法性。

---

[1] 原《行政复议条例》第1条：为了维护和监督行政机关依法行使职权，防止和纠正违法或者不当的具体行政行为，保护公民、法人和其他组织的合法权益，根据宪法和有关法律，制定本条例。

[2] 林凡惠：《探索公安行政复议制度完善之路》，《北方文学》2013年第9期，第32页。

第一节　公安行政复议的组织

　　公安行政复议组织是指有权受理、审理公安行政复议以及作出复议决定的组织和机构。根据《行政复议法》第4条规定，公安行政复议组织包括公安行政复议机关和公安行政复议机构。公安行政复议机关是指依照法律的规定，有权受理公安行政复议申请，依法对具体公安行政行为进行审查并作出裁决的行政机关，具体包括县级以上地方各级人民政府及其公安机关、新疆生产建设兵团公安机关、公安交通管理机构、公安边防部门、出入境边防检查总站以及铁路、交通、民航、森林公安机关；而公安行政复议机构是指公安复议机关内设的具体办理公安行政复议工作的机构，公安行政复议机构通常由公安行政复议机关负责法制工作的机构担当。

一、公安行政复议机关与公安行政复议机构的关系

　　公安行政复议机关是依法享有公安行政复议权的行政机关，公安行政复议机构则是公安行政复议机关设立的具体办理行政复议事项的工作机构。因此，公安行政复议机关与公安行政复议机构的关系是非常密切的。对外而言，公安行政复议机关受理当事人的公安行政复议申请，并履行行政复议职责。然而，公安行政复议机关作为法律上的实体，在实践当中，主要体现为行政首长及其拥有的相应的决定权。而且，公安行政复议机关无论是人民政府，还是公安部门，其本身所负的职责都不限于行政复议，还有很多其他事务需要它们处理。因此，公安行政复议机关在行政复议工作方面，必须也只能保留最终的行政复议决定权，而将具体的公安行政复议事务交由负责行政复议的工作机构办理。可见，公安行政复议机关履行行政复议职责，离不开公安行政复议机构。同时，公安行政复议机构也必须在公安行政复议机关的权限范围内，按照行政首长的授权，办理有关行政复议事项。公安行政复议机构作出的所有影响行政复议机关权利义务、产生外部法律后果的行政决定，都要经过公安行政复议机关的审查和同意。从这点上看，公安行政复议机关和公安行政复议机构是一体化的，都是履行行政复议职责的主体。从行政复议机构的地位来看，公安行政复议机构是行政复议机关设立的专门办理行政复议事项的工作机构，它在公安行政复议机关的直接领导下，负责处理

有关行政复议的日常事宜。从这个意义上理解公安行政复议机构的法律地位，主要有两个特征。

（一）公安行政复议机构地位的非独立性。按照《行政复议法》的规定，行政复议机关的法制工作机构，充当行政复议机构。在人民政府作为公安行政复议机关的情况下，行政复议机构即为人民政府的法制工作机构；在公安机关作为行政复议机关的情况下，行政复议机构即为公安机关的法制工作机构。人民政府的法制工作机构是政府的办事机构，负责协助政府领导办理专门事项，没有外部行政管理职能；公安机关的法制工作机构是行政机关的内设机构，更没有外部行政管理职能。

（二）公安行政复议机构地位的从属性。公安行政复议机构完全从属于公安行政复议机关，它只对行政复议机关的行政首长负责，与其他行政机关和行政复议机构没有从属关系。这里，需要注意的是，行政复议机构完全从属于行政复议机关，并不意味着它与其他行政机关就不存在任何关系。事实上，公安行政复议机构作为公安行政复议机关的工作机构，基于行政复议机关之间的层级关系，它们的行政复议机构之间也必然存在业务上的层级关系。例如，公安机关对所属工作机构和下级公安机关的行政工作（包括行政复议工作）负有行政领导之责，上级公安行政工作机构对下级公安行政工作机构的行政工作（包括行政复议工作）也负有业务领导或者指导之责，体现这种领导、指导关系的大量事宜，是由公安行政复议机构具体落实的。有些事宜，也能交由行政复议机构去做。例如，维持行政复议机关各自的行政复议机构之间的工作联系，进行业务交流，提供和处理有关的报表和信息资料，请示和答复有关具体问题，等等。

因此有学者认为，公安复议机构的设置不健全、不独立。"任何人不能做自己案件的法官，这是公正最起码的要求。它主要在于防止行政行为的作出或纠纷的裁决受机关或利害关系人的影响。"[1]自己不能做自己的案件法官，这是法律的基本原则，这就要求公安机关有必要建立独立的复议机构。[2]

公安行政复议机关与公安行政复议机构的关系十分密切，但是并不能简单地将公安行政复议机关等同于公安行政复议机构，其存在显著的差异。

首先，公安行政复议机关是一个独立的行政机关，享有对外实施行政管理、作出具体行政行为的权力。公安行政复议机构则是行政复议机关内部的一个工作机构，不能以自己名义对外独立作出具体行政行为。

---

[1]应松年：《依法行政读本》，人民出版社，2001，第56页。
[2]张钦、张灵晖：《公安行政复议制度存在问题及对策研究》，《河北公安警察职业学院学报》2016年第3期，第55页。

其次，公安行政复议是公安行政复议机关依法履行的职责，公安行政复议机构只是替行政复议机关办理具体行政复议事项所设立的工作机构，除法律特别授权以外，不能以自己的名义独立进行行政复议活动。

再次，公安行政复议过程中凡影响案件实体问题的决定，如不予受理决定、行政复议决定，都由公安行政复议机关作出，公安行政复议机构只能根据其承办具体事项的职责，提出初步意见，供行公安政复议机关的行政首长审查决定。对于一些不影响案件实体问题的程序性决定和事务，如受理行政复议申请，向有关单位或者个人进行调查，审查被申请人的具体行政行为，则由公安行政复议机构负责。

最后，公民、法人或者其他组织对公安行政复议机关不予受理的决定、公安行政复议决定以及公安行政复议机关不履行公安行政复议职责的行为提起行政诉讼，由公安行政复议机关作为被告，公安行政复议机构只是作为行政复议机关的代理人出庭应诉。

二、公安行政复议机关的确定

公安行政复议机关的确定涉及公安行政复议机关的管辖权问题，即具体的行政复议案件由哪一个具体行政复议机关来管辖。当然，就行政复议案件申请人而言，则决定着其应当向哪一个行政复议机关申请复议。"公安行政复议的管辖是指公安行政复议机关审理公安行政复议案件的分工和权限"。《公安机关办理行政复议案件程序规定》中对公安复议管辖作出了较为明确的规定。这有利于提高公安行政复议的效率，避免公安行政复议机关在管辖问题上相互推诿和拖延。同时，也有效地防止了复议申请人投诉无门的现象出现，更好的保护复议申请人的合法权益。根据《公安机关办理行政复议案件程序规定》的规定，公安行政复议的管辖可以分为一般管辖和特殊管辖两大类。

（一）一般管辖

公安行政复议活动中最常见的复议申请及管辖模式就是一般管辖。一般管辖通常是指以最初作出具体公安行政行为的公安机关的上一级公安机关为复议管辖机关，这是以层级和职能来确定管辖机关的一种方式。根据公安部的规定，具体又可以细分为以下几种情况：

1. 对公安部、省（自治区、直辖市）公安厅（局）、新疆生产建设兵团公安局作出的具体行政行为不服的，向公安部申请行政复议。需要说明的一点是：对公安部的复议决定还不服的，有当事人选择，可以直接向人民法院提起行政诉讼；也可以选择向国务院申请裁决，国务院依法作出的裁决始终局裁决，对此申请人不能再申请复议或提起行政诉讼。

2. 对市（地、州、盟）公安局（处）作出的具体行政行为不服的向省（自治区、直辖市）公安厅（局）申请行政复议。

3. 对县（市、旗）公安局作出的具体行政行为不服的，向市（地、州、盟）公安局（处）申请行政复议。

4. 对城市公安分局作出的具体行政性行为不服的，向市公安局申请行政复议。但按照《行政复议法》的规定，对城市公安分局和派出所的具体行政行为不服，既可以向其隶属的上一级公安机关申请行政复议，也可以向本级地方人民政府申请行政复议。可见，公安部《公安机关办理行政复议案件程序规定》的相关规定旨在排斥人民政府的复议管辖权，与《行政复议法》相违背，应当是无效的。

5. 对出入境边防检查站作出的具体行政行为不服的，向出境边防检查总站申请行政复议。

6. 对经上级公安机关批准的具体行政行为不服的，向在对外发生法律效力的文书上加盖公章公安机关的上一级公安机关申请行政复议。

（二）特殊管辖

特殊管辖是指公安行政复议管辖上的特殊情况，即不能按照一般管辖原则来确定的复议管辖。具体又可以分为以下几种情况：

1. 对公安机关与其他行政机关以共同名义作出的具体行政行为不服而申请的复议，由他们的共同上一级行政机关管辖。

2. 对省（自治区、直辖市）公安厅（局）直属的公安局、市（地、州、盟）公安局（处）直属的公安分局作出的具体行政行为不服的，向设立该直属公安局、公安分局的省（自治区、直辖市）公安厅（局）、市（地、州、盟）公安局（处）申请复议。

3. 对公安机关内设的机构作出的具体行政行为不服的可以向该公安机关或上一级公安机关申请复议。具体规定如下：（1）对县级以上地方各级人民政府公安机关内设的消防救援机构作出的具体行政行为不服的，向该公安机关申请行政复议。（2）对县级以上地方各级人民政府公安机关内设的公安交通机构作出的具体行政行为不服的，向该公安机关申请行政复议。对公安交通管理机构下设的公安交通警察支队、大队（队）作出的具体行政行为不服的，可以向其上一级公安交通管理机构申请行政复议。（3）对法律、法规授权的公安机关内设机构超出法定范为作出的具体行政行为不服的，向该内设机构所属的公安机关申请行政复议。对没有法律、法规授权的公安机关内设机构以自己的名义作出的具体行政行为不服的，向该内设机构所属的公安机关的上一级公安机关申请行政复议。

4. 对公安机关的派出机构作出的具体行政行为不服的，也分以下几种情况：（1）对公安派出所依法作出的具体行政行为不服的，向设立该公安派出所的公安机关申请行政复议。（2）对法律、法规授权的公安机关派出机构超出法定范为作出的具体行政行为不服的，向设立该派出机构的公安机关申请行政复议。对没有法律、法规授权的公安机关内设机构以自己的名义作出的具体行政行为不服的，向设立该派出机构的公安机关的上一级公安机关申请行政复议。

5. 其他特殊管辖情况：对公安边防部门以自己的名义作出的具体行政行为不服的。向其上一级公安边防部门申请行政复议；对公安边防部门以地方公安机关名义作的具体行政行为不服的，向其所在地的县级以上地方人民政府公安机关申请行政复议。

三、公安行政复议机构的职责与设置

（一）公安行政复议机构的职责

尽管公安行政复议机构也是公安行政复议机关的内部工作机构，但与其他工作机构有所不同。这主要表现在其所承担的公安行政复议工作的特殊性上。为保证行政复议功能的有效实现，《行政复议法》对行政复议机构的职责作了具体规定，主要是：

1. 对符合规定的行政复议申请，独立作出受理的决定；

2. 向有关组织和人员调查取证、查阅文件和资料；

3. 审查被申请人的具体行政行为是否合法、适当，拟订行政复议决定；

4. 处理或者转送申请人对有关规范性文件提出的审查申请；

5. 对行政机关违反本法规定的行为依法提出处理建议；

6. 办理不服行政复议决定提起行政诉讼的应诉事项；

7. 法律、法规规定的其他职责。对这些职责，行政复议机构可以直接以自己名义办理，无须事先报请行政复议机关同意。

（二）公安行政复议机构的设置

原《行政复议条例》实施以来，各级公安行政复议机关根据其具体情况，设置了行政复议机构。但由于没有统一的要求和标准，行政复议机构的设置模式多种多样，这在一定程度上影响了公安行政复议工作的开展。

根据多年来的行政复议实践，在征求各方面意见的基础上，《行政复议法》

第3条中规定：复议机关内负责法制工作的机构具体办理行政复议事项。与此同时，《公安机关办理行政复议案件程序规定》第3条第2款也规定，公安行政复议机构具体办理行政复议案件，公安机关业务部门内设的法制机构不办理行政复议案件。之所以这样规定，主要考虑是：

1. 行政复议机关的法制工作机构是协助行政机关行政首长办理法制工作事项的工作机构，其工作人员具有较高的法律素质和政治业务素质，能够较好地承担起审查具体行政行为是否合法、适当的任务，有利于保障行政复议案件的办案质量。

2. 行政复议机关的法制工作机构除了办理行政复议事项外，还承担着起草本机关法规、规章以及其他规范性文件的职责，同时还担负着行政执法监督的责任，这些工作与行政复议工作关系密切，有利于从根本上解决行政争议，推动依法行政。

3. 为了保障和加强公安行政复议工作的顺利开展，《公安机关办理行政复议案件程序规定》第5条规定，公安行政复议机构办理行政复议案件所需经费应当在本级公安业务费中列支；办理公安行政复议事项必需的设备、工作条件，公安行政复议机关应当予以保障。

（三）公安行政复议机构的独立性与专业化问题

行政复议工作应当遵循合法、公正原则，这就要求公安行政复议机构应当具有一定的独立性。然而，根据现行《行政复议法》第4条的规定，公安行政复议机关负责法制工作的机构具体办理行政复议事项。具体而言，复议机关中负责法制工作的机构是复议机关的一个内部行政机构，隶属于各级人民政府及其职能部门，没有独立的行政主体地位。虽然《中华人民共和国行政复议法实施条例》（以下简称《行政复议法实施条例》）规定各级行政复议机关应当认真履行行政复议职责，领导并支持本机关负责法制工作的机构依法办理行政复议事项。但毕竟行政复议机构对案件还是没有最终的决定权，也不能以自己的名义独立行使复议权，复议机构与其他的行政机构没有多大不同，都要听命于行政机关首长，复议过程及复议结果无法脱离行政干预。这样，在行政复议工作中行政复议机构就很难做到公正裁判，而行政复议制度所具有的监督和纠错功能就很难得到实现。因此，行政复议机构的独立性有待进一步提高，以提高行政复议工作的质量和体现出行政复议工作的价值。行政复议机构独立行使职权是发达国家推行行政法治所得出的经验之一。行政复议裁决权的根本性质是要求具有相应的公正性，为了公正地进行行政复议，世界各主要国家均注意增强行政复议机构的相对独立性，尤其以英美法等国家为甚。因此，我们可以借鉴和创新其做法，以克服我国行政复议因缺乏独立性而带来的弊端。

1. 可以考虑建立相对独立的行政复议委员会，委员会中的外聘专家要超过委员会人数的1/2，并赋予委员会相对独立的裁决权。行政首长对委员会的行政复议的领导只具有象征意义，而主要定位于事后的监管，从而改变以往的事先、事中的命令与服从。

2. 对行政复议人员予以特别保障，应明确规定没有法定事由不得作对复议人员不利的工作调动和职务变迁，不得降低待遇等，增强其抗干扰的能力，解除其后顾之忧。

3. 增加行政复议的透明度，增强其公正性。

行政复议工作主要审查行政主体的行政行为的合法性和合理性，并就具体情况作出裁决，是一项专业性很强的裁判活动，并非一般人员可以胜任。因此，需要配备专业的工作人员。虽然《行政复议法实施条例》对于行政复议机构的专业化问题作出了规定，要求各级行政复议机关应当依照有关规定配备、充实、调剂专职行政复议人员，保证行政复议机构的办案能力与工作任务相适应；并要求专职行政复议人员应当具备与履行行政复议职责相适应的品行、专业知识和业务能力，并取得相应资格。但当时对于专职行政复议工作人员的任职资格没有作出具体规定，加之长期以来积淀的法律素质不高，提高行政复议工作人员素质的工作非常艰巨。然而，新修订的《行政复议法》解决了这一近年来困扰行政复议工作质量的现实难题。修订后的第6条规定，国家建立专业化、职业化行政复议人员队伍。行政复议机构中初次从事行政复议工作的人员，应当通过国家统一法律职业资格考试取得法律职业资格，并参加统一职前培训。国务院行政复议机构应当会同有关部门制定行政复议人员工作规范，加强对行政复议人员的业务考核和管理。同时，第7条明确要求行政复议机关应当确保行政复议机构的人员配备与所承担的工作任务相适应，提高行政复议人员专业素质，根据工作需要保障办案场所、装备等设施。县级以上各级人民政府应当将行政复议工作经费列入本级预算。随着新修订的《行政复议法》的施行和实践中的改革探索，公安行政复议机构的独立性与专业化问题将得以逐步破解。

第二节 公安行政复议的范围

公安行政复议范围，即公安行政复议受案范围，是指公安行政复议机关受理公安行政复议案件的权限范围。就公安行政相对人而言，也是可以通过公安行政复议方式寻求救济的范围。确立公安行政复议范围有利于公安复议机关清楚地掌握自己的复议管理权限，为受理案件时的审查提供依据；有利于公安行政相对人明了可申请公安行政复议的具体行政行为的种类，避免因不属于受理范围而遭到拒绝。根据《行政复议法》的规定，公安行政复议的范围主要是从积极范围和消极范围两个方面通过概括和列举的方法来加以确定的。

一、公安行政复议的积极范围

根据《行政复议法》第11条规定，公民、法人或者其他组织可就下列具体公安行政行为向公安行政复议机关申请公安行政复议。

（一）对公安行政处罚不服的。公安行政处罚根据作出处罚的公安职能部门不同可分为：治安处罚、道路交通管理处罚、消防管理处罚、出入境管理处罚和边防管理处罚。就公安行政处罚的种类而言，主要有警告、罚款、没收违法所得、没收非法财物、责令停产停业、暂扣或者吊销许可证、暂扣或者吊销执照、行政拘留等。

（二）对公安行政强制措施不服的。公安行政强制措施包括两大类：一是限制人身自由的强制措施；二是对财产的强制措施。限制人身自由的强制措施通常有治安强制传唤、对吸毒人员的强制戒毒、对卖淫嫖娼人员的收容教育、对违反治安管理的醉酒人进行约束等；对财产的强制措施通常有查封、扣押、冻结财产、收缴等，如公安机关对办理治安案件所查获的毒品、淫秽物品等违禁品，赌具、赌资，吸食、注射毒品的用具以及直接用于实施违反治安管理行为的本人所有的工具进行收缴。

（三）认为符合法定条件，申请公安机关颁发许可证、执照等证书，或者申请公安机关审批、登记有关事项，公安机关没有依法办理的。根据有关的法律、法规的规定，公安机关在职权范围内核发有关许可证和执照，如爆炸物品使用许可证、特种行业许可证、网吧经营许可证、机动车驾驶执照等。除此之外，公安机关还要对有关事项注册登记，如对机动车辆的登记，对旅店业、刻字业的审批等等。

（四）对公安机关作出的有关许可证、执照等证书变更、中止、撤销的决定不服的。公安机关有权对自己颁发的许可证和执照变更、中止或撤销。如对公安交警部门机吊销动车驾驶执照的具体行政行为不服的，可提起行政复议。

（五）认为公安机关侵犯合法的经营自主权的。经营自主权是指市场经营主体依法享有的，按照自己的意愿调配和使用自己的人力、物力、财力，独立开展生产经营活动的权利。市场经营主体的这些经营自主权都依法受到保护，任何组织和个人不得非法侵犯。公安机关侵犯经营自主权的主要表现为：公安机关用行政手段命令市场经营主体组织设置某个机构、调拨其使用的设备、工具等。如果市场经营主体认为公安机关的行政行为侵犯了其经营自主权，就可以申请行政复议。

（六）认为公安机关违法集资、违法征收财物、违法摊派费用或其他违法要求履行义务的。公民、法人或其他组织的义务都是由法律设定的，如果公安机关没有法律上的依据，而要求公民、法人或其他组织履行义务，或者虽有法律上的依据但公安机关要求履行义务的程序违法时，公民、法人或其他组织就此可以申请行政复议。比如，有的公安民警并非紧急公务而征用公民的机动车辆，或者向服务的单位、个人"拉赞助"，巧立名目收取所谓的治安管理费、安全保卫费等等。对于这些违法征用、摊派增加相对人负担的行为，侵犯相对人利益，相对人便可依法提起行政复议。例如，某派出所因办案经费紧张，遂向辖区内的个体工商户发出通知，要求每户交纳50元的"治安管理费"，群众对此有意见，便向上级机关反映。此处群众的反映属于行政复议的性质，派出所要求每户交纳50元的"治安管理费"行为，属于"乱收费、乱摊派"的做法，超越、滥用了职权，违背了公安行政执法的合法性原则，违反了《人民警察法》等法律法规的规定，应追究相关领导和直接责任人员的违法违纪责任。

（七）申请公安机关履行保护人身权利、财产权利的法定职责，公安机关没有依法履行的。根据《宪法》《人民警察法》和相关法律、法规的规定，公安机关有保护相对人的人身权利、财产权利的法定职责，如果公安机关未能履行或未能很好地履行这些职责，保护相对人权益，构成违法失职，相对人认为权益受损的，相对人有权申请行政复议。

（八）认为公安机关没有依法发放抚恤金的。公安机关发放的抚恤金是人民警察因公致残、死亡或病故时，由公安机关代表国家发给本人或家属用以维持本人或其家属日常生活的费用。根据《人民警察法》第41条规定：人民警察因公致残的，与因公致残的现役军人享受国家同样的抚恤和优待。人民警察因公牺牲或者病故的，其家属与因公牺牲或者病故的现役军人家属享受国家同样的抚恤和优待。同时，1996年12月公安部与民政部共同颁布了《公安机关人民警察抚恤办法》。如果公安机关没有依法发放抚恤金的，则该人民警察或其家属可以申请行政复议以获取权利救济。

（九）认为公安机关的其他具体行政行为侵犯其合法权益的。这是一个为了防止列举不足或随形势发展而作的补充概括，如果法律未能列举的其他具体公安行政行为侵犯公民、法人和其他组织的合法权益，这些相对人依然可以据此申请行政复议。同时随着形势的发展，新的公安行政法律、法规、规章及司法解释也可能将一些具体公安行政行为纳入复议范围。

另外，在对具体公安行政行为提起行政复议的同时，如果认为该行为所依据的规定不合法，也可以一并提起。但根据《行政复议法》第7条的规定，对各级行政规定进行行政复议的内容主要包括：

1.对行政规范性文件的复议申请是以对具体行政行为的复议申请为前提条件的。只有在对具体公安行政行为申请行政复议时，才能对该具体公安行政行为为所依据的行政规范性文件一并提起行政复议而不是单独提起。

2.对行政规范性文件的申请范围只能是国务院部门及省级人民政府以下的行政机关所发布的除规章以外的规范性文件。

3.对规范性文件申请复议的内容仅限于该规范性文件是否合法，而不包括合理性问题。

二、公安行政复议的消极范围

根据《行政复议法》第12条及《公安机关办理行政复议案件程序规定》有关规定，不能申请公安行政复议的事项有以下几类：

（一）不服部分抽象公安行政行为的

抽象公安行政行为，是指国家公安行政机关制定法规、规章和有普遍约束力的决定、命令等行政规则的行为。从本质上来讲，抽象公安行政行为是一种制定规则的行为，不同于公安行政机关执行法律的具体行政行为。公安行政复议的范围仅是就具体行政行为的合法性和合理性进行审查，原则上不能单独就抽象行政行为申请复议。尽管《行政复议法》和《公安部关于公安机关贯彻实施〈中华人民共和国行政复议法〉若干问题的意见》规定，公安行政复议机关可以对公安机关作出具体行政行为所依据的行政规范性文件进行审查，但是同时也受到了非常大的限制。比如为了解决交通道路的拥堵问题，某地公安局出台了对某一段道路限行政策，致使一些车主的利益受损，但是很多车主因为没有直接受到这一限行政策的侵害，按照《行政复议法》的规定是不能提起行政复议的，使得车主的权益无法合理维护，这对很多车主来说是不公平的，扩大公安行政复议的范围，将抽象行政行为完全纳入行政复议的范围势在必行。[①]

---

① 张钦、张灵晖：《公安行政复议制度存在的问题及对策研究》，《河北公安警察职业学院学报》2016年第3期，第56页。

首先，不能对抽象公安行政行为单独提起行政复议。对行政规范性文件的复议申请是以对具体公安行政行为的复议申请为前提条件的。只有在对具体公安行政行为申请行政复议时，才能对该具体公安行政行为为所依据的行政规范性文件一并提起行政复议。

其次，对行政规范性文件的申请范围只能是国务院部门及省级人民政府以下的行政机关所发布的除规章以外的规范性文件。

最后，对规范性文件申请复议的内容仅限于该规范性文件是否合法，而不包括合理性问题。

（二）公安民警不服公安机关对其作出的行政处分或者其他人事处理决定的，公安民警只能依法申诉

行政处分是国家行政机关依据行政隶属关系，对有违法失职行为的国家公务员的一种行政制裁，从性质上来看，属于内部行政行为。人民警察属于公务员的一部分，对人民警察的行政处分，适用国家公务员行政处分的规定，对人民警察的行政处分分别由任免机关或者行政监察机关作出决定，人民警察对行政处分决定不服，根据现行法律规定，不能申请行政复议，只能根据《公务员法》的规定，向行政监察机关申诉。

公安机关的其他人事处理决定，指依照《公务员法》《人民警察法》等法律、法规，由公安机关负责人或者人事部门依照法定程序，对人民警察的考核结论、奖励、职务升降、职务任免、职务交流、辞职辞退及其他有关人事方面的决定。人民警察对公安机关的这些人事决定不服，根据现行法，也不能申请公安行政复议，只能根据《国家公务员暂行条例》及有关规定，向原处理机关申请复核，或者向同级人民政府人事部门申诉。

另外，根据公安部《公安机关内部执法监督工作规定》第23条以及《公安机关人民警察执法过错责任追究规定》第27条的规定，有关单位和人民警察对执法监督决定不服或者公安民警对执法过错责任追究不服，也不能申请行政复议，只能根据这两个规定依法向本级或者上级公安机关提出申诉，由他们受理并作出答复。

（三）不服公安机关对民事纠纷作出的调解或者其他处理的，可以依法向人民法院提起诉讼，不得提起公安行政复议

为了及时处理民事纠纷，化解矛盾，我国相关法律、法规、规章规定公安机关可以对有些民事纠纷予以调解处理。比如《治安管理处罚法》第9条规定："对于因民间纠纷引起的打架斗殴或者损毁他人财物等违反治安管理行为，情节较轻的，公安机关可以调解处理。经公安机关调解，当事人达成协议的，不予处罚。"又比如对交通事故损害赔偿的调解等，公安机关在双方当事人同意调解的前提下，实施调解行为，在双方协商达成协议彼此接受的情况下，双方基本上都能按调解协议执行，及时化解民事纠纷。但也有不少的当事人对调解协议不服或达不成协议，作为对调解协议不服的当事人只能向人民法院提起诉讼，而不能申请行政复议。这是因为调解行为必须经双方协商达成意见一致，一方或双方完全有充分的自由选择是否接受调解协议，公安机关的调解行为完全不具有行政强制性。即使违法行使职权，当事人也可以不接受，因此调解行为不存在侵犯公民、法人和其他组织合法权益的可能，与行政复议宗旨不符，所以对公安调解行为不能申请公安行政复议，只能根据具体情况提起诉讼。

（四）对办理刑事案件中依法采取的刑事强制措施、刑事侦查措施等刑事执法行为不服的

公安机关的活动同时具有行政执法和刑事执法的双重属性，公安机关的刑事属性是指公安机关具有一定的司法职能，依法对刑事案件行使侦查权，在办理刑事案件上与人民检察院、人民法院相互分工、相互配合、相互制约，担负着打击刑事犯罪的任务。公安机关依法行使刑事侦查权的执法行为，不属于公安行政行为的范畴，因此不能对其提起行政复议。

实践中，公安机关滥用刑事司法权，越权插手经济纠纷的情况时有发生，其实质是滥用刑事侦查的职能，采取法律不允许的手段，干预经济纠纷，这是越权的违法行为，应当界定为具体行政行为，这样的行政行为应当纳入行政复议的范畴。

（五）对处理火灾事故、交通事故以及办理其他行政案件中作出的鉴定意见等不服的

传统观点认为，公安机关处理火灾事故、交通事故以及办理其他行政案件中作出的鉴定意见的行为是单纯的鉴定行为，属于行政事实行为，不具有可裁决性。因此，立法将此种情形排除在行政复议乃至行政诉讼范围之外。如，公安部颁布的《火灾事故调查规定》中规定火灾事故责任的重新认定为最终决定，不可复议也不可提起诉讼。

（六）对申诉被驳回不服的

申诉是指公民、法人或其他组织对公安机关的处理不服，但在法定期间未提出行政复议或行政诉讼，而向有权机关提出申请，要求对已经生效的行政处理进行审查的行为。如果有权机关认为申诉人理由不当或者其他情况予以驳回，就该行为不得提出行政复议。

三、关于我国公安行政复议范围的思考

（一）公安行政复议只能对部分抽象公安行政行为实施有限的监督

《行政复议法》第13条增加了对行政规范性文件的一并审查，该条规定使得行政复议范围在一定意义上扩展到抽象行政行为，是我国行政复议制度的一个重大发展。公安行政复议与之相应，复议范围也当然得到扩展。这虽然是一个进步，但并不彻底，只限于同具体行政行为一并审查，而且排除了对规章的审查。对抽象行政行为进行复议监督，是法学界、实际工作部门以及社会公众十分关注的问题，早就有人主强将抽象行政行为纳入复议范围，在现有法律规定的模式下，对抽象行政行为的监督是十分有限和薄弱的，一并审查的规定更是阻却了程序的发动者，使其缺少了监督的原动力。抽象公安行政行为由于其涉及的权广面宽，对其进行复议监督十分必要。如某市为了解决某些路段的交通拥挤问题，制定地方法规禁止外地车辆通过路经该市的某一国道。某市公安局更是相应制定了具体的罚款、扣证的红头文件。外地车辆碍于交警部门的威慑，即使给自己带来不能进入市区的很大不便，也没有敢于闯红线的。这样一来，大量的车主利益受损却也没有受具体行政行为直接利益侵害的，按规定不能对这一抽象行政行为提出复议申请，不仅不能对地方规章提起，也不能直接对抽象行政行为提起，这是很不公平的，也很不合适。要建立社会主义法治政府，就应当完善我国的司法监督体制，修改《行政复议法》的相应内容，扩大对抽象行政行为的审查范围以及设置直接审查制度。

（二）对公安机关依法处理火灾事故、交通事故以及办理其他行政案件中作出的鉴定结论等不服的，能否提起行政复议的问题

有些学者认为公安机关依法处理火灾事故、交通事故以及办理其他行政案件中作出的火灾事故责任认定书、交通事故责任认定书等行为从其性质上讲属于具体的公安行政行为，应当允许当事人对该行为提起行政复议或行政诉讼。也有学者认为公安机关作出的责任认定只能视为证据，并未对事故当事人作出权利义务的具体处理，不属于行政行为，因而不能就此提起行政复议。我们认为，公安机关对火灾事故、交通事故的责任认定是对火灾事故责任人、交通肇事者进行行政、刑事处罚的依据，事实上已经对火灾事故责任人、交通肇事者作了定性，直接影响事故当事人的权利、义务与责任承担问题。这与纯粹的技术鉴定有明显的区别。因此，其性质上应属于具体行政行为，可以申请行政复议。但由于此种具体行政行为的特殊性，应该区别不同情况来对待。

在实际的操作中，曾经有过事故当事人因不服公安部门的鉴定结论提起行政复议或行政诉讼的情况。允许当事人对此类行政行为提起行政复议或行政诉讼会出现许多问题，因为作为一个鉴定结论，这些责任认定书直接影响着案件的性质，或是一般事故不构成刑事案件，或是重大事故构成刑事案件。如果当事人对简单的火灾事故或交通事故的事故责任的认定提起行政复议或诉讼可能影响的只是处理时间长短的问题；但如果事故重大，已经触犯了《刑法》，构成刑事案件，还允许当事人提起行政复议或诉讼的话，那么依照《刑事诉讼法》关于案件审理期限的规定，就不可避免地造成案件不能在法定的期限内结案，或更有甚者造成犯罪嫌疑人不能及时归案的严重后果。因此笔者认为，对这类不服鉴定结论提起行政复议或行政诉讼的情况不能一概而论，必须区分案件的性质，如果构不成犯罪，应当允许当事人对公安机关的这类责任确认行为提起行政复议，因为鉴定结论关系到当事人人身权利或财产权利，或因此遭受损失或因此受到限制或剥夺。允许当事人提起行政复议符合"有权利就有救济"的人权保障观。如果构成犯罪，则不允许提起行政复议或行政诉讼，当事人可以通过刑事救济的渠道来寻求权利的救济。

在"对道路交通事故责任认定是否可以提起行政诉讼"这个问题上，杨建顺教授曾经撰文，给我们就同类行为是否可以提起行政复议也提供了很有价值的参考。在其文章最后，他写道："实际上，道路交通事故当事人所寻求的救济主要是两个方面的内容：其一是损害赔偿问题；其二是行政处罚问题（触犯刑法的问题另当别论）。这两方面的内容都是以责任认定为基础的，而事实认定是责任认定的前提。既然如此，我们应该首先致力于健全和完善事实认定机制，确保事实认定的科学性和可信赖性，不妨参照美国的经验，建立起实质性证据法则，重新架构现代化的道路交通事故责任认定体制。"因此，在讨论对此类鉴定结论能否提起行政复议的话题之外，我们应当并且有待解决的是健全和完善事实认定机制。

（三）不服公安侦查行为能否提起行政复议请求的界定问题

近年来，由于公安机关实施侦查行为，对公民、法人或者其他组织合法权益造成损害引发的行政复议案件呈逐年上升趋势。判断不服公安侦查行为提起复议的案件是否属于公安行政复议的受案范围，是否应予立案，是行政复议机构在实践中遇到的难题之一。

公安机关是政府的职能部门，具有双重职能，一是根据刑事诉讼法产生的刑事侦查职能，即公安机关有权对发现的犯罪事实进行立案并采取侦查所需的强制措施；二是行政管理职能。在我国现行的行政复议法律制度下，公安机关上述的两种职能有着不同的法律意义。对作为公安机关的刑事侦查行为如在侦查中采取的扣押、查封、冻结、没收财产、限制人身自由等，不能申请行政复议。如果因刑事侦查行为或其程序违法而使有关人员的合法权益受侵害，当事人不服的，可通过公安机关内部执法监督程序，或通过司法赔偿途径解决。而只有对具体的公安行政行为不服的才可以提起行政复议。

但是由于公安机关职能的双重性，区分一个具体的行为是刑事侦查行为还是具体行政侦查行为往往不容易，给行政复议工作带来一定的难度。因此行为性质的界定就显得尤为重要。参照有关文献和实践，笔者认为不服公安侦查行为能否提起行政复议请求的界定主要从以下几个方面考虑：1. 从实体权限上进行界定。公安机关行使刑事侦查行为，必须严格依照有关刑事法律的授权进行，无法律的授权或超越法律授权作出的行为，就构成行政上的越权行为。刑事侦查行为实施的依据是《刑事诉讼法》和有关刑事方面的法律规定。而公安行政行为依据的是国家行政管理法律法规等。2. 从实施程序上进行划分。刑事侦查行为和公安行政行为实施的程序是不同的。刑事侦查行为的实施必须严格按照《刑事诉讼法》规定的形式和程序要件。如果被申请人想要证明自己实施的行为是刑事侦查行为就应当提供充分的证据加以证明。在实践中，公安行政行为与刑事侦查行为的实施明显不同。3. 从事实上认真辨析。这里提到的事实包括公安机关行为本身的事实（即采取的行为是属于行政行为还是刑事侦查行为）和实施这种行为的事实依据。

（四）被盘查人对人民警察当场盘问、当场检查的行为能否申请行政复议

公安部《关于实施〈行政复议法〉中有关问题的批复》（公复字〔2000〕2号）明确指出：留置对象经留置盘问后，未对其依法刑事拘留或者治安拘留的，当事人不服可以依法申请行政复议。现在的问题是：人民警察依照《人民警察法》第9条规定，依法行使当场盘问权、当场检查权，那么，受到当场盘问、当场检查的当事人不服，能否申请行政复议呢？笔者认为，受到当场盘查的当事人不能申请行政复议。因为公安民警代表公安机关行使该项权力是为了保护社会公众利益，不能因保护个人利益而损害整个社会公众利益。况且，当场盘查时间很短，如经当场盘问无问题，盘问立即结束，对受到当场盘查的人也未采取任何限制人身自由和财产权利的措施。因此，对受当场盘查人的权益几乎无任何损害。所以，笔者认为，受到当场盘查的人不服公安民警的当场盘查行为，不能申请行政复议。

第三节　公安行政复议的申请与受理

公安行政复议案件基数大、比重高、矛盾尖锐等问题较为突出。据不完全统计，公安机关行政复议案件占全国行政系统全部复议案件的65%至70%，[①]因此，健全行政复议处理机制，完善行政复议程序尤为重要。

一、公安行政复议的申请

由于公安行政复议是一种依申请而启动的活动，因此没有公安行政行为相对方的申请，就不可能启动公安行政复议程序，公安行政复议作为监控公安行政权的监督制约功能就发挥不了作用。所以设立便于公民、法人或其他组织行使行政复议申请权的程序就显得尤为重要。

公安行政复议的申请是指与具体公安行政行为有利害关系的公民、法人或其他组织不服公安机关的行政行为而向有复议权的公安行政复议机关提出请求，要求撤销或者改变原公安行政行为的意思表示。但申请人的申请并不必然引起公安复议机关行使行政复议权的法律后果，提出公安行政复议申请必须具备法定的条件和方式，并在法定的期限内提出。

（一）申请公安行政复议的条件

根据《行政复议法》的规定和公安行政复议的实践，申请公安行政复议必须符合下列条件：

1. 申请人是认为公安行政行为侵犯其合法权益的公民、法人或者其他组织。根据《行政复议法》的规定，如果有申请行政复议权的公民死亡的，其近亲属可以申请行政复议。有申请行政复议权的公民为无民事行为能力人或者限制民事行为能力人，其法定代理人可以代为申请行政复议。如果是有申请行政复议权的法人或者其他组织终止的，承受其权利的法人或者其他组织可以申请行政复议。

2. 有明确的被申请人。公安行政复议被申请人是指作出有争议的公安行政行为的公安机关。被申请人是公安行政复议不可缺少的复议参加人，没有被申请人或被申请人不明确，公安行政复议活动均无法开展。

[①] 应松年、袁曙宏：《走向法治政府——依法行政理论研究与实证调查》，法律出版社，2010，第233页。

3. 有具体的复议请求和事实根据。具体的复议请求中"具体"的标准可以从以下两个层面来把握:一是申请人应明确提出对被申请人的哪一项公安行政行为不服;二是申请人应明确表示要求公安行政复议机关解决什么问题及要想达到什么目的。事实根据,是指申请人向公安行政复议机关申请所依据的事实。它既可以是公安机关作出的公安行政行为确实存在违法或不当,也可以是由于申请人主观认识上的错误而以为其违法或不当。

4. 属于公安行政复议的受案范围。即申请人提出的公安行政复议案件必须在公安行政复议的受案范围,否则公安行政复议机关有权不予受理。

5. 属于公安行政复议机关的管辖范围。由于公安行政复议机关管辖的法定性,申请人的复议申请必须向有管辖权的公安机关提出,公安行政复议机关也不能超出其管辖权范围而受理案件。

(二)申请公安行政复议的方式

申请公安行政复议的形式是指公安行政复议申请人以何种具体的表现形式来表达其意愿。《行政复议法》规定,申请人申请公安行政复议可以采取书面方式,也可以采取口头申请方式。但需要强调的是不管以何种方式提起申请,申请必须具备的内容是一致的。这是因为法律规定行政复议以书面审理为原则,申请书的完整性就显得格外重要。

1. 书面申请

对书面申请的具体内容《行政复议法》没有明确,公安部《公安机关办理行政复议案件程序规定》中对此作了较为详细的规定。申请人要提出公安行政复议申请,应当填写《行政复议申请书》,写明以下内容:

(1)申请人及其代理人的姓名、性别、出生年月日、工作单位、住所、联系方式,法人或者其他组织的名称、地址,法定代表人或者主要负责人的姓名、职务、住所、联系方式。

(2)被申请人的名称、地址、法定代表人的姓名。

(3)行政复议请求。

(4)申请行政复议的事实和理由。第三部分和此部分是行政复议申请必须写明的主要内容,其重要性和必要性在上文已论述过,此处不再赘述。

(5)受理复议申请的公安行政复议机关的名称。

(6)申请行政复议的日期。要求署明日期,目的之一是便于公安行政复议机关审查确定该复议申请是否超过有效期限。另外,作为启动行政复议程序的申请，其申请之日即为整个程序的开始之日，以后复议期间的计算都以此为参照标准，因此不可忽视。

另外，还特别要求《行政复议申请书》上应当有申请人的签名或者捺的指印。

2. 口头申请

《行政复议条例》第32条规定："申请人向行政机关申请复议应当递交复议申请书。"也就是说行政复议一般要采用书面方式。《行政复议法》对此作了修改，以法律的形式明确规定申请行政复议可以采取口头方式。《行政复议法》的这条规定比较符合我们的国情，同时更有利于对行政相对人的权利保护，体现了便民、利民原则。依照《行政复议法》以及公安部《公安机关办理行政复议案件程序规定》第19条对口头申请是这样规定的："口头申请的，公安行政复议机关应当当场记录申请人的基本情况、行政复议请求、申请行政复议的主要事实、理由和时间，经申请人核对或者向申请人宣读并确认无误后，由申请人签名或者捺印。"由这条规定可以看出，复议申请虽然在形式上可以是口头的，但其内容也必须像书面申请一样有着严格的要求。

（三）申请公安行政复议的期限

申请公安行政复议的期限是指公民、法人或者其他组织行使公安行政复议权的时间界限。法律规定公安行政复议必须在一定的时间内提出，超过了这个法定的期限，如果没有申请延长期限的法定理由的，申请人即丧失了申请公安行政复议的权利。因此期限的规定对公民、法人或者其他组织能否申请公安行政复议来说十分关键。

《行政复议法》第20条就行政复议申请期限作了具体规定，公民、法人或者其他组织认为行政行为侵犯其合法权益的，可以自知道该行政行为之日起60日内提起行政复议申请；但是法律规定的申请期限超过60日的除外。因不可抗力或者其他正当理由耽误法定申请期限的，申请期限自障碍消除之日起继续计算。根据该条的规定，行政复议期限由原来《行政复议条例》规定的15日延长至60日，且单行法律规定的申请期限如果长于60日的从其规定，也体现出便民的原则，更加注重对行政相对人的利益保护。

二、公安行政复议的受理

公安行政复议的受理是指公安行政复议机关对收到的公民、法人或者其他组织的复议申请进行审查，并在法定期限内作出是否立案的活动。公安行政复议机关一旦收到公民法人或者其他组织的复议申请，就意味要受到一定的约束，即公安行政复议机关因申请人的申请有依法作一定行为之义务，这个义务简言之就是：对申请进行审查，决定是否立案，如果立案则就申请的内容对具体公安行政行为的合法性、适当性进行审查，并最终作出复议决定。

受理阶段主要是按照法律的规定审查复议申请书的内容，判断是否符合公安行政复议的立案条件，并区分不同情况分别予以处理。这一过程在公安行政复议活动中具有重要意义，既关系到公民法人或者其他组织行使公安复议申请权的实际效果，也直接影响着公安行政复议活动。为此法律和有关法规对审查的复议申请书的期限及对复议申请书如何处理作出了比较明确的规定。在受理阶段，公安行政复议机构主要的工作任务是：

（一）从程序上审查公安行政复议申请

公安行政复议机构负责接受公民、法人或者其他组织提出的复议申请。接到行政复议申请后在法定期限内从形式上对公安复议申请进行审查。

这里所说的法定期限是指《行政复议法》第30条"行政复议机关接到行政复议申请后，应当在5日内进行审查"中规定的期限。

这里所说的"从程序上进行审查"是指在审查复议申请时并不审查其实体要件，而只审查是否符合立案的条件。具体来说，程序审查的内容包括以下几个方面：

1. 复议申请是否符合公安行政复议申请的条件。主要包括：提出申请的公民、法人或者其他组织是否具备申请人资格，即公安机关的具体行政行为是否涉及复议申请人的合法权益；复议申请是否属于公安行政复议的受案范围；被申请人和行政复议请求是否明确；复议申请是否属于本行政机关的管辖范围等。

2. 复议申请是否超过法定期限，如超过法定时限有无延长期限的法定理由。

3. 是否因为相同的事由已向人民法院提起诉讼，人民法院是否已经受理。因为《行政复议法》规定，已经向人民法院提起行政诉讼，人民法院已经受理的，不得申请行政复议。

（二）对公安行政复议申请进行处理

公安机关在对复议申请进行审查后，依照法律、法规、规章对复议申请进行以下处理：

1. 符合规定的，予以立案。复议机关受到复议申请之日即为受理之日。

2. 不符合《行政复议法》规定的，决定不予立案，制发《行政复议申请不予受理决定书》，并告知申请人。这里的"告知申请人"的涵义是指告诉申请人本机关不予受理的具体原因以及其救济的其他途径。

3. 符合《行政复议法》规定，但不属于本机关管辖范围的，应当告知申请人向有管辖权的行政复议机关提出申请。

严格地说，受理阶段对复议申请的形式审查应属于审理阶段程序审理之内容，所做处理也应当视为行政复议机关之决定，即"不予受理"应视为复议决定的一种，这只是笔者本人的观点，后来翻阅台湾学者蔡志方著的《行政救济法论》中论到"不予受理"属于程序上的决定，找到了一定的理论支撑。

三、关于公安行政复议申请与受理中所涉问题的探讨

（一）复议申请的方式

在实际工作中，公安法制部门常常会接到通过邮寄方式提出的复议申请；也会遇到由他人代为提出申请，但是又没有委托手续的情况。类似以上两种情况的处理，公安复议机关能不能受理，如果可以受理，受理的时间从何起算等等，法律上没有规定，也没有可供依据的细则。

需要探讨的是，类似以上情况，公安复议机关能不能受理呢？

对于通过邮寄方式向复议机关提出申请的，笔者认为，按照《行政复议法》的立法目的和其所确立的"合法、公正、公开、及时、便民"的基本原则，根据公安复议申请受理的条件，只要申请人的申请符合受理的条件，则公安复议机关应当启动行政复议程序，本着先程序后实体的顺序予以审查。受理时间的确定，应当以复议申请书上载明的时间为准，申请书上没有载明时间的应以其邮戳上的时间为准。这样做既体现"合法、便民"的原则，也有利于保护公民、法人或者其他组织的合法权益，符合实际情况。但因为我们是成文法国家，由于法律没有在这方面作规定，在实际中势必会造成不同机关的不同处理，不利于更好更有效地保护公民、法人或者其他组织的合法权益，不利于法律适用的统一，因此建议在今后的立法中对复议申请的具体提出方式作出明确的规定，使复议机关有法可依，便于具体操作。

对于他人代为申请但没有委托手续的情况，根据《行政复议法》有关规定，复议申请人必须是"认为具体公安行政行为侵犯其合法权益的公民、法人或者其他组织"。"如果有申请行政复议权的公民死亡的，其近亲属可以申请行政复议。有申请行政复议权的公民为无民事行为能力人或者限制民事行为能力人，其法定代理人可以代为申请行政复议。如果是有申请行政复议权的法人或者其他组织终

止的，承受其权利的法人或者其他组织可以申请行政复议"。同时《行政复议法》第10条第五款规定"申请人、第三人可以委托代理人代为参加行政复议"。这款规定确立了行政复议中的代理制度，因此如果"他人代为申请又没有委托手续"，有必要认为该"代为申请人"不具备法律上规定的申请人资格，也不具备法定代理人、指定代理人或委托代理人的资格。公安行政复议机关在遇到这种情况下，可以明确告诉代为申请人不予受理，但仍需向其说明不予受理的原因及让其转告有复议申请权的人可以采取的救济途径。

（二）关于自动受理机制的评判

《行政复议法》第30条第一款规定："行政复议机关收到行政复议申请后，应当在5日内进行审查，对不符合本法规定的行政复议申请，决定不予受理，并书面告知申请人；对符合本法规定，但是不属于本机关受理的行政复议申请，应当告知申请人向有关复议机关提出。"如此规定主要是为了促进行政复议机关及时审查复议申请，防止在复议工作中出现办事拖拉、效率低下的现象，更好地发挥行政复议制度的作用。

有的学者从理论的角度认为"该设计存在一定的理想化特点，操作上存在一定的程序空白，从而使立法设计之初衷难以实现"。该学者认为，接受行政复议受理工作的行政复议机关负责法制工作的机构本身隶属于承担行政复议的行政机关，可能会按照行政复议机关领导人的意图处理复议申请；或者由于"本位主义"的原因，该机构对应当受理的情形不做法定的处理，即既不受理，也不告知当事人。由于自动受理制不需要复议机关发送受理申请通知书，申请人无法获得行政复议机关已经收到申请的书面依据，一旦引起争议或者诉讼，复议机关否认自己收到过申请人的申请，申请人将处于极为不利的处境，最终申请人有可能丧失行政复议和行政诉讼的救济权。

据对公安行政复议工作的调研来看，上述情况在实际工作中不存在。实际操作中往往是受理以后就当面告知申请人，没有必要填发受理通知书。但是该学者认为"自动受理机制是建立在复议机关严格依法的理性假设上"，即便出现的概率微乎其微，也应该注意避免。为了避免出现上述情况，公安部统一制定的办理行政复议案件法律文书中就规定如果受理行政复议案件应该向申请人出具受理通知书。

（三）如何界定"知道公安行政行为之日"

公安行政复议的申请期限是从知道公安行政行为之日起计算的。关于何谓"知道公安行政行为之日"，怎样去界定，在法律实务中至关重要，因为它的确定直接影响到行政相对人能否行使其行政复议权，能否通过行政复议的渠道来维护其合法权益。然而法律对此却没有详细的规定。笔者通过对多年的实践经验和做法进行总结，界定"知道公安行政行为之日"主要从以下几个方面把握：

1. 如果公安行政行为是当场作出的，那么具体行为作出的时间就可以视为行政相对人知道公安行政行为之日。

2. 如果作出公安行政行为的法律文书是事后送达的，则以送达的日期作为行政相对人知道公安行政行为之日。这里又细分为五种情况：作出公安行政行为的法律文书直接送交受送达人的，受送达人签收的时间为知道的时间；送达人本人不在的，与其共同居住的有民事行为能力的亲属签收的时间为知道公安行政行为之日；本人指定代收人的，代收人签收的时间为知道公安行政行为之日；受送达人为法人或者其他组织的，其收发部门签收的时间为知道公安行政行为之日；受送达人拒绝签收作出公安行政行为的法律文书的，由送达人、见证人在送达回证上签名或者盖章送达回证上签署的时间为知道公安行政行为之日。

3. 通过邮寄方式送达当事人的，当事人签收邮件的时间为知道公安行政行为之日。

4. 通过公告形式告知当事人的，公告规定的时间届满之日的次日为知道公安行政行为之日。

5. 如果公安机关作出公安行政行为后，未制作或者送达有关法律文书，公民、法人或者其他组织不服而申请行政复议的，只要能够证明公安行政行为的存在，公安行政复议机关应当受理。证明公安行政行为存在之日为知道公安行政行为之日。

6. 公安机关作出行政行为时，未告知公民、法人或者其他组织行政复议权或者申请行政复议期限的，公民、法人或者其他组织知道或者应当知道行政复议权或者申请行政复议期限之日为知道公安行政行为之日。

7. 公民、法人或者其他组织申请公安机关履行法定职责，法律、法规、规章和其他规范性文件未规定履行期限的，公安机关在接到申请之日起六十日内不履行，公民、法人或者其他组织可以依法申请公安行政复议。公安机关接到履行法定职责申请之日起六十日的次日为知道之日。

8. 公民、法人或者其他组织的合法权益正在受到侵犯或者处于其他紧急情况下请求公安机关履行法定职责，公安机关不履行的，申请人从即日起可以申请复议。

（四）不可抗力或者其他正当事由的界定

对于"因不可抗力或者其他正当理由耽误法定申请期限"而延长期限的，只要出现法定延长的事由，无须行政机关的批准，申请期限就可以自行延长。法定延长事由是指不可抗力或者其他正当事由。对于不可抗力，理论界已经形成定论即指"不能预见、不可避免、不能克服的客观事由"，如地震、水灾、火灾、战争等等。而"其他正当事由"是指不可抗力以外的其他可以延长期限的事由。对此，法律没有作详细的说明，在公安部《公安机关办理行政复议案件程序规定》中指出："申请人因不可抗力以外的其他正当理由耽误法定申请期限的，应当提交相应的证明材料，有公安复议机构认定。"对什么是正当理由或者其他正当事由，在实务中一般是这样认定的：申请人在法定申请期限内患严重疾病；申请人是无民事行为或限制民事行为能力的人，而其法定代理人在法定申请期限不能确定的；法人或者其他组织合并、分立或者终止，承受其权利的法人或者其他组织在法定申请期限内不能确立的。

第四节 公安行政复议的审理与决定

一、公安行政复议的审理

经过上述受理阶段对公民、法人或者其他组织的复议申请进行程序性审查，如果没有应不立案或应移送管辖的情况，就开始了公安行政复议的审理阶段。这里的审理是指对符合程序要求的公安行政复议申请进行实体上的审查，它是公安行政复议的中心环节和核心阶段，主要是对有争议的公安行政行为合法性和适当性进行审查，为下一阶段作出正确复议决定打基础。

（一）公安行政复议的审理范围

公安行政复议的审理范围同其他行政复议案件审理一样，不拘泥于复议申请人请求的限制，而是对复议案件进行全面的审查，不仅要审查其合法性，而且要审查其合理性，还要对公安行政行为的法律依据进行审查。对公安行政行为的审查主要有以下几项内容：

1. 合法性审查的内容：作出公安行政行为的主体是否合法，是否有超越或者滥用职权的行为。作出公安行政行为所依据的客观事实是否清楚，证据是否确凿；作出公安行政行为适用的依据是否正确；作出公安行政行为是否符合法定程序。

2. 是否存在明显不当。这是指对公安行政行为的适当性进行审查。即对公安机关在运用公安行政自由裁量权作出的行政行为，诸如公安行政处罚行为、公安行政强制措施行为等是否适当进行审查。

3. 是否属于不履行法定职责。

4. 其他应当审查的内容。在对上述事项进行审查的同时，也应当对下列事项进行审查：

（1）行政行为是否应当停止执行。因为公安行政行为具有公定力、确定力、拘束力、执行力的本质属性，在公安行政行为没有被依法予以撤销、改变或宣布无效以前，始终被认为是合法的。因此，在复议机关没有作出复议决定以前，所要复议的公安行政行为依然有效，对申请人仍有拘束力。但是，如果不停止执行就可能给复议申请人的合法权益造成实际损害，待复议机关撤销或者变更违法或者不当的行政行为再予补救就十分被动，所以《行政复议法》规定停止执行行政行为的几种情况。公安行政复议机构在审查时，应当对"行政行为是否应当停止执行"进行判断，以免给复议申请人造成不必要的损害。

（2）是否需要通知第三人参加行政复议。根据法律规定，公安行政复议机构在审查行政复议申请时，对与申请行政复议的行政行为有利害关系的公民、法人或者其他组织，可以告知其作为第三人参加行政复议。行政复议中的第三人是指除申请人、被申请人外，与复议案件有利害关系，为维护自己利益而参与复议程序，承担复议权利与义务的人。作为具体行政行为的利害关系人（包括行政主体、相对人和其他利害关系人），第三人与申请人、被申请人的区别仅在于程序上，申请人是复议程序的发动者，被申请人是申请人复议请求的对象，而第三人则是复议程序启动后申请或被复议机关追加而作为第三人参加复议程序的，因此，第三人作为一种特定的当事人，与申请人、被申请人具有质的共性。因此，公安行政复议机构应当根据案件的实际情况，根据第三人的申请确定是否通知第三人参加复议。这有利于保护第三人的合法权益，最大限度地发挥行政复议的监督和救济作用。

（3）是否需要当面听取当事人意见。公安行政复议的审理方式以书面审理为主，以听取当事人的意见为例外。确定是否需要听取当事人的意见，则应在审理的初期就依据当事人的要求、案件的复杂性、是否涉及行政赔偿等因素加以考虑并作出决定。即审查是否存在法律法规规定的可以听取当事人意见的几种情况。

（二）公安行政复议的审理方式

行政复议审理的基本方式主要有两种，书面审理和当面听取当事人意见，有的书上称当面听取当事人意见的方式为直接审理，有的称为开庭审理，有的称为言辞审理。笔者认为把听取当事人意见的审理方式称为言辞审理较为贴切。书面审理是依职权主义的国家在行政复议中通用的审查方式，是行政复议审查的一般原则。也是行政复议区别于行政诉讼的重要特点之一。所谓书面审理，是指行政复议机关只根据全部案卷材料进行审查，并作出裁决的审理方式。所谓言辞审理是指行政复议机关在审理行政复议案件时，不仅根据案卷材料，而且根据当事人就有关事项辩论时对案情的了解作出裁决的一种方式。

公安行政复议案件同样以书面审理为原则。从公安行政复议的角度看，书面审理有以下几个优点：

1. 效率高。公安行政执法的范围广泛而复杂，而且大都专业性比较强，涉及面广，及时高效地解决争议有利于社会治安的稳定。

2. 方便群众，体现便利。总的来说，书面审理对申请人、被申请人、公安复议机关都是方便的。只要当事人提供准确的事实和根据以及有关的证明材料，公安复议机关就可以作出公正的复议决定。不需要当事人往返地来回跑。

3. 比较经济。书面审理可以节省人力、物力、财力，避免不必要的浪费，能迅速快捷地解决争议。

但是书面审理同时也存在着不可克服的缺点，因其对于案情的了解仅止于书面，较为间接。尤其是对于重大复杂的案件，凭有限的书面材料不易澄清事实，认定事实时容易出现差错，影响复议结果的正确性，从而进一步影响到法律的公正性。另外对于一并提起行政赔偿的情况来说，行政赔偿的核心是公民、法人或其他组织的人身权、财产权受到侵害而要求负有赔偿义务的公安机关给予经济上的补偿，法律规定对于行政赔偿适用调解，因此听取双方当事人的意见显得尤为必要。基于此，《行政复议法》第49条明确规定，适用普通程序审理的行政复议案件，行政复议机构应当当面或者通过互联网、电话等方式听取当事人的意见，并将听取的意见记录在案。因当事人原因不能听取意见的，可以书面审理。同时，第50条第一款规定，审理重大、疑难、复杂的行政复议案件，行政复议机构应当组织听证。根据法条精神，行政复议机构当面听取当事人意见，也就是采取言辞审理的方式。采取言辞审理的方式，在对案情的了解上，除书面材料外，可通过当事人之间的辩论以及与当事人之间的沟通，获得较为直接、深入的认识，并避免可能的错误；也易于当事人了解案情与复议决定，体现法律的公正性。除上述两种审理方式外，公安行政复议机关还可以依职权对有关事项进行调查，对调查中掌握的情况，应当作为审查被申请人行政行为的基础。

（三）公安行政复议的审理依据

公安行政复议的审理依据是指公安行政复议机关在审理公安行政复议案件时据以作出复议决定的标准。审查公安行政行为，其依据是关键。根据实践和考虑有关法律的衔接，公安行政复议审理应该包括涉及公安管理的法律、行政法规、地方性法规、规章、决定命令、自治条例和单行条例。这里尤其要说明的是决定命令是指公安行政机关依法制定和发布的除规章以外的其他的规范性文件，具有普遍约束力。决定和命令作为法律、法规和规章的重要补充，在保证法律、法规和规章在本部门、本地区运用上起着重要作用。复议机关在审理复议案件时，除以法律、法规和规章为依据外，还应当以上级行政机关发布的具有普遍约束力的决定、命令为依据。

二、公安行政复议决定

公安行政复议决定，是指公安行政复议机关经过对争议的公安行政行为的审理，依法作出具有法律效力的裁决的行为。是公安行政复议的最后阶段，也是最关键的环节，行政复议制度所具有的功能和作用都凝聚在行政复议决定中，可以说，行政复议决定发挥的作用和蕴涵的意义在一定程度上代表着行政复议制度的作用和意义。

（一）公安行政复议决定的种类

从目前法律规定的角度来看，公安行政复议的决定可分为：维持决定，履行法定职责的决定，撤销、变更、确认违法和重新作出行政行为的决定六种。现分述如下：

1. 维持决定。维持是行政复议机关维护支持行政行为的决定，使该行政行为保持或者取得法律效力。作出维持决定的条件有五个方面：（1）事实清楚。它的含义是对行政行为所认定的事实没有疑义，各方面能够达到一致的认识或者通过复议审查消除了疑义的。（2）证据确凿。它的含义是有关事实的证据达到确实可靠的程度，足以使有关的反驳不能成立。（3）适用依据正确。它的含义是行政行为的所适用的法律、法规和其他依据是有效正确的，案件事实与依据之间存在正确的关系或者联系。（4）程序合法。它的含义是行政行为处理案件时所采用的程序符合法律法规规定，尊重当事人的程序权利，遵守法律对程序的要求。（5）内容适当。它的含义是行政行为规定的权利义务具有合理性和正当性，符合客观情形和法律正义的一般要求。

2. 履行法定职责的决定。履行法定职责的决定，是行政复议机关对被申请人以不作为形式违反法定职责构成侵权，要求其履行法定义务的处理。首先要确定存在被申请人应当履行的法定职责，确认存在没有履行职责的事实以及这种不履行对申请人的合法权益构成了侵害和行政违法；其次要确定继续履行法定职责仍然有实际意义和法律意义，并规定履行的期限和履行的法定内容。因此这种决定包括了确认不作为违法和履行法定义务两个方面的内容。

3. 撤销、变更、确认违法和重新作出行政行为的决定。这些决定都是行政复议机关对违法行政行为的处理。（1）撤销决定。撤销是使行政行为丧失或者不能取得法律效力的行政复议决定。行政行为被撤销以后就不再有而且以后也不会有法律约束力，除非复议决定本身丧失法律效力。（2）变更决定。它有撤销原来决定和作出新处理的两个层次。首先是撤销原来的行政行为，使其丧失或者不能取得法律效力；然后行政复议机关对有关事项作出新的权利义务安排和处理。作出变更决定的情形，是原来的行政行为失去效力后仍然存在有待处理的事项，行政复议机关认为应当由自己直接作出处理。（3）确认决定。确认决定是对行政行为违法性质和违法状态的确定或者认定。作出确认决定的情形，是原来的行政行为确实构成违法，但是由于客观情况变化使撤销或者变更已经没有实际意义。（4）重新作出行政行为的复议决定。它是对行政行为作出撤销决定和确认违法决定后，仍然存在需要行政机关作出处理的事项，行政复议机关要求被申请人履行职责作出处理的决定。但是被申请人不得以同一事实和理由作出与原来的行政行为相同或者基本相同的行政行为。

上述四种行政复议决定都是针对违法行政行为的，所以作出这些决定时应当具备以下五个条件：（1）主要事实不清、证据不足。这是关于行政行为事实根据的条件。没有清楚的事实和充分的证据，行政行为就是违法的。主要事实是决定案件性质和主要情节的事实。非主要事实的不清楚，不能构成撤销的理由。证据不足是指行政行为所认定的事实尚缺乏充分的证据支持，所以不能认定案件事实。（2）适用依据错误。包括对依据的选择错误，以及将依据运用到具体案件的对象错误。按照合法行政原则，行政行为产生效力必须有正确的依据，因而依据错误会导致行政行为的违法。（3）违反法定程序。法定程序是行政行为合法性的要件之一，因而违反法定程序可以独立地构成行政行为违法的理由。（4）超越职权或者滥用职权。超越职权是对法定职责范围的违反，滥用职权是对法定职权授予目的的违反。行政机关只能在法律授予权限内活动是依法行为原则的第一要求，所以超越权限和滥用职权，是严重的行政违法行为。（5）明显不当。它是指行政机关行使裁量权力作出行政行为，达到了明显不适当的程度，如严重的不合理、不公平和不公正。

（二）公安行政复议决定的形式

公安复议决定的形式是指复议机关依法对复议案件作出权威性判定的具体表现方式。《行政复议法》和《公安机关办理行政复议案件程序规定》中明确规定：（公安）行政复议机关作出行政复议决定，应当制作《行政复议决定书》，载明以下内容：

1. 申请人、第三人及其代理人的姓名、性别、年龄、职业、住址等，法人或者其他组织的名称、地址、法定代表人等；

2. 被申请人的名称、住址、法定代表人等；

3. 申请人的行政复议请求；

4. 申请人提出的事实和理由；

5. 被申请人答复的事实和理由；

6. 公安行政复议机关认定的事实、理由和适用依据；

7. 行政复议结论；

8. 不服行政复议决定向人民法院提起行政诉讼的期限，或者最终裁决的履行期限；

9. 作出行政复议决定的日期。

《行政复议决定书》应当加盖公安行政复议机关印章或者公安行政复议专用章。

（三）公安行政复议决定的送达

公安行政复议决定的送达，是指公安行政复议机关依照法定的程序和方式，将法律文送交当事人和其他复议参加人的一种行为。送达是行政程序不可缺少的一环，是复议行为产生后果的重要前提。依照《中华人民共和国民事诉讼法》（以下简称《民事诉讼法》）的规定，送达主要有直接送达、留置送达、邮寄送达和公告送达等。

（四）公安行政复议决定的生效与效力

1. 行政复议决定的生效

行政复议决定的生效，需要有以下几个条件：

（1）依法在法定期限内作出行政复议决定。超过复议决定期限的，会产生当事人依法提起行政诉讼的法律后果。

（2）依法制作《行政复议决定书》。行政复议机关作出行政复议决定后，应当制作书面文件。书面文件的形式是《行政复议决定书》，该决定书应当加盖行政复议机关的印章。

（3）依法送达《行政复议决定书》。送达是《行政复议决定书》发生法律效力的条件之一。一旦送达，行政复议决定可以立即生效。送达时间，可以是行政复议决定开始发生法律效力的起始时间，从那时起当事人就产生了履行义务。

《行政复议决定书》的送达，依照《民事诉讼法》关于送达的规定执行。

2. 行政复议决定的效力

公安行政复议决定的效力，是指公安行政复议决定生效后所产生的法律后果。与其他公安行政行为相同，公安行政复议决定具有公定力、确定力、拘束力和执行力。

被申请人有义务履行已经生效的行政复议决定。不履行有两种情形，一个是完全不履行，一个是无正当理由不及时履行。有权采取执行措施的是行政复议机关或者有关上级机关，采取的执行措施是责令被申请人限期履行。

对申请人不履行义务采取执行措施的条件是：申请人逾期不起诉又不履行行政复议决定，或者不履行最终裁决的行政复议决定。对申请人采取的执行措施有两种：第一，维持行政行为的行政复议决定，由作出行政行为的行政机关依法强制执行，或者申请人民法院强制执行；第二，变更行政行为的行政复议决定，由行政复议机关依法强制执行，或者申请人民法院强制执行。

三、关于公安行政复议案件审理和决定中所涉问题之思考

（一）公安行政复议最终裁决的规定值得商榷

目前，规定行政行为由行政机关最终裁决的法律有三部，其中，涉及公安机关的就有两部，即《集会游行示威法》《出境入境管理法》。上述法律对行政复议案件的最终裁决效力，在客观上导致行政权不受司法权的制约，并不具有国际社会公认的正当性。对一个成熟的法治国家来说，通常认为凡是法律已经作出规范的领域，都是可以进行审查的。公民因申请集会游行示威与公安机关发生的行政争议，只能由同级人民政府作出终局性的复议决定而且必须执行，不允许提起诉讼，在一定程度上反映出政府对公民政治民主权利重视不够。公安机关关于出入境管理的决定，既不具有高度的政治性，又不具有高度的技术性和专业性，排斥司法审查毫无道理。虽然，从一定角度上看，便捷、高效的行政复议救济比行政诉讼救济更有利于节约国家投入、降低解决公安行政争议的成本，但是不能因此否定诉讼救济，诉讼救济是保护公民权利的最后屏障。

对公安行政复议终局裁决制度进行修订势在必行①。公安行政复议终局裁决,客观上反映的是我国部分公安行政职权将不受司法监督,"从世界的各国的发展趋势看,行政终局裁决的范围是越来越窄,有的国家仅有非常有限的行政终局裁决范围",②公安行政复议终局裁决与我国建设法治国家的目标不相符,应该予以修改。

(二)公安行政复议审理方式的改进

根据《行政复议法》规定,公安行政复议的主要审理方式有两种:一是在一般情况下,原则上采取书面审查的办法。公安行政复议机关在这种情况下只根据全部案卷材料进行审查,并作出复议决定。也就是不要求复议参加人全部到场,不进行调查和辩论,只就公安行政复议申请人在申请中提出的事实、理由及相关证据材料,以及被申请人(公安机关)作出行政行为所搜集的证据、适用的依据和答复意见进行审查,然后作出复议决定。二是在必要时,公安行政复议机关可以进行调查,听取当事人意见。所谓"必要时",根据法律规定,应该是在申请人提出要求或者公安行政复议机构认为单纯采取书面审查的方法难以对争议的公安行政行为的合法性及适当性作出正确判断时,向有关组织和人员调查情况,听取申请人、被申请人和第三人的意见,最后再作出正确的行政复议决定。

《行政复议法》对行政复议审查方式作书面审查办法的原则性规定,主要是考虑到行政复议的及时、便民原则,也是行政效率原则的体现,但是却难以顾及行政复议的公正、公开问题,只是在"必要时"才调查情况、听取异议。在实践中也正因为有这种原则性的规定,往往主动调查情况听取意见的不多,当事人提出要求而采纳意见的就更少,这对于公平、公正地处理公安行政争议,充分保护公民、法人和其他组织的合法权益显然不够合理。

为了做到两者兼顾,笔者认为,对审查方式可以作灵活性规定,给当事人以选择的自由,相信如果案件的违法性或者不适当性简单明了,证据充分,作出公安行政行为的公安机关积极配合、改正错误,当事人是不愿耗时间耗精力来要求采取非书面审查方式的。否则给当事人选择书面审查方式的自由也是应该的,所以说不应该对审查方式作出这种原则性规定。同时对于这种非书面的审查方式也可以仿效听证程序,设计一种简易程序对这种审查行为予以规范,增强公安行政复议的公正性与公开性。

---

① 张钦、张灵晖:《公安行政复议制度存在问题及对策研究》,《河北公安警察职业学院学报》2016年第3期,第58页。

② 姜明安:《行政法与行政诉讼法》,北京大学出版社,高等教育出版社,2015,第424页。

　　行政复议作为相对人常用的公安行政救济途径，与公安行政诉讼相比，其具有成本低、时间短、质量高的特点。但当事人如对行政复议决定不服，仍可以继续进行行政诉讼。通过一则案例，我们来判断作为复议机关的市公安局所作的行政处罚复议决定是否正确。

　　张某与李某系母子关系，李某与刘某系夫妻关系。张、李、刘、与王某是同院邻居，双方关系向来不和睦。2012年8月2日晨9时许，王某将自家门前的雨水往院内地漏里扫，张某见状又拿扫帚往回扫，李某也帮其母扫雨水，为此双方发生争执。此时，李某用污秽下流的语言辱骂王某，王某在忍无可忍的情况下，打了李某一记耳光。张、李、刘三人便共同对王某进行殴打，致使王某当场昏迷。经医院诊断：王某为"脑外伤综合征"，"双手挫伤，右中、下腹部挫伤"，住院治疗15天。张、李、刘的行为引起在场群众的公愤。对此，某公安分局根据《治安管理处罚法》第43条的规定，分别以"殴打他人"的理由，给予张某、李某以15日、10日行政拘留。张某、李某不服上述处罚决定，向某市公安局提起行政复议。某市公安局经复议认为，张、王两家的此次纠纷，双方互有责任。依据《治安管理处罚法》第43条的规定。以"殴打他人"为理由，对张某改裁罚款200元，对李某改裁罚款200元，对王某改裁罚款100元。王某对上述裁决不服，向人民法院提起诉讼。

　　公安机关在作出行政行为时，要合情合理，必须以事实为依据，与违法行为的事实、性质、情节以及社会危害程度相当。公安行政处罚的合理性实际上是指公安机关对违法行为人进行的行政处罚要与其违法行为的性质、危害后果相吻合，不能畸轻畸重。公安行政处罚是否公正是一个合理性问题，"有失公正"是一种不合理的一般情形，而"显失公正"则是一种严重不合理的情形。合理性原则的关键是对案件事实要全面地权衡，做到目的与手段相称。具体要求是：第一，妥当性。指行政行为必须适合于实现所追求的法律目标。第二，必要性。指行政行为所造成的侵害不能超过实现目的需要，必须是可供选择的各种措施中对公民权益限制或者损害最小的措施。第三，相称性。即要求行政机关在经过适合性和必要性的考虑之后，所设定或者选择的措施可能产生的成本或者损害必须与所追求的行政目的相对称。根据《治安管理处罚法》第43条规定："殴打他人的，或者故意伤害他人身体的，处五日以上十日以下拘留，并处二百元以上五百元以下罚款；情节较轻的，处五日以下拘留或者五百元以下罚款。有下列情形之一的，处十日以上十五日以下拘留，并处五百元以上一千元以下罚款：（一）结伙殴打、伤害他人的；……"本案中，张、李、刘三人共同殴打王某致伤，行为后果严重，李某当众用极其污秽的语言公然对王某进行侮辱，情节恶劣，社会影响极坏，因此某市公安局的复议行政处罚决定书对张、李仅处以罚款，显然畸轻，属于显失公正。这种情况下，王某可以对市公安局的行政复议决定提起公安行政诉讼。

（三）公安行政复议调解机制的完善

《行政复议法》首次将调解作为解决行政纠纷的方式合法化，突破了行政复议不得调解的理论框架，对于提高行政复议效率、维护社会和谐稳定、保障当事人的合法权益等方面具有重大现实意义。公安部在行政复议案件中也进一步细化了规定了行政复议调解制度的适用范围和程序。此后，地方各级公安部门在公安行政执法过程中也积极运用行政复议调解制度来解决纠纷，进行积极的探索和实践。[1]但法律对行政复议调解制度仅作了框架性的规定，对其具体适用原则、范围、程序、协议效力及监督规定还不够完善，导致公安机关在具体适用行政复议调解制度的过程中出现了一些问题。

1. 行政复议调解制度以自愿、合法为原则，但调解是综合性的过程，仅依据这两项原则是无法保障调解工作的顺利进行的，因而需要增加效率原则、公平公正原则和公益原则。

2. 公安行政复议调解的范围，虽有规定但过于模糊，对当事人之间的行政赔偿和行政补偿纠纷适用调解一般没有争议，但复议机关对于因自由裁量权作出的具体行政行为的情形，却不能准确的把握，实际办案人员对于此条的理解出现了扩大或缩小调解范围的问题。公安机关的自由裁量权是指法律、法规对于具体行政行为的内容或程序没有明确规定，或仅对范围和程序进行规定的情况下，法律赋予公安机关一定的自由度，按照公平正义的原则，结合个案情况，依法作出决定的权利。

3. 现有法律对调解程序未作具体的、细化的规定，这使得复议调解机关调解具有很大的灵活性，可以根据不同案件的个性化需求采取适宜的方法来调解。但灵活性并不代表就不需要程序，程序的缺失极易导致权力的滥用，造成对国家、社会、个人权利的损害。最后，相对于公权力而言，个人权利处于弱势地位，行政复议机关及被申请人为片面追求调解协议的达成而迫使公民接受，因而，有必要完善公安行政复议调解的监督机制。内部监督上，可借鉴国外的行政复议委员会制度[2]，外部监督上，完善人大、司法和社会监督体系，规范新闻媒体报道标准，完善政府与人民的沟通渠道，可以有效地维护当事人的合法权益。

---

[1] 叶文同：《公安行政复议调解制度的应用和完善》，《公安研究》2011年第2期，第38页。

[2] 何鑫：《公安行政复议调解机制构建研究》，《哈尔滨师范大学社会科学学报》2017年第3期，第32页。

第六章　公安行政诉讼制度

第一节　公安行政诉讼概述

一、公安行政诉讼的概念和特征

公安行政诉讼是行政诉讼的一种，是指公民、法人或其他组织，认为公安机关或其人民警察的行政行为侵犯了其合法权益并向人民法院提起诉讼，人民法院在当事人和其他诉讼参加人的参加下，依法审理和解决行政争议的活动。公安行政诉讼是解决公安行政争议的重要法律制度。所谓公安行政争议，是指公安行政机关因行使公安行政职权而与公安行政相对人发生的争议。公安行政诉讼与公安行政复议是我国解决公安行政争议的两种主要法律制度。

我国的公安行政诉讼具有如下特征：[1]

（一）公安行政诉讼的对象必须是公安行政争议，只能是公安行政机关行使公安行政职权与公安行政相对人之间发生的争议，而不能是其他争议。例如公安行政机关在行使公安行政职权以外以民事主体身份参与民事活动发生的纠纷而进行的诉讼，就不属于公安行政诉讼而是民事诉讼。

（二）公安行政诉讼的当事人只能是公安行政相对人和行使公安行政职权作出公安行政行为的公安行政机关。在公安行政诉讼中，司法审判机关针对公安行政机关行使公安行政职权的合法性进行审查，因此原告只能是认为公安机关及其人民警察的行政行为侵犯其合法权益的公民、法人或其他组织，而被告则只能是作出行政行为的公安行政机关。在公安行政诉讼中，由代表国家行使公安行政职权的公安机关作为被告，具体负责实施行政行为的人民警察不能作为被告。人民法院审理的行政案件只限于就行政机关作出的行政行为的合法性发生的争议。

（三）公安行政诉讼的核心是公安行政行为的合法性审查。首先，人民法院

---

[1] 对于公安行政诉讼特征的总结也有不同观点，将其总结为三条：客体特定、主体特定和司法权介入公安行政争议。参见丁璐璐：《公安行政诉讼受案范围研究》，硕士学位论文，中国人民公安大学，2017，第12页。

只能针对公安行政机关的行政行为进行审查，并可以附带审查公安行政机关的部分抽象行政行为。《行政诉讼法》第53条规定："公民、法人或者其他组织认为行政行为所依据的国务院部门和地方人民政府及其部门制定的规范性文件不合法，在对行政行为提起诉讼时，可以一并请求对该规范性文件进行审查。"其次，人民法院只针对公安行政机关行政行为的合法性进行审查，并对该行政行为的合法与否作出裁判，通常并不就公安行政行为的合理性进行审查。

（四）公安行政诉讼所依据的法律和诉讼程序也有其特殊性。人民法院在公安行政诉讼审理中所依据的法律为公安行政法律、行政法规，依据的程序法除《行政诉讼法》外，还须适用《治安管理处罚法》《道路交通安全法》等公安行政法律、行政法规中有关诉讼的规定。

二、公安行政诉讼与公安行政复议的联系与区别

公安行政诉讼与公安行政复议都是为了解决公安行政争议，维护公安行政相对人合法权益而设立的救济制度，两者之间既有密切联系又有显著区别。

（一）公安行政诉讼和公安行政复议之间的联系

1. 申请人申请公安行政复议，公安行政复议机关已经依法受理的，在法定行政复议期限内不得向人民法院提起行政诉讼。我国法律、法规对当事人不服公安行政行为的，除法律规定职能通过行政复议的情形外，赋予公安行政相对人选择公安行政复议或公安行政诉讼的权利。对此，《行政诉讼法》第44条也作了相应规定，即对同一行政争议，不能同时选择两种救济途径解决，不能在申请行政复议的同时再提起行政诉讼，此规定同样适用于公安行政争议。当然对行政复议决定不服的，除法律规定行政复议决定为最终裁定的，仍然可以提起行政诉讼。

2. 针对非行政复议前置争议，当事人已经向人民法院提起公安行政诉讼，人民法院已经依法受理的，当事人不得申请公安行政复议。此外，如果人民法院对当事人提起的诉讼未受理，未立案，当事人还可以继续申请行政复议；如果在人民法院立案后，当事人撤回起诉的，当事人仍然具有申请行政复议的权利。

（二）公安行政诉讼和公安行政复议的区别

1. 二者的性质不同。公安行政复议是行政纠错手段，由高一级别的行政机关或同级人民政府进行，是公安行政行为的内部监督。公安行政诉讼是司法纠错手段，由人民法院来进行，是司法监督行为。

2. 受理或审查的机关不同。公安行政诉讼由人民法院受理和审理；而公安行政复议则由相应的行政机关负责审查。

3. 审理或审查的范围不同。人民法院审理在公安行政诉讼中主要针对公安行政行为的合法性进行审查；而公安行政复议机关不仅有权全面审查公安行政行为的合法性，还包括公安行政行为的合理性，而且还有权对抽象行政行为进行审查监督。

4. 审理或审查的制度和形式不同。公安行政诉讼实行两审终审制，一般采用公开审理；而公安行政复议实行一级复议制度，原则上实行的是书面审查。

5. 审理或审查的结果不同。人民法院在公安行政诉讼中，除公安行政处罚明显不当的和款额有错误的外，可以就公安行政行为是否合法作出确认、驳回原告诉讼请求、撤销判决、履行判决、给付判决等，不能代替公安行政机关作出决定；而公安复议机关可以根据不同情况，作出包括直接变更在内的各种公安行政决定。而且人民法院作出的公安行政行为正确与否的生效判决，公安行政机关和公安行政相对人都要服从；而公安行政复议机关作出的行政复议决定，公安行政相对人不服的还可以向人民法院起诉。

三、公安行政诉讼的基本原则

公安行政诉讼的基本原则是指《行政诉讼法》规定的，反映我国公安行政诉讼制度的基本内容和精神实质，贯穿于公安行政诉讼的整个过程或主要过程，对公安行政诉讼活动起支配作用的基本行为准则。公安行政诉讼法基本原则对公安行政诉讼活动有拘束力。无论是人民法院还是公安行政诉讼当事人、其他诉讼参与人都要遵循。

公安行政诉讼法基本原则有一般原则与特有原则之分。一般原则是与民事诉讼及刑事诉讼所共同适用的；特有原则是公安行政诉讼所特有的。

（一）公安行政诉讼法的一般原则

公安行政诉讼的一般原则包括人民法院依法独立行使审判权原则；以事实为依据，以法律为准绳原则；合议、回避、公开审判及两审终审制原则；当事人在诉讼中法律地位平等原则；使用本民族语言、文字进行诉讼原则；辩论原则和检察监督原则。

1. 人民法院依法独立行使审判权原则

人民法院依法独立行使审判权原则，是指人民法院依法对行政案件独立行使

审判权,不受行政机关、社会团体和个人的干涉,具体包括:

(1)行政审判权由人民法院统一行使。

(2)就具体案件的审判来说,各人民法院的审判权独立。

(3)审判人员独立。

2. 以事实为根据,以法律为准绳原则

人民法院审理行政案件,以事实为根据,以法律为准绳,具体包括:

(1)以事实为根据要求人民法院审理行政案件,作出裁判之前将相关的事实调查清楚。

(2)以法律为准绳要求人民法院审理行政案件时,不管是对被诉具体行政行为合法性进行审查、判断还是作裁定或决定,均应依法进行。

3. 合议、回避、公开审判及两审终审制原则

行政案件技术性、知识性较强,而且行政诉讼当事人一方为行政机关,一般采用合议制有利于行政案件的公正解决。

为保证案件的公正审理,行政诉讼同民事、刑事诉讼一样,坚持回避原则和公开审判原则,并实行两审终审制。

4. 当事人在诉讼中法律地位平等原则

行政诉讼中当事人双方法律地位是平等的,当事人有平等的诉讼权利和诉讼义务。但这并非指原、被告诉讼权利和义务完全对应。

5. 使用本民族语言、文字进行诉讼原则

在少数民族聚居或者多民族共同居住的地区,人民法院应当用当地民族通用的语言、文字进行审理和发布法律文书,应当为不通晓当地民族通用语言、文字的诉讼参与人提供翻译。

6. 辩论原则和检察监督原则

在行政诉讼中,当事人有权针对案件事实的有无,证据的真伪,适用法律、法规的正确与否诸方面进行辩论。

人民检察院有权对行政诉讼实行法律监督,以保障行政诉讼活动依法进行。

(二)公安行政诉讼的特有原则

公安行政诉讼的特有原则,有公安行政行为合法性审查原则,被告公安行政机关负举证责任原则以及诉讼不停止执行公安行政行为原则。

1. 公安行政行为合法性审查原则

《行政诉讼法》第6条规定:人民法院审理行政案件,对行政行为是否合法

进行审查。公安行政行为合法性审查原则，一方面明确了公安行政机关与人民法院之间的制约关系，另一方面具体化了公民、法人或者其他组织的行政诉讼权利，对诉讼当事人、人民法院等诉讼主体进行诉讼活动具有指导意义。

从客体来看，人民法院主要审查公安行政机关的公安行政行为，可附带审查公安行政机关的抽象公安行政行为和公安行政诉讼原告行为的合法性。

从内容来看，人民法院以审查公安行政行为的合法性为原则，以审查公安行政行为的合理性为例外。合法性审查主要是审查公安行政行为是否违法，对公安行政机关在自由裁量范围内作出的公安行政行为是否适当，一般不予审查，但对公安行政机关作出的行政处罚明显不当的和款额有错误的可以进行合理性审查。合法性审查应以法定范围为界限，而不是以法定幅度为界限。合法性审查应包括公安行政行为是否符合主体、权限、内容和程序等方面的法律规定；也包括是否符合法律规定的内在精神和要求，是否符合法律的目的。

2. 被告公安行政机关负举证责任原则

在民事诉讼中，当事人应当在诉讼中就自己的主张进行举证，如果没有证据或证据不被法院采纳应承担不利的法律后果，这就是所谓的"谁主张，谁举证"原则。但是在公安行政诉讼中，作为被告的公安行政机关应承担举证责任。在公安行政诉讼中，公安行政机关不仅要对作出公安行政行为的实体和程序承担举证责任，还要承担作出公安行政行为所依据的规范性法律文件的举证责任。

3. 诉讼不停止执行公安行政行为原则

诉讼不停止执行公安行政行为是指在公安行政诉讼中，当事人争议的公安行政行为不因原告提起诉讼而停止执行。《行政诉讼法》第56条第一款规定，"诉讼期间，不停止行政行为的执行"。《行政处罚法》第45条也规定，"当事人对行政处罚决定不服申请行政复议或者提起行政诉讼的，行政处罚不停止执行。法律另有规定的除外"。诉讼不停止执行原则主要是由行政行为效力先定性所决定的，行政行为一经作出，不管事实上合法还是违法，在其被有权机关认定为违法并予以撤销之前，均推定为合法，相对人必须服从。但有下列情形之一的，可以停止行政行为的执行：（1）被告认为需要停止执行的；（2）原告或者利害关系人申请停止执行，人民法院认为该行政行为的执行会造成难以弥补的损失，并且停止执行不会损害国家利益，裁定停止执行的；（3）人民法院认为该行政行为的执行会给国家利益、社会公共利益造成重大损害的；（4）法律、法规规定停止执行的。

第二节　公安行政诉讼的受案范围和管辖

一、公安行政诉讼的受案范围

（一）公安行政诉讼受案范围概述

公安行政诉讼的受案范围是公安行政诉讼中一个重要问题，是公安行政诉讼的核心内容之一。所谓公安行政诉讼的受案范围，是指人民法院根据法律的规定，能够受理并审理的公安行政争议的范围。对人民法院而言，受案范围是人民法院受理案件、解决争议的标准的依据。人民法院虽然是解决争议的最后途径，但这并不意味着法院可以随时介入任何行政争议，只有那些行政机关解决不了的法律争议才能进入法院审查的范围。对于被告公安行政机关来说，法院的受案范围意味着它的哪些行为会受到人民法院的审查和监督。对公民、法人和其他组织而言，公安行政诉讼的受案范围意味着他们可以对哪些公安行政行为提起公安行政诉讼，在哪些情况下他们的权益能够获得司法保护。所以，受案范围决定了公民、法人或者其他组织的诉权大小以及行使诉权的条件。

我国在确定公安行政诉讼范围是采取了混合模式[①]，但同时又具有自己的特色，表现在：

1. 通过概括式规定，确定了公安行政诉讼的基本界限。《行政诉讼法》第2条规定，公民、法人或其他组织认为行政机关和行政机关工作人员的行政行为侵犯其合法权益，有权依照本法向人民法院提起诉讼。该条即属于概括式规定。

2. 通过列举式规定，进一步明确公安行政诉讼的受案范围。《行政诉讼法》第12条、第13条分别以肯定式列举、否定式列举具体规定了8种行政案件属于可诉范围，4种行政案件属于不可诉范围。

（二）人民法院受理的公安行政诉讼案件

根据《行政诉讼法》第12条和《最高人民法院关于执行〈中华人民共和国行政诉讼法〉若干问题的解释》的相关规定，人民法院受理八大类公安行政诉讼案件。

1. 不服公安行政处罚的案件。公安行政处罚是指公安机关根据职权对违反

---

① 王开强：《公安行政诉讼受案范围研究》，硕士学位论文，青岛大学，2010，第12页。

公安行政管理的公民、法人和其他组织给予的行政制裁。《行政处罚法》第8条规定，公安行政处罚的种类包括警告、罚款、没收非法所得、没收非法财产、责令停产停业、暂扣或吊销许可证、行政拘留及法律法规规定的其他种类的行政处罚。

2. 不服公安行政强制措施的案件。公安行政强制措施是指公安机关在公安行政管理中，对不履行法定义务的公安行政相对人的人身或财产进行临时性限制的强制性措施。《行政诉讼法》规定的强制措施包括限制人身自由或者对财产的查封、扣押、冻结。

3. 认为公安机关侵犯法律规定的经营自主权的案件。公安机关侵犯法律规定的经营自主权是指公安机关采用公安行政管理的手段限制或剥夺企业或其他市场经营主体由法律规定的经营自主权的行政行为。

4. 认为符合法定条件申请公安行政机关颁发许可证和执照，对公安行政机关拒绝颁发或者不予答复不服的案件。所谓公安行政许可，是指公安机关根据公民、法人和其他组织的申请，对符合条件的，决定允许其获得某种能力和资格的一种具体行政行为。

5. 认为公安行政机关不履行保护人身权、财产权法定职责的案件。保护公民的人身权和财产权不受侵害是公安行政机关的法定职责，若公安行政机关拒绝履行，则应当承担责任。但公安行政相对人若因此提起公安行政诉讼，应当符合下列条件：（1）公民、法人或其他组织，已经向公安机关提出申请保护；（2）被诉公安机关对公民、法人或其他组织的申请拒绝或者不予答复；（3）被诉公安机关对此负有法定职责。

6. 认为公安行政机关违法要求履行义务的案件。公安行政机关在行使行政职权时，不能违法要求公安行政相对人承担法律没有规定的义务。在公安行政实践中，公安行政机关乱收费、乱罚款等没有法律依据的行为或不出具法定单据等违反法定程序的行为都属于此类行为。

7. 认为公安行政机关侵犯其人身权、财产权的案件。公安行政机关在履行公安行政职责中侵犯公民、法人或其他组织人身权、财产权的应当承担责任。

8. 依法可以提起的其他公安行政诉讼案件。

（三）人民法院不予受理的公安行政行为

《行政诉讼法》第13条规定了人民法院不予受理审查的行政行为。根据该条的规定，结合公安行政行为的特点，公安行政相对人对下列公安行政行为不服而提起的诉讼，人民法院不予受理：

1. 抽象公安行政行为。规章以下的抽象公安行政行为，当事人在行政诉讼中申请附带审查的，人民法院可以审查。抽象公安行政行为是公安行政机关针对不特定的对象作出的具有普遍约束力的行政行为。与具体公安行政行为相比，抽象公安行政行为对事不对人、连续可反复适用性的特点决定了公安抽象行政行为的不可诉性。当然从本质上看，抽象公安行政行为不可诉性是由我国的权力机关、司法权、行政权等国家权力享有和行使的政治制度决定的。抽象公安行政行为的审查权属于国家权力机关和作出抽象公安行政行为的上级公安机关。

2. 公安行政机关的内部行政行为。《行政诉讼法》第13条规定，人民法院不受理公民、法人或其他组织针对"行政机关对行政工作人员的奖惩、任免等决定"提出的行政诉讼。公安机关在公安人员的奖惩、任免等决定属于公安机关的内部人事管理，属于公安机关的内部行政行为，因此不具有可诉性。

3. 法律规定由公安机关作出最终裁决的具体公安行政行为。《行政诉讼法》第13条规定，人民法院不受理公民、法人或其他组织对"法律规定由行政机关最终裁决的具体行政行为"提起的行政诉讼。根据《出境入境管理法》第64条规定，公安机关对外国人作出继续盘问、拘留审查、限制活动范围、遣送出境行为，或者对其他境外人员作出的遣送出境的行为，当事人不服的，可以依法申请行政复议，该行政复议决定为最终决定。此种情形下，当事人选择复议的，人民法院将不能受理诉讼。

除以上三种公安行政行为不可诉外，根据《最高人民法院关于执行〈中华人民共和国行政诉讼法〉若干问题的解释》，还包括：（1）公安机关依照《刑事诉讼法》的明确授权实施的行为；（2）公安机关的调解行为；（3）公安机关作出的不具有强制力的行政指导行为；（4）公安机关驳回当事人对公安行政行为提起申诉的重复处理行为；（5）公安机关对公民、法人或者其他组织权利义务不产生实际影响的公安行政行为。

二、公安行政诉讼的管辖

管辖是指关于不同级别和地方的人民法院之间受理第一审行政案件的权限分工。公安行政诉讼的管辖是指人民法院受理一审公安行政诉讼案件的分工和权限。要确定具体公安行政诉讼案件的管辖法院，必须明确公安行政诉讼的级别管辖、地域管辖和裁定管辖。

（一）级别管辖

公安行政诉讼的级别管辖，是指上下级人民法院之间受理第一审公安行政案件的权限和分工，从纵向角度解决第一审公安行政诉讼案件的受理和审理。我国人民法院按层级分为基层人民法院、中级人民法院、高级人民法院和最高人民法院。根据公安行政诉讼案件的社会影响大小、被诉具体公安行政行为的性质和作为被告的公安行政机关的行政级别等因素，我国的四级人民法院都有权管辖一定范围内的第一审公安行政诉讼案件。

1. 基层人民法院。依据《行政诉讼法》第14条，基层人民法院管辖除由中级人民法院、高级人民法院、最高人民法院管辖的一审公安行政案件以外的其他公安行政案件。

2. 中级人民法院。依据《行政诉讼法》第15条，中级人民法院主要管辖两类公安行政诉讼案件：（1）对公安部作出的公安行政行为提出的公安行政诉讼案件，包括公安部作出的行政处理决定，也包括公安部作出的变更或撤销具体公安行政行为的复议裁决。（2）本辖区内重大复杂的公安行政诉讼案件，这类案件主要包括社会影响较大的共同诉讼、集团诉讼的公安行政诉讼案件，重大涉外或涉港澳台的公安行政诉讼案件以及其他重大、复杂的公安行政诉讼案件。

3. 高级人民法院。依据《行政诉讼法》第16条，高级人民法院受理的一审公安行政诉讼案件为辖区内案情重大、涉及面广、具有重大影响的公安行政诉讼案件。

4. 最高人民法院。依据《行政诉讼法》第17条，高级人民法院管辖的一审公安行政诉讼案件为在全国范围内重大、复杂的公安行政诉讼案件。

（二）地域管辖

地域管辖是在级别管辖的基础上解决同级人民法院之间受理第一审行政案件的权限分工，包括一般地域管辖和特殊地域管辖和共同管辖。公安行政诉讼的地域管辖是指同级人民法院之间受理第一审公安行政诉讼案件的权限和分工，主要是从横向角度解决第一审公安行政诉讼案件的管辖。

1. 一般地域管辖。一般地域管辖是指由最初作出公安行政行为的公安行政机关所在地人民法院管辖。首先，地域管辖以被告所在地人民法院管辖为原则；其次，经过公安行政复议的，原则上无论复议机关作出何种复议决定，由作出原行政行为的公安行政机关所在地的人民法院管辖。

2. 特殊地域管辖。特殊地域管辖是指以被告住所地、诉讼标的所在地、法律事实所在地为标准确定的管辖。属于特殊地域管辖的公安行政诉讼案件是公民对限制人身自由的公安行政强制措施不服而提起的诉讼，被告作出公安行政强制措施的公安机关所在地和原告所在地人民法院都有管辖权。

3. 共同管辖。共同管辖是指两个或两个以上的人民法院对同一公安行政诉讼案件都有管辖权，主要有以下情形：（1）同一行政行为是由公安机关和其他行政机关共同作出的，各个行政机关不在同一人民法院管辖辖区内，各个行政机关所在地的人民法院都有管辖权。（2）公安行政相对人对复议机关改变原公安行政行为的复议案件不服提起公安行政诉讼的，最后作出行政行为的公安机关和复议机关所在地的人民法院都有管辖权。（3）公安行政相对人不服限制人身自由的公安行政强制措施提起诉讼，原告所在地与被告公安机关所在地的人民法院都有管辖权。

（三）裁定管辖

公安行政诉讼中的裁定管辖是指人民法院在管辖权有异议或某些特殊情况下，依照《行政诉讼法》的规定，以裁定的方式确定公安行政案件的管辖法院，具体包括移送管辖、指定管辖和管辖权转移三种情况。

1. 移送管辖。人民法院如果发现对已受理的公安行政诉讼案件无管辖权，应将案件移送有管辖权的人民法院受理。

2. 指定管辖。对公安行政诉讼案件有管辖权的人民法院因特殊原因不能行使管辖权或都具有管辖权的人民法院对管辖有争议且无法协商解决的，由上级人民法院指定管辖法院。

3. 管辖权的转移。经上级人民法院同意或决定，将某一公安行政案件的管辖权，由下级人民法院移送上级人民法院受理，或者上级人民法院交由下级人民法院受理。

第三节　公安机关在公安行政诉讼中的权利义务

在公安行政诉讼中，作为原告的公安行政相对人针对公安行政机关的行政行为不服提起行政诉讼，公安行政机关处于被告的法律地位。作为被告的公安行政机关包括具有独立法人资格的公安行政管理机关和依照法律授权享有公安行政职权的公安派出所、公安交通管理机关、公安消防管理机关、公安边防管理机关。

一、公安机关在公安行政诉讼中的权利

根据《行政诉讼法》的规定，公安机关在公安行政诉讼中享有的权利有：

（一）申请回避的权利。如审理公安行政诉讼案件的审判员或书记员与本案有利害关系，公安机关可以申请其回避。

（二）委托诉讼代理人代理诉讼的权利。公安行政机关法定代表人委托他人代理诉讼时，应向法院提交委托书，并列明委托权限。诉讼代理人在授权范围内的一切诉讼活动，对公安行政机关具有法律效力，不得因为诉讼结果对自己不利而否认代理人的代理行为。

（三）提出证据的权利。公安机关有权提出证据证明其作出公安行政行为的实体和程序的合法性。

（四）答辩权。答辩权是作为被告的公安行政机关对原告提出的诉讼理由进行回答和辩驳的权利。人民法院立案后5日内将起诉状副本发送公安行政机关，公安机关应在收到副本之日起10日内向人民法院提交作出公安行政行为的有关材料，并提出答辩状。在案件审理过程中，公安行政机关还有用书面和口头方式进行辩论的权利。

（五）申请诉讼保全的权利。当公安行政机关认为在诉讼过程中，可能因为原告一方的故意行为或其他原因而造成人民法院判决不能执行或难以执行时，其有权在判决作出前，请求人民法院对原告的财产采取查封、扣押、冻结等强制措施。

（六）在第一审判决、裁定宣布前，公安行政机关有撤销、变更所作出的行政行为的权利。在应诉过程中，公安行政机关还享有申请回避、查阅并申请纠正庭审笔录、提起上诉、申请法院强制执行已生效的判决、裁定等方面的诉讼权利。

二、公安机关在公安行政诉讼中应承担的义务

在公安行政应诉活动中享有广泛诉讼权利的同时，公安行政机关还应承担相应的如下诉讼义务：

（一）对争议的公安行政行为负有举证责任，有义务提供作出该行政行为的证据和所依据的规范性文件。公安行政诉讼适用举证责任倒置原则，作为被告的公安机关应当对其作出的公安行政行为的合法性进行举证，如果公安机关不能提供其作出公安行政行为的依据和所依据的规范性文件，则要承担败诉的后果。

（二）公安机关虽然是享有国家公权力的国家机关，但在公安行政诉讼中，应当自觉遵守法庭秩序，服从法庭指挥，尊重对方当事人和其他诉讼参与人的诉讼权利。

（三）按照人民法院要求，提供和补充证据。人民法院认为被告公安机关证

据不充分的，可以要求公安机关提供和补充证据，公安机关应当配合提供和补充证据。具体到我国的非法证据排除规则，目前现行法律不仅填补了行政诉讼中非法证据排除规则的空白状态，同时也就非法证据排除问题规定了相对严格的程序和标准。但是，总的来说规定得比较笼统。例如，对于非法证据排除的申请主体、审查程序、法律救济等问题并未具体涉及，和刑事诉讼审判阶段的非法证据排除相比，还有待进一步完善。①

（四）自觉履行人民法院发生法律效力的判决、裁定，人民法院判决重新作出行政行为时，公安不得作出与原行政行为基本相同的具体行政行为。

第四节　公安行政诉讼的审理

人民法院对公民、法人和其他组织提起的公安行政诉讼审查受理后，即进入到审理程序。公安行政诉讼的审理主要包括一审程序、二审程序以及审判监督程序、执行程序。在本节中主要介绍一审、二审程序。

一、公安行政诉讼的第一审程序

公安行政诉讼的第一审程序是公安行政诉讼案件的初次审理，是公安行政诉讼的必经程序。

（一）审理前的准备程序

审理前的准备程序是指人民法院在公安行政案件受理后至开庭前，为保证审判工作的顺利进行，需要进行一系列的准备工作。按照《行政诉讼法》的规定，我国现行的审前准备程序主要包括送达诉状和答辩状副本，向当事人告知有关的诉讼权利义务，确定合议庭的组成人员，并在三日内告知当事人，审核诉讼材料，调查收集必要的证据，通知必须共同进行诉讼的当事人参加诉讼等活动。

（二）开庭审理程序

公安行政诉讼案件一审程序，人民法院不得进行书面审理，应当一律实行开庭审理。开庭审理的程序为：宣布开庭，法庭调查，法庭辩论，合议庭评议，宣告判决。

①孙廷彦：《行政诉讼中非法证据排除规则研究》,《白城师范学院学报》2014年第2期，第67页。

1. 宣布开庭

这一程序系在法庭中进行，一般有以下几个过程：

（1）查明当事人原告公安行政相对人及被告公安机关和其他诉讼参与人是否到庭。核对当事人身份，审查双方诉讼代理人的授权委托书和代理权限。

（2）由书记员宣布法庭纪律，宣布诉讼参加人和其他诉讼参与人入席；审判长、审判员（陪审员）入席。报告审判长，诉讼当事人、诉讼代理人和其他诉讼参与人应到庭的情况，法庭准备工作就绪，审判长正式宣布开庭。

（3）审判长宣布开庭。

2. 法庭调查

法庭调查的内容是：（1）由原告公安行政相对人宣读起诉状，被告公安机关宣读答辩状。（2）当事人陈述和询问当事人。（3）询问证人，审查证人证言材料。（4）询问鉴定人、勘验人，审查鉴定结论、勘验笔录。（5）审查书证、物证及视听资料。

当事人在法庭上有权提出新的证据，还可以要求重新鉴定、调查或者勘验，是否准许，由人民法院决定。

如果合议庭认为案件事实已经查清，审判长即可宣布法庭调查结束，进入辩论阶段。

3. 法庭辩论

法庭辩论的顺序是：先由原告公安行政相对人及其诉讼代理人发言，再由被告公安机关及其诉讼代理人答辩，然后双方相互辩论。第三人参加诉讼的，应在原被告发言后再发言。

法庭辩论由审判长主持，任何人发言须经审判长许可。

4. 合议庭评议

休庭后，合议庭进入评议阶段。在评议时，合议庭成员可平等地表明自己对案件的处理意见。合议庭成员意见不一致时，适用少数服从多数的原则，按多数意见作出裁决。评议过程应制成评议笔录，评议中的不同意见必须如实记入笔录，由合议庭全体成员签名。对于重大、疑难的行政案件，则由院长提交审判委员会讨论决定。

5. 宣告判决

公安行政诉讼案件无论是否公开审理，都要公开宣判，能够当庭宣判的，由审判长在休庭结束，恢复开庭后，当庭宣判，并在一定的工作日内向当事人发送判决书。不能当庭宣判需要报审判委员会讨论决定的案件，应当定期宣判。审判长可以当庭告知当事人定期宣判的时间和地点，也可以另行通知。定期宣判的，宣判后立即发给当事人判决书。

在宣读判决后，人民法院要履行以下告知义务：（1）在10日内发送判决书（裁定书或者行政赔偿调解书）。（2）当事人有上诉的权利，不服判决，应在收到判决书的次日起15日内，向该法院提交上诉状及副本；当事人不服裁定，应在接到裁定书的次日起10日内向该法院提出上诉状及副本。（3）由书记员宣读庭审笔录并履行签名程序。如不当庭宣读庭审笔录，经审判长同意后，可以告知当事人、诉讼代理人和其他诉讼参与人，在5日内到庭查阅、签名。如有遗漏、差错，有权申请补正。书记员应将补正的内容和经过记入笔录。如当事人拒绝在笔录上签名、盖章，书记员应将情况注明附卷。合议庭成员和书记员，均应在审阅后在庭审笔录上签名。

6. 闭庭

庭审程序完成后，由审判长宣布闭庭。

依法裁判是法院实现其司法监督职能的最主要、最直接的方式。通过行政审判活动对公安行政管理认定的事实加以判断，对其所适用法律法规加以审查判定，从而化纷止争，这是法院最基本、最直接的角色定位，是设置司法的基本目的。[①]

二、公安行政诉讼的第二审程序

公安行政诉讼的第二审程序，是指上一级人民法院依照法律规定，根据当事人对第一审人民法院作出的裁判或判决不服，而在法定期限内向一审法院的上一级人民法院提起的上诉，对一审的人民法院作出的尚未生效的判决或裁定重新进行审理，并作出裁判的程序。

公安行政诉讼实行两审终审制。如果当事人不服第一审法院的裁判，可以依法向上一级人民法院提起上诉。当事人一经提起上诉，第二审程序就会发生，也只有当事人提起上诉，才能启动第二审程序。

（一）提起上诉、上诉的受理和上诉的撤回

1. 提起上诉。诉讼当事人对一审法院的判决或裁定不服的，可以在法定期限内提起上诉。一审的原告、被告和第三人都有权提起上诉。

提起上诉的当事人应当采用书面的上诉状形式。上诉可以直接向一审法院的

---

①曹慧丽、李毅、曾群：《行政审判与社会管理创新——以公安行政诉讼为视角》，《江西警察学院学报》2011年第2期，第72页。

上一级法院提起，也可以通过一审法院提起，实践中多采用后者。

2. 上诉的受理。二审法院收到上诉状后，经审查认为诉讼主体合格，未超过法定的上诉期限，应当予以受理，并在5日内将上诉状副本送达被上诉人，被上诉人应在收到上诉状副本后10日内提出答辩状。

3. 上诉的撤回。二审法院自受理上诉案件至作出二审裁判之前，上述人可以向二审法院申请撤回上诉。撤回上诉应提交撤诉状。撤回上诉是否准许，应由二审法院决定。经审查，法院认为上诉人撤回上诉没有规避法律和损害国家、社会、集体和他人利益，符合撤诉条件的，应当准许撤诉。

不准许撤回上诉的情形有：①发现行政机关对上诉人有胁迫的情况或者行政机关为了息事宁人，对上诉人做了违法让步的；②第二审程序中，行政机关改变原行政行为，而上诉人因行政机关改变原行政行为而申请撤回上诉的；③双方当事人都提出上诉，而只有一方当事人提出撤回上诉的；④原审人民法院的裁判确有错误，应予以纠正或发回重审的。

（二）二审的审理和判决

二审法院审理上诉案件，首先应当组成合议庭。合议庭应当全面审查一审法院的判决或裁定认定的事实是否清楚，适用法律是否正确，诉讼程序是否合法，审查不受上诉人在诉状中止范围和上诉内容的限制。公安行政诉讼的二审审理方式可以分为两种：1. 书面审理。二审的书面审理适用于一审裁判认定事实清楚的上诉案件。二审法院经过一审法院报送的案卷材料、上诉状、答辩状、证据材料等进行审查，认为事实清楚的，可以不再传唤当事人、证人和其他诉讼参与人到庭调查核实，只通过书面审理后，即可作出裁判。2. 开庭审理。二审法院开庭审理与一审相同。主要适用于当事人对一审法院认定的事实有争议，或认为一审法院认定事实不清楚、证据不足等情形。

二审法院经过对案件的审理，应根据公安行政行为的不同情况作出维持原判、依法改判或裁定撤销一审判决发回重审等不同裁判。

第五节　公安行政诉讼的判决

一、公安行政诉讼判决的概念

公安行政诉讼的判决，是指人民法院以国家的名义，根据查明的事实及法律、法规的规定，依照法定程序就被诉公安行政行为的合法性及是否显失公正而作出的具有强制性的判决。

公安行政判决具有如下几个特点：

（一）强制性。公安行政判决是人民法院行使审判权的标志，是人民法院审判职能的集中体现。公安行政判决对公安行政行为是否合法作出最后决断，是人民法院以国家的名义作出、表现国家意志的司法文书，由国家的强制力作保障。

（二）合法性。公安行政判决依据法律法规参照规章作出。"以法律为准绳"是公安行政判决的标准，要保证公安行政判决公正无误，必须严格依照体现国家意志的法律法规作出。

（三）终结性。公安行政判决是对全部公安行政诉讼活动的总结，是针对已经审理终结的公安行政诉讼争议作出的，而且必须在查明事实、分清责任的基础上作出。

（四）实体性。公安行政判决区别于其他司法裁判形式，是对有争议的公安行政行为是否合法作出的具有强制性的结论。通过确定公安行政相对人和公安机关之间行政权利义务关系，纠正公安行政违法行为，实现调整稳定公安行政法律关系的目的。

按照《行政诉讼法》第69到77条的规定，人民法院经过审理，根据不同情况分别作出驳回原告的诉讼请求、给付判决、确认违法判决、确认无效判决、撤销或者部分撤销、重新作出公安行政行为、限期履行法定职责、变更等七种判决形式。

二、判决驳回原告的诉讼请求

判决驳回原告的诉讼请求是法院对原告的诉讼请求直接予以驳回。根据《行政诉讼法》规定，该判决必须是被诉公安行政行为证据确凿、适用法律法规正确、符合法定程序。原告申请被告履行法定职责理由不成立的；原告申请被告履行给付义务理由不成立的；被诉行政行为合法不合理，但未达到滥用职权或明显不当程度的。证据确凿，是指被诉公安行政行为确认的事实，具有充分证据证明其真实存在。适用法律法规正确，是指适用了应当适用的法律法规和具体的条文款项，而且处理的性质、形式和程序等符合法律法规的规定。符合法定程序，是指在法律法规明确规定有实施公安行政行为的程序时，作出被诉公安行政行为必须严格遵循法定程序。

证据确凿、适用法律法规正确和符合法定程序是公安行政行为合法的三个基本条件，三者互相结合、互相制约，是统一而不可分割的有机整体。只有三项条件同时具备，才能作出维持被诉公安行政行为的判决，否则，缺乏其中任何一项条件，都会影响被诉公安行政行为的合法性，不能判决维持被诉公安行政行为。

三、判决撤销

判决撤销，是否定被诉公安行政行为合法的判决。撤销判决是形成判决，其首要的效力就是形成力，亦即不待其他主体的行为，通过法院的判决直接溯及既往消灭行政行为，恢复到行政行为不曾作出的状态。[①]根据《行政诉讼法》第70条的规定，人民法院经过审理，认定被诉公安行政行为有下列情况之一的，应判决撤销：

（一）主要证据不足的。主要证据不足是指被告向人民法院提交的证据不能证实其所作出的被诉公安行政行为所认定的有关定性和处理结果的基本事实。公安机关的行政行为必须在查清事实的基础上才能作出。反之，在没有查清事实的情况下，作出的行政行为违反了执法机关必须以事实为根据、以法律为准绳的原则，因此予以撤销。主要证据不足的主要表现形式有：1. 公安行政行为认定的事实不清。即公安行政行为认定的事实中，关系到定性或者处理结果的主要事实或情节不清楚；2. 公安行政行为认定的被处理行为或事实，没有足够的证据证实，或被告举不出证据；3. 公安行政行为认定的责任主体错误或证据不足。即将非责任主体认定为责任主体，未将责任主体作为责任主体认定，或认定的责任主体缺少有关证据加以证明；4. 将行为人的身份认定错误，责任能力认定错误。但是，被告提交的证据中仅缺少个别枝节证据，不影响定性和处理结果的，不属于主要证据不足。

（二）适用法律、法规错误的。适用法律、法规错误，是指被诉公安行政行为适用了不应该适用的法律、法规规范，或没有适用应当适用的法律、法规规范。适用法律、法规错误的主要形式有以下几种：1. 将行为人合法的行为认定为违法行为，并适用有关处理该类违法行为的法律条文进行定性；2. 应适用甲法，却适用了乙法；3. 应适用甲法的某些条款，却适用了甲法的其他条款；4. 虽引用法没有错，但没有适用该法条中必须适用的部分；5. 适用了尚未生效或已经生效的法律、法规；6. 适用了被处理行为地以外的地方性法规及地方性

[①] 王贵松：《行政诉讼判决对行政机关的拘束力——以撤销判决为中心》，《清华法学》2017年第4期，第84页。

规章。

（三）违反法定程序。违反法定程序是指公安机关实施公安行政行为时，违反法律法规的方式、形式、手续、步骤、时限等行政程序。法律法规对有关行政程序问题未作明确的规定，有权制定规章的行政机关依据法律、法规制定的有关行政程序的规定，只要与法律、法规的规定不相抵触的，亦应视为"法定程序"。法定程序是行政主体正确、及时作出行政行为的必要保证，是防止行政主体滥用职权的有效措施。如果违反法定程序，很可能作出不合法的行政行为，侵犯公民、法人或者其他组织的合法权益。因此，违反法定程序的被诉公安行政行为应予判决撤销。

违反法定程序的主要表现形式有：1. 应当回避的办案人员没有回避。即承办人与其承办的案件的处理结果之间有利害关系，或与案件的当事人之间具有影响公正处理的关系，应当回避而未回避的；2. 先裁决，后取证。公安应在查清事实后才能作出行政行为，而不能先裁决，后取证。凡是先裁决，后取证的，都属于违反法定程序的性质；3. 没有进行法律、法规及规章规定的必须进行的步骤。例如，对违反治安管理的人的处罚（当场处罚除外）程序是传唤、讯问、取证、裁决。公安机关未经过传唤、讯问所作的处罚裁决，属违反法定程序的行为；4. 未办理法定手续。

（四）超越职权。超越职权是指公安机关在行政管理活动中，行使了法律、法规没有授予的行政权力，或者超越了法律、法规授予的权限。超越职权的主要表现形式有：1. 越权行使司法权；2. 超越部门职权；3. 超越级别职权；4. 超越地域管辖；5. 超出法定范围和幅度。

（五）滥用职权。公安机关作出的行政行为虽然在其自由裁量权范围内，但违反了法律、法规的目的和原则，并且不合理，称之为滥用职权。滥用职权的主要形式有三种：1. 主观动机不良，公安机关明知其行为的结果违背或者偏离法律、法规的目的、原则，而基于管理者个人利益、亲属利益、本单位利益，假公济私、以权谋私的动机，作出不合理的公安行政行为；2. 未考虑应当考虑的因素，公安机关作出公安行政行为时，没有把法律、法规规定应当考虑的因素或者按照常理应当考虑的因素作为依据，任意作出不合理的公安行政行为；3. 考虑了不应考虑的因素，公安机关在作出公安行政行为时，把法律、法规规定不应当考虑的因素或者常理不应当考虑的因素作为处理问题的依据，作出不合理的行政行为。

撤销分为全部撤销与部分撤销。全部撤销是被诉公安行政行为具有上列五种情况之一，必须全部撤销方能纠正其违法性时，判决撤销整个公安行政行为。部分撤销是在肯定公安行政行为部分合法的基础上，否定公安行政行为有部分或局部符合应予撤销的五项条件之一，予以分别处理，对不合法部分判决撤销，对合法部分判决维持。

人民法院在审理公安行政诉讼案件中，对公安机关应给予行政处罚而没有给予行政处罚的人，不能直接给予行政处罚，而只能向有关的行政机关提出司法建议。

（六）明显不当。指的是公安行政行为严重违反行政合理性原则而不适当、不妥当或不具有合理性。明显不当与滥用职权都是针对行政自由裁量权而言的，区别在于角度不同。明显不当是从结果角度谈，滥用职权是从主观角度提出的。该项内容是2014年修订的《行政诉讼法》在滥用职权的内容之外增加的。

实践中，行政相对人采用何种判决形式解决行政争议，一方面须与相对人的诉的请求类型相关，另一方面要看所要处理的公安行政行为是否符合法律、法规的要求。例如，李某家有一个祖传的花瓶，邻村张某获悉此事后，误认为该花瓶系宋代的瓷器，欲动员李某出售此花瓶，从中收取介绍费。即与邻乡刘某联系，刘某得知后，以张某和李某倒卖文物而向县公安局报案。次日，县公安局两名警察着便装以买花瓶人身份来到张某家，要求张某帮助买花瓶。后由张某带领来到李某家与李某交涉买花瓶事宜。在张某的唆使下，李某以6.5万元价格出卖该花瓶，双方约定到停车处交货付钱。当李某携花瓶到停车处后，被两名警察将其强行推进汽车并戴上手铐带往县公安局。经讯问得知，李某对该花瓶是何年代生产、价值多少等都一无所知。于是县公安局决定将李某释放回家，但仍以其倒卖文物为由，扣留其花瓶。之后，李某多次至县公安局索要花瓶，县公安局都未归还，也没有作出予以没收或者归还的决定。为此，李某向县人民法院提起行政诉讼，请求判令县公安局返还所扣押的花瓶。

本案中县公安局对李某以涉嫌盗卖文物案进行查处，后经查实李某的违法行为不能成立，但仍然扣押了李某的花瓶，其行为无法律依据，属违反法律规定的滥用职权行为。根据《人民警察法》的规定，县公安局应当返还李某花瓶，维护李某的合法权益。针对李某的起诉，县人民法院应当撤销扣留花瓶的行政强制措施，返还花瓶给李某。

四、判决重新作出公安行政行为

判决重新作出公安行政行为是判决撤销的一种补充。撤销判决是对被诉公安行政行为合法性的否定，可能导致公安行政法律关系的消灭，但是公安行政行为的撤销与公安行政法律关系的存废并无必然联系。有的公安行政行为被撤销，可能引起公安行政法律关系内容的变更，但是具体问题没有解决；有的公安行政行为被撤销后，公安行政法律关系也随之消失。凡属前一种情况的，人民法院应判决撤销被诉公安行政行为的同时，责令被告公安机关重新作出公安行政行为。这类判决应在判决理由部分指明公安机关重新作出公安行政行为的方向，在判决部分写明重新作出公安行政行为的期限。这样既可以纠正原违法的公安行政行为，同时又可以使公安机关重新作出合法的公安行政行为，以维护保障正常的公安行政秩序，稳定合法公安行政法律关系。

公安机关重新作出的公安行政行为，必须纠正原违法的公安行政行为。根据《行政诉讼法》第71条的规定，公安机关不得以同一的事实和理由作出与原公安行政行为基本相同的公安行政行为。否则，人民法院应根据《行政诉讼法》第70条和第55条的规定判决撤销，并根据第94到96条的规定进行处理，以保障司法审判活动的权威性和严肃性。

五、判决限期履行法定职责

判决限期履行法定职责，是指公安机关不履行或者拖延履行法定职责时，判决公安机关必须在一定期限内履行法定职责。根据《行政诉讼法》的有关规定，对以下几种情况可以判决公安机关限期履行法定职责：（一）符合法定条件申请被诉公安机关颁发许可证和执照，被诉公安机关拒绝颁发和不予答复的；（二）申请被诉公安机关履行保护人身权、财产权的法定职责，被公安机关拒绝履行或者不予答复的；（三）其他不履行法定职责的行为。限期履行法定职责的具体期限，应当根据案件的具体情况和履行的实际可能来确定。不能限期过短，使公安机关来不及履行，也不能将限期定得过长，以免公安机关继续拖延。

六、判决变更

判决变更是指人民法院作出的判决改变了被诉公安行政行为的处理结果。人民法院对被诉公安行政行为一般不能变更，只有在特别情况下才可变更。根据《行政诉讼法》第77条的规定，人民法院判决变更被诉公安行政行为必须同时具备两个条件：首先，必须是实施行政处罚的公安行政行为；其次，必须是显失公正的公安行政处罚。

不合理的行政处罚的表现形式主要有以下四种：（一）给予违法行为人的公

安行政处罚与其应承担的行政责任极不相称；（二）同责不同罚，公安机关在作出行政处罚决定时，应考虑以前和近期对同种情况的违法行为给予的行政处罚程度的因素，不能反复无常，因人而异；（三）在同一案件中，重者轻罚或轻者重罚；（四）未考虑被处罚者的实际承受能力。

七、判决给付

判决给付是指具有公法请求权的公民、法人或者其他组织对公安行政机关不履行给付义务的行为不服提起的行政诉讼，人民法院判令公安行政机关依法承担给付义务的判决。《行政诉讼法》第3条规定："人民法院经过审理、查明被告依法负有给付义务的，判决被告履行给付义务。"这是给付判决的法律依据。公安机关依法负有给付义务是指依照法律法规等规范性文件的明确规定，也可以是依法律、法规所认可的名义，如公安行政合同、公安行政允诺、公安先行义务。

第六节　公安行政诉讼判决的执行

一、公安行政诉讼判决执行的概念

公安行政诉讼判决的执行，是指公安行政案件当事人逾期拒不履行人民法院生效的公安行政诉讼案件的法律文书，人民法院和公安机关运用国家强制力量，依法采取强制措施促使当事人履行义务，从而使生效法律文书的内容得以实现的活动。公安行政诉讼判决的执行是公安行政诉讼的最后一个环节，它对于实现公安行政诉讼的任务、保护当事人的合法权益，具有重要意义。公安行政诉讼判决执行的主要特征有：

（一）强制执行的主体既包括人民法院也包括有行政强制执行权的公安机关。这是行政诉讼执行与民事诉讼执行的重要区别之处。

（二）执行申请人或被申请执行人一方是公安机关。这是由公安行政诉讼案件的性质决定的，因为公安行政法律关系和由此延伸到公安行政诉讼法律关系中，公安机关必然是一方当事人。

（三）强制执行的依据是已生效的公安行政诉讼裁判法律文书。

（四）强制执行的目的是实现已生效的公安行政诉讼判决所确定的义务。

二、执行主体

执行主体指在公安行政诉讼判决执行中享有权利、义务的各方主体。包括执行机关、执行当事人、执行参与人和执行异议人。

（一）执行机关。也称执行组织，指拥有行政诉讼执行权，主持执行程序，采取强制执行措施的主体。我国公安行政诉讼案件的执行机关除作为审判机关的人民法院外，还包括公安机关。在人民法院驳回原告的诉讼请求，而且根据法律、法规的规定享有自行强制执行该行政行为的权力时，公安机关可以自行执行生效行政裁决所维持的行政行为，成为执行机关。此种做法有助于提高行政效率，减轻人民法院的执行压力。

在人民法院作为执行机关时，一般由第一审人民法院负责执行。如果第一审人民法院认为情况特殊需要由第二审人民法院执行的，可以报请第二审人民法院执行；第二审人民法院可以决定由其执行，也可以决定由第一审人民法院执行。

（二）执行当事人。指公安行政诉讼判决执行中的申请执行人和被执行人。一般情况下，公安行政诉讼判决由人民法院负责执行，执行当事人就是行政诉讼的当事人，但在依照法律、法规规定，享有强制执行权的公安机关作为公安行政诉讼判决的执行机关时，公安机关作为公安行政诉讼一方当事人，同时又成了执行机关，具有双重身份。

（三）执行参与人。指除执行当事人以外的其他参与执行过程的单位或者个人。

（四）执行异议人。指没有参与执行程序，但对执行标的主张权利，提出不同意见的个人或者组织，也称案外异议人。执行异议人提出异议时一般应采用书面形式，说明异议的理由并提供有关证据；执行人员应当及时审查异议理由，并做必要的调查核实。如果异议确有理由和事实根据，报请院长批准后中止执行；如果异议理由不成立的，驳回异议申请，继续执行程序。

三、执行措施

执行措施，是指执行机关运用国家强制力，强制被执行人完成所承担的义务的法律手段和方法。执行措施的采用直接涉及对被执行人人身、财产的限制和处分，关系到被执行人的切身利益，影响很大，因此执行措施的采取必须按照法律的明确规定进行。行政诉讼判决中的执行措施，因对公安机关的执行和对公民、法人或者其他组织的执行而不同。

（一）对公安机关的执行措施。1. 对应当归还的罚款或者应当给付的赔偿金，通知银行从该公安机关的账户内划拨；2. 在规定期限内不履行的，从期满之日起，对该公安机关负责人按日处五十元至一百元的罚款；3. 将该公安机关拒绝履行的情况予以公告；4. 向该公安机关的上一级公安机关或者监察、人事机关提出司法建议。接受司法建议的机关，根据有关规定进行处理，并将处理情况告知人民法院；5. 公安机关拒绝履行人民法院生效判决、裁定、调解书的，人民法院可以对该公安机关直接负责的主管人员或其他责任人员予以拘留；6. 拒不履行判决、裁定、调解书的，情节严重构成犯罪的，依法追究主管人员和直接责任人员的刑事责任。

（二）对公民、法人或者其他组织的执行措施。《行政诉讼法》并未对公民、法人或者其他组织的执行措施作出具体规定，人民法院可以参照民事诉讼的有关规定。

在公安机关作为执行机关时，必须严格按照单行法律、法规规定的执行措施执行。

四、执行程序

公安行政诉讼判决执行程序由一系列独立的环节所组成，主要包括：开始、审理、阻却、完毕、补救等。这些程序与民事诉讼执行程序基本相同，特殊性的问题有：

（一）期限。在执行程序中因申请人的不同申请的期限方面有所差异。公民申请执行生效的公安行政诉讼判决的期限为1年，申请人是行政机关、法人或者其他组织的为180天。申请执行的期限从法律文书规定的履行期间最后一日起计算；法律文书中没有规定履行期限的，从该法律文书送达当事人之日起计算。逾期申请的，除有正当理由外，人民法院不予受理。

（二）中止。下级人民法院无权中止所执行的上级人民法院的裁判。《最高人民法院关于下级法院能否对上级法院生效裁判作出中止执行裁定的复函》（1995年3月8日）规定，关系人对执行标的提出异议的，执行员应当按照法定程序进行审查，理由成立的，即可由院长批准中止执行。但执行的标的物如果是上级人民法院在判决、裁定、调解书中明确指明的特定物，案外人对该特定执行标的物提出异议的，则应当根据《最高人民法院关于适用〈中华人民共和国民事诉讼法〉若干问题的意见》第258条的规定，提出书面意见，经院长批准，报请上级人民法院审查处理，执行法院无权作出中止执行的裁定。

第七节　当前公安行政诉讼中存在的问题与对策

一、当前公安行政诉讼案件的基本特点

当前在我国公安行政诉讼案件的主要特点有：

（一）收案数量明显上升。近年来，人民法院受理的公安行政案件呈逐年上升的趋势，在收案数量逐年上升的同时，案件类型也呈增多的趋势，涉及公安治安管理处罚、公安户籍管理、公安消防管理、公安边境管理、道路交通安全管理等公安行政行为的方方面面。

（二）撤诉率居高不下。公安行政诉讼案件起诉率本身就很低，但公安行政诉讼案件在诉讼中的撤诉率却居高不下。

（三）公安机关败诉率比较高。在公安行政诉讼中，公安机关胜诉率或败诉率的高低，在一定程度上反映着公安机关行政执法的规范程度，反映着公安队伍的业务素质和执法水平。[①] 较低的胜诉率或较高的败诉率，都会影响到公安机关的公信力乃至整个政府的公信力，甚至间接地对社会治安和社会稳定带来负面的影响。

（四）公安机关法定代表人出庭应诉率极低。相对于20世纪末公安机关不出庭应诉的情况，近年来公安机关聘请律师或委托代理人出庭应诉已经比较普遍，但是公安机关法定代表人出庭应诉率仍然较低。

二、当前公安行政诉讼存在的主要问题

从以上数字和特点可以看出，公安行政诉讼案件存在以下问题：

（一）公安行政诉讼立法中受案范围狭窄。《行政诉讼法》采用列举的方式规定了7种公安行政行为作为公安行政诉讼的受案范围，但受案范围还是显得狭窄。对于公安机关假借刑事侦查名义滥用行政职权能否被诉，公安机关工作人员

[①] 由于公安行政诉讼仅涉及公安机关行政行为中的很小一部分（具体比例因缺乏公安行政行为的总体数据而无法精确计算，但根据近年来全国公安机关每年刑事案件立案数均达400万件以上、治安案件数量达1 000万件以上推算，公安机关每年行政行为的数量当数以千万计甚至数以亿计，每年一万多件的公安行政诉讼案件应该只涉及极小部分的公安行政行为），因此公安行政诉讼中公安机关胜诉率或败诉率的高低只能在一定程度上反映出公安机关依法行政的情况。

的殴打、使用武器警械等行为能否被诉，法律都无明文规定。

（二）公安行政诉讼表面的繁荣和背后的冷落。从表面上看，近年受理的公安行政诉讼案件呈上升趋势，乍一看，似乎公安行政诉讼现状令人乐观，其实仔细分析，却不难发现公安行政诉讼实际上存在巨大的落差，与公安机关实际处理的行政争议相比仍显得微不足道。这是否能说明我们公安机关依法行政水平很高呢？从公安行政执法情况看，公安机关的执法环节或多或少存在一些问题，并非完美无缺，老百姓也不是都很满意。所以我们不应当对公安行政诉讼的现状感到乐观，诉讼渠道的不畅应当引起司法界的高度关注。

（三）公安行政诉讼案件未进入实体审理和判决的比例偏高。大部分的公安行政诉讼案件都是以原告撤诉、法院驳回起诉和不予受理方式结案，进入实体审理和判决的案件比例较低。在原告公安行政相对人申请撤诉案件中，法院基本上都是作出准许撤诉的裁定。

（四）公安机关消极应诉现象仍大量存在。在公安行政诉讼过程中，不接诉状、不闻不问的现象在当今的公安行政诉讼活动中并不多见，但仍存在公安机关刻意追求非诉化、消极防范相对人起诉的做法。

三、减少和避免出现上述现象的对策

（一）进一步修订完善立法，扩大公安行政诉讼的受案范围。首部《行政诉讼法》颁布时市场经济体制尚未确立，随着形势的不断变化和经济社会的快速发展，新情况、新问题不断涌现，规则的不完善、可操作性差等问题暴露明显，要求对它进行修改完善。在现行修订后《行政诉讼法》的基础上，应更合理科学地界定公安行政诉讼的范围，采用概括方式规定法院应该受理的行政案件；取消关于人身权和财产权的限制，扩大公安行政相对人受保护权利的范围，使得所有侵犯公安行政相对人合法权益的行政行为均被纳入公安行政诉讼范围，从而保障公安行政相对人的各种合法权益；同时将部分抽象公安行政行为纳入公安行政诉讼受案范围中。

（二）提高公安机关依法行政的自觉性。一是加强对公安机关中人民警察的政治教育和业务培训，提高公安机关执法人员依法行政的能力；二是重视公安行政复议，防止公安行政复议走过场，充分发挥公安行政复议这一民主制度的优越性。要有效降低公安行政诉讼败诉率，必须努力提高广大公安民警依法行政、维护"程序正义"的意识，使其自觉地把依法行政、维护"程序正义"作为自己的行为准则和追求。执法者有了这种内在的动力和要求，公安行政执法的规范化水

平才能不断提高。[①]

（三）充分认识公安行政诉讼的地位和作用，加强公安行政诉讼审判的独立性。一是人民法院要紧紧依靠党委领导和人大支持，依法排除各种以言代法、以权代法和非法干预现象，确保司法公正。对涉及社会稳定的敏感案件，要与有关方面加强沟通、协调；遇到阻力，要积极争取党委、人大和政府的支持，以排除干扰；对于不法干预公安行政诉讼审判的普遍性问题，人民法院应当及时向党委、人大和上级人民法院反映，争取从根本上解决问题。二是人民法院要确立与现代市场经济体制相适应的现代司法理念，贯彻以人为本、全面发展和平等保护三个重要理念，在公安行政诉讼审判工作中牢固树立并贯彻落实司法为民的要求，让老百姓敢打公安行政诉讼，打得起公安行政诉讼。

（四）公安行政诉讼审判工作应坚持原则，讲究方法，严把撤诉关。要不断提高公安行政诉讼审判人员政治业务素质，行政法官队伍要树立正确的权力观、地位观、利益观和全心全意为人民服务的宗旨意识，建立法官道德自律机制，规范法官的职业行为，改进审判作风，严格落实各项廉政制度，切实提高拒腐防变的能力，让一批既精通法律又通晓其他专业知识的行政法官脱颖而出，以严肃执法、公正判决。在行政审判中要讲究艺术和方法，坚持主动请示汇报，及时联系通气，以取得理解和支持。在法院已经受理的行政案件原告申请撤诉的，应严把撤诉关，坚决杜绝违法撤诉。

（五）深化改革公安行政诉讼立案、审判机制。坚持推行中级人民法院或高级法院统一立案、指定管辖、交叉审判的立审新机制，坚决杜绝在立案、审判时的行政干预与党委干预。具体为：县级公安机关作被告的公安行政诉讼案件，由中级人民法院审查立案并指定被告所在地外的法院管辖，如果原告申请，还可以由高级人民法院指定到地、市以外的法院审判；被告是地、市级公安机关，由高级人民法院立案并指定管辖。通过这些措施，可以最大限度地消除法院所在地党委与政府的干预，提高人民法院公安行政诉讼的权威与公信力。

[①]徐小英：《公安行政诉讼败诉率研究》，《中国人民公安大学学报》2013年第2期，第145页。

第七章 公安行政赔偿制度

第一节 公安行政赔偿概述

一、公安行政赔偿的概念和特征

（一）公安行政赔偿的概念

公安行政赔偿是指公安机关及其人民警察在违法行使职权过程中，因违法或行使职权不当，侵犯公民、法人和其他组织的合法权益造成其人身、财产等权益损害时，而依法应当承担的赔偿责任。

公安行政赔偿制度是国家行政赔偿制度的重要组成部分，也是公安行政法的重要内容，是公安行政法律责任的核心责任。公安行政赔偿制度的实施，有利于维护行政相对人的合法权益，促进公安机关依法行政。

（二）公安行政赔偿的特征

《国家赔偿法》最显著的特点体现在第2条的规定，"国家机关和国家机关工作人员行使职权，有本法规定的侵犯公民、法人和其他组织合法权益的情形，造成损害的，受害人有依照本法取得国家赔偿的权利。"[1]结合理论研究和公安行政赔偿实践，公安行政赔偿具有如下特征：

1. 公安行政赔偿是一种国家赔偿责任。虽然在公安行政赔偿中，公安机关实际履行赔偿义务，但赔偿费用是由国家财政负担的，所以公安机关不是赔偿责任主体，公安行政赔偿也不是一种个人或单位赔偿责任，而是一种国家赔偿责任。

2. 公安行政赔偿是一种补偿性法律责任。法律赔偿责任可以分为惩罚性赔偿责任和补充性赔偿责任。作为一种国家赔偿责任，公安行政赔偿的主要目的不在于对赔偿义务机关或当事人进行惩罚，而在于对受害人进行经济补偿。

3. 公安行政赔偿是一种侵权责任。公安行政赔偿责任是针对公安机关及其工作人员违法行使行政职权，侵犯相对人合法权益并造成的损害所应承担的一种

---

[1]1994年《国家赔偿法》第2条，国家机关和国家机关工作人员违法行使职权侵犯公民、法人和其他组织的合法权益造成损害的，受害人有依照本法取得国家赔偿的权利。

法律责任。

二、公安行政赔偿与相关概念的区别

为进一步理解和把握公安行政赔偿的内涵，有必要把公安行政赔偿和与其相近的民事赔偿、司法赔偿、公安行政补偿进行区别比较。

（一）公安行政赔偿与民事赔偿

公安行政赔偿具有补偿性，是一种侵权责任，这些都与民事责任具有相同点。二者的区别主要体现在：

1. 赔偿发生的原因不同。公安行政赔偿是公安行政侵权的法律后果，是因为公安机关及其人民警察的违法职务行为所引起的；而民事赔偿则是民事侵权的法律后果，是因为民事主体的民事违法行为所引起的。

2. 责任主体不同。公安行政赔偿的主体是国家，公安机关只是赔偿义务履行机关，行为的实施主体和责任主体并不一致；而民事赔偿通常来说责任主体也就是行为主体，二者是一致的。

3. 归责原则不同。公安行政赔偿适用违法原则，仅在公安机关及其人民警察违法行使职权时对公安行政相对人合法权益的侵害时才予以赔偿；而民事赔偿一般适用过错责任原则，在行为人过错对受害者造成的损害承担赔偿责任，只有在法律特别规定的情况下适用无过错责任原则。

4. 赔偿范围不同。公安行政赔偿仅限于对直接物质损害的赔偿；而民事赔偿不仅包括物质损害的赔偿，还包括精神损害的赔偿。

5. 赔偿适用的程序不同。公安行政赔偿适用《国家赔偿法》《行政诉讼法》和《行政复议法》规定的程序；而民事赔偿则适用《民事诉讼法》规定的程序。

（二）公安行政赔偿与司法赔偿

公安行政赔偿和司法赔偿都属于国家赔偿的范畴，受《国家赔偿法》的调整，但二者是两种不同性质的国家赔偿。公安行政赔偿和司法赔偿的主要区别有：

1. 侵权行为的主体不同。引起公安行政赔偿的侵权行为主体是公安机关及其人民警察，而引起司法赔偿的侵权行为的主体是侦查机关、检察机关、审判机关及其工作人员。

2. 赔偿的依据不同。公安赔偿的依据是公安行政职权的违法行使，而司法赔偿的依据是司法权的违法行使。

3. 赔偿程序不同。公安行政赔偿无须经过复议程序，而司法赔偿必须经过复议程序；公安行政赔偿可以向法院提起诉讼，由法院的正常审判组织进行审理，而司法赔偿只能由法院内设的赔偿委员会作出决定，不能提起诉讼。

4. 内部追偿的条件不同。在公安行政赔偿中，只有实施公安行政行为的人民警察存在故意或重大过失时才会被追偿，采用主观标准；而在司法赔偿中，司法人员存在刑讯逼供、殴打或以其他暴力方式伤害公民身体，或违法使用武器、警械，或在审判案件时有贪污受贿、徇私舞弊、枉法裁判行为时会被追偿，采用的是客观标准。

（三）公安行政赔偿和公安行政补偿

公安行政补偿是指国家对公安行政机关及其人民警察在行使公安行政职权过程中因合法行为损害公民、法人或者其他组织合法权益而采取的补救措施。公安行政赔偿和公安行政补偿都是国家对行政机关及其人民警察行使职权过程中给公民、法人或者其他组织的合法权益造成的损害采取的补救措施。但是，两者仍然存在诸多区别，主要表现在：

1. 原因不同。两者都是国家对公安行政机关及其人民警察在公安行政管理过程中损害公民、法人或者其他组织的合法权益所采取的补救措施，但是，公安行政赔偿所针对的损害是公安行政机关及其人民警察的违法行为，而公安行政补偿针对的是合法行为。

2. 范围不同。公安行政赔偿的范围小于公安行政补偿的范围。公安行政赔偿受《国家赔偿法》的限制，国家并非对所有的公安行政侵权行为都承担赔偿责任，而公安行政补偿的原因行为除了合法性这一限制之外，没有其他的限制。

3. 程度不同。公安行政赔偿对公民、法人或者其他组织合法权益的补救程度不如公安行政补偿充分。《国家赔偿法》针对公安行政赔偿损害的范围限于人身权和财产权的损害，而公安行政补偿没有这种限制。而且，对《国家赔偿法》规定范围之内的公安行政侵权行为所造成的损害，国家也并非全部赔偿，而是限于最低限度的直接损失。《国家赔偿法》规定"计算标准"的作用之一为了限制赔偿的数额。公安行政补偿采取补偿实际损失的原则，公安行政机关及其人民警察的合法行为给公民、法人或者其他组织的合法权益造成了多大的损害，国家就补偿多少。当然，公安行政补偿所针对的损害必须是特定的公民、法人或者其他组织所遭受特别的损害，而不是普遍的损害。从损害这一点来看，公安行政赔偿着眼于赔偿的最高数额，而公安行政补偿着眼于损害的特定性，没有数额的限制。

4. 程序不同。公安行政补偿可能是在损害发生之前由公安行政机关与公民协商解决，也可能是在损害发生之后由公安行政机关与公民协商解决。公安行政赔偿只能发生在侵权行为发生之后，由公安行政机关与公民协商解决或诉讼解决。

公安行政补偿和公安行政赔偿都可以适用调解，但是，公民因与行政机关对公安行政补偿不能达成协议而起诉的，适用一般的行政诉讼程序；与公安行政赔偿义务机关对公安行政赔偿不能达成协议而起诉的，适用行政侵权赔偿诉讼程序。

5. 性质不同。公安行政赔偿性质上属于行政法律责任，而公安行政补偿性质上属于具体行政行为。公安行政赔偿是国家对公安行政机关及其工作人员违法行使职权的行为而承担的一种法律责任，具有否定和谴责的含义；而公安行政补偿是国家对公安行政机关及其工作人员合法行为所造成的损害而采取的补救措施。

6. 依据不同。公安行政补偿的法律依据是有关的单行的部门法律法规，而公安行政赔偿的法律依据是《行政诉讼法》和《国家赔偿法》。

三、公安行政赔偿的归责原则和构成要件

（一）公安行政赔偿的归责原则

行政赔偿（包括公安行政赔偿）的归责原则，为从法律上判断国家应否承担法律责任提供了最根本的依据与标准，它对于确定行政赔偿的构成要件及免责条件、举证责任等都具有重大意义。关于行政赔偿的归责原则，主要有过错原则、无过错原则和违法原则。《国家赔偿法》第2条表明我国国家赔偿从原来的违法归责原则向多元归责原则转变，也就是说，我国国家赔偿归责原则有了拓展的空间，包括了违法归责原则、过错归责原则、无过错归责原则、结果责任原则、公平负担原则等。[1]例如，有学者就指出违法作为国家赔偿要件并不准确，认为把违法与违反对他人的义务联系在一起，是为了让违法的概念能够进入侵权法的领域，因为违反对他人的义务，就是侵犯他人享有的权利，国家及其工作人员如果违反这种公法义务，即构成对人民公权力的侵犯，用"侵权损害赔偿"比"违法损害赔偿"更符合旨在填补当事人权益损失的本意。[2]

1. 过错原则。在过错原则下，判断行政主体的行为是否合法及要不要赔偿，应以该行政主体作出行为时主观上有无过错为标准。有过错，就要赔偿；无过错，就不赔偿。这种观点考虑了行政主体作出行政行为时主观上的不同状态，区分了合法履行职务与违法侵权两种截然不同的行为，无疑是有意义的，且符合普通群众的心理习惯，容易为人接受。但这种观点实施起来却较困难。因为要认定一个行政机关这样一个组织体有无过错是很困难的，它不像认定一个人有无过错

[1] 袁丽玮：《论我国行政赔偿的归责原则》，《河北企业》2017年第6期，第178页。
[2] 杨日然：《法理学》，台湾三民书局股份有限公司，2005，第42-46页。

那样容易，这样在实践中可能导致大部分受到侵害的公民事实上得不到赔偿，背离了过错原则的本意，也不符合国家建立行政赔偿制度的初衷。

2. 无过错原则。在无过错原则下，不论行政机关行为时主观上有无过错，只要结果上给公民造成损害，就要承担赔偿责任。无过错原则的好处在于克服了过错原则要考察机关主观过错的困难，简便易行，也利于受害人取得赔偿。但无过错原则无法区分国家机关的合法行为与违法行为，把赔偿与补偿混为一谈，这是不可取的。

3. 违法原则。所谓违法原则，是指行政机关的行为要不要赔偿，以行为是否违反法律为唯一标准。它不细究行政机关主观状态如何，只考察行政机关的行为是否与法律的规定一致，是否违反了现行法律的规定。这一原则既避免了过错原则操作不易的弊病，又克服了无过错原则赔偿过宽的缺点，具有操作方便、认定精确、易于接受的特点，因而是一个比较合适的原则。

我国的行政赔偿（包括公安行政赔偿）即采用此原则，《国家赔偿法》第2条就是对违法原则作为行政赔偿基本归责原则在立法中的明文规定。因此，无论行政机关在作出职权行为时有无过错，只要其行为不符合法律的规定，且因此给相对人造成损失，就应承担赔偿责任，而不管其主观上有无过错。受害人也无须证明作出行为的行政机关或其工作人员有故意或过失，只要行政机关无法证明其实施的行为合法就要无条件地予以赔偿。

（二）公安行政赔偿责任的构成要件

归责原则虽然是判断责任构成的"最后界点"，但是单凭归责原则，还是无法合理、全面地判断出行政主体实施的行为是否构成侵权责任的。这就需要有较之于归责原则更加具体和明确的责任构成要件。根据《国家赔偿法》第2条的规定，公安行政赔偿责任的构成要件由侵权主体、违法行为、损害后果和因果关系四个部分构成。

1. 公安行政赔偿的主体是公安机关及其人民警察。只有公安机关才享有公安行政职权，才能成为公安行政赔偿的主体。公安行政侵害行为的具体实施者，包括中央到地方的各级公安机关的具体部门或人民警察，也包括依照法律法规授权行使公安行政职权的组织和个人。

2. 必须有公安机关及其人民警察违法行使公安职权的行为。公安行政赔偿必须是公安机关及其人民警察违法行使职权所引起的法律责任，即必须有公安行政侵权行为——职务违法行为这个前提。所谓职务违法行为是指违法执行职务的行为。在这个概念中，需要明确"违法"和"执行职务"的准确涵义。但从行政赔偿的立法精神看,"违法"应包括违反宪法、法律、行政法规与规章、地方性法规与规章以及其他规范性文件和我国承认与参加的国际公约等。"执行职务"的范围应既包括职务行为本身的行为,亦包括与职务有关联而不可分的行为。[①]

3. 必须有损害后果发生。确立公安行政赔偿责任的目的在于对受害人受到的损害进行赔偿。因此,损害的发生是公安行政赔偿责任产生的前提。损害包括人身损害与财产损害、物质损害与精神损害、直接损害与间接损害。需要指出的是,根据《国家赔偿法》,损害仅指物质损害与直接损害,而不含精神损害与间接损害。

4. 因果关系。因果关系是连接违法行为与损害后果的纽带,是责任主体对损害后果承担赔偿责任的基础与前提。如果缺少这种因果关系,则行为人就无义务对损害后果负责。因果关系的严格程度会直接影响到相对人一方合法权益救济的范围,我国行政赔偿责任中应采取什么样的因果关系,理论上歧见纷纭,但最具代表性的观点是采用直接因果关系,即指行为与结果间存在着逻辑上的直接关系,其中行为并不要求是结果的必然或根本原因,但应是导致结果发生的一个较近的原因,至于其关联性紧密程度,则完全要依据案情来决定。

公安行政赔偿责任的构成,必须符合以上四个方面的构成要件,缺一不可。

第二节　公安行政赔偿范围

公安行政赔偿的范围,即国家承担行政赔偿责任的范围,包括公安行政赔偿的行为规范和损害范围。前者是指国家对哪些公安行政侵权行为承担赔偿责任,后者是指对公安行政侵权行为造成的哪些损害承担赔偿责任。

根据《国家赔偿法》和《最高人民法院关于审理行政赔偿案件若干问题的规定》,我国的行政赔偿采用的是有限赔偿原则和职务行为与职务相关行为相结合的原则,公安行政赔偿当然也不例外。

一、侵犯人身权的公安行政赔偿

《国家赔偿法》第3条和《最高人民法院关于审理行政赔偿案件若干问题的

---

① 孙峰、唐莹瑞:《行政赔偿制度中违法性界定之建构》,《甘肃行政学院学报》2018年第1期,第119页。

规定》第1条规定，公安行政机关及其人民警察在行使公安行政职权时有下列侵犯公民人身权情形之一的，受害人有取得赔偿的权利：1. 违法拘留或者违法采取限制人身自由的公安行政强制措施的；2. 非法拘禁或者以其他方法非法剥夺公民人身自由的；3. 以殴打等暴力行为或者唆使他人以殴打等暴力行为造成公民身体伤害或者死亡的；4. 违法使用武器、警械造成公民身体伤害或者死亡的；5. 造成公民身体伤害或者死亡的其他违法行为。

二、侵犯财产权的公安行政赔偿

《国家赔偿法》第4条和《最高人民法院关于审理行政赔偿案件若干问题的规定》第1条规定，公安行政机关及其人民警察在行使行政职权时有下列侵犯财产权情形之一的，受害人有取得赔偿的权利：1. 违法实施罚款、吊销许可证和执照、责令停产停业、没收财物等行政处罚的；2. 违法对财产采取查封、扣押、冻结等行政强制措施的；3. 违反国家规定征收财物、摊派费用的；4. 造成财产损害的其他违法行为。

三、其他公安行政侵权行为的公安行政赔偿

结合《行政诉讼法》和《国家赔偿法》规定，侵犯公民法人人身财产权行为之外还存在大量的行政诉讼范围之外的职务侵权行为，它们如果侵犯了公民、法人的人身权财产权或其他权益的，国家也应当承担赔偿责任。这些职务行为主要包括：非法限制或剥夺公民人身自由的行为；殴打或侮辱公民的行为；违法使用武器、警械造成公民伤害的行为；非法的内部惩戒行为；违法或不当的狱政管理行为；不作为行为等。

（一）非法限制或剥夺公民人身自由的行为

对于公安行政机关实施的非法限制或剥夺公民人身自由的行为，如非法拘禁、扣留、审查等造成的损害，国家是否应该赔偿呢？从各国立法看，只要这些行为符合公安行政赔偿责任构成要件，法律又未明确排除赔偿的可能性，国家一般均承担赔偿责任。

《行政诉讼法》规定了对违法拘留处罚、违法限制人身自由的强制措施造成的损害，国家应予赔偿。但多数人主张，《行政诉讼法》规定的可以赔偿的行为必须满足两个条件：首先，它们是具体行政行为；其次，它们的合法性已被司法机关判决否定。那么除此之外的不在行政诉讼范围之内的其他限制剥夺公民人身自由的职务行为造成损害的，国家应否赔偿呢？多数人主张公民可以依照《民法

通则》第121条提起赔偿诉讼。也有人主张可以将这些行为视为其他侵犯公民人身权的行为，从而通过行政诉讼途径解决。无论通过何种方式解决，有一点是应该明确的，即凡是公安行政机关或法律授权的组织、公安行政机关委托的组织及人民警察个人在执行职务行使国家权力过程中侵犯了公民人身自由的，均构成公安行政侵权行为。不论这些行为是否为具体行政行为，也不论这些行为是否属于拘留、逮捕或收容及其他法定行政行为，国家均应予赔偿。

（二）殴打或侮辱公民的行为

对于人民警察执行职务期间殴打或以暴力侮辱公民的行为，国家是否予以赔偿？理论界有两种观点：第一种观点认为，人民警察执行职务期间殴打或以暴力侮辱公民行为属于个人过错行为，人民警察个人需承担赔偿责任。美国、新西兰的法律和法国早期判例持此主张；第二种观点认为，人民警察执行职务期间殴打、侮辱公民行为属于兼有个人过错与公务过错的合并责任行为，人民警察之所以能够侵害相对人权益，是因为公务为其提供了机会，同时也表明国家疏于监督也是造成损害的原因。在这种情况下，国家也应当独立承担责任或者与人民警察负连带责任。当然，受害人更愿意选择实力雄厚的国家为赔偿主体。实践中，法国对个人过错乃至犯罪行为承担赔偿责任。

实际上，对于人民警察执行职务期间殴打或以暴力侮辱公民的行为应具体分析。如果打骂、侮辱行为是人民警察在执行职务过程中因素质不高或业务不熟练、情绪急躁等原因而产生的，那么属于职务过失（包括重大过错），可以视为职务行为运作中产生的瑕疵，应由国家承担赔偿责任，同时国家对人民警察保有求偿权和其他纪律处分权；如果殴打、侮辱行为是人民警察为了寻泄私愤、报复或个人恶意而借执行职务之名实施的，则应视为个人过错行为，或与公务脱离的个人行为，国家不应对此承担责任，而应由人民警察个人承担。但受害人若无法通过刑事附带民事或普通民事诉讼程序获得满意的赔偿时，仍有权向国家请求赔偿。

（三）违法使用武器、警械造成公民伤害的行为

1949年法国最高行政法院通过案例确立了一项原则，即公务员执行职务以外的本人过错，如果和公务的执行有密切联系时，可以同时成为公务过错。1949年另外一个案件中确立的特别风险理论也主张：公务人员使用武器本身已构成特别风险。在这种特别风险下造成的损害，一般要由国家负责赔偿。我国虽无这方面的规定，但类似案件还很多，公务人员如果违反有关武器使用的法律、法规、规章规定，造成他人伤亡的，国家应当承担赔偿责任。所谓违法使用，包括违反有关规程故意或过失使用武器或其他枪械造成他人损害的情形。当然，如果人民警察执行

任务中施放催泪弹、焰火、防雹弹，或受害者是拒捕的对象时，行为无违法或过错，国家不负赔偿责任。执行治安公务中造成的损害赔偿以严重过错为限。

（四）非法的内部惩戒行为

关于行政机关对公务员的内部惩戒等行为是否产生赔偿的问题，我国一些学者有分歧意见，一种观点认为，公安行政机关工作人员的奖惩任免行为属于内部行政行为，不在行政诉讼范围之列，如果允许对这类行为提起赔偿诉讼，势必扩大法院的司法审查权，导致与《行政诉讼法》不一致的结果；[①] 另一种观点则在部分同意上述看法基础上，提出了解决法律冲突的办法，即在公安行政机关和司法机关之间划分权限，审查公安行政机关对人民警察的奖惩、任免行为合法性的权力仍属于行政机关，如果该行为被确认违法，并且在行政程序中未能就赔偿纠纷达成协议，那么，对赔偿纠纷最终解决的权力属于司法机关。

公安行政机关对人民警察奖惩任免等行为是可以引起损害并由国家予以赔偿的行为。因为这种行为在损害方式和结果上与一般的公安行政侵权行为并无太大区别，关键在于内部行为的合法标准难以掌握，如果内部行为已由法定机关确定违法，那么赔偿问题也会得到相应解决。事实上，行政赔偿程序是一种特殊的实现赔偿责任的方式步骤，它与行政程序和行政诉讼具有相似性、关联性，但也有一定区别。因此，我们不必局限于行政诉讼范围和程序，完全可以采用新的独立的赔偿程序解决内部行政行为致害的赔偿问题。从中华人民共和国成立以来多次的平反冤假错案的历史及国外行政赔偿的范围看，违法的内部行为不仅可能造成相当严重的损害，而且也是应予以赔偿的行为之一。

（五）违法或不当的狱政管理行为

监狱、看守所、拘留所，少教、妇教等劳教场所在管理、管教过程中违法、不当行为造成相对人（被限制人身自由的人）身体、财产、生命、精神损害的，国家应当负责赔偿。这种非法管理行为包括虐待被限制自由的人，或疏于管理，致使被看管人身体健康和生命受到损害的行为，如不及时治疗患病的被看管人，不制止被看管人之间的殴斗，打骂、体罚被看管人等。

狱政机关承担损害赔偿责任的依据是，当公民失去人身自由，服从于管理机关看管教育时，国家应对被看管人承担必要的保护责任，避免非法侵害的发生。这种关系类似于监护人与被监护人的关系。因此，国家对被看管劳教人在失去自由期间遭受的损害，特别是来自人民警察的侵害，应当承担必要的责任。

---

① 段竹君：《我国行政赔偿范围》，硕士学位论文，长春理工大学，2016，第18页。

（六）不作为行为

就理论而言，不作为无疑是最严重的行政侵权之一，国家对不作为造成的损害应当承担责任。但是，究竟什么是不作为，对不作为行为如何界定却是十分实际而又复杂的问题。在美国，国家机关有无明确的义务是确定该机关行为是否属于不作为的依据，换言之，如果国家的义务和职责是明确的，那么国家就应对不履行该义务的不作为负责。采取充分保护措施的情况下，才构成不作为行为。

可见，构成不作为行为须符合几个条件：1. 公安行政机关负有明确的职责义务，这种义务有的是法律确定的，有的是长官上级指示命令，也有按普通常理在正常情况下应做的，凡是本应该做的而没有做，就属于不作为；2. 公安行政机关及人民警察的作为是必要的，即只有在相对人明确要求作为或当时的特定环境要求作为时而没有做，才构成不作为；3. 如果公安行政机关及人民警察使相对人处于危险或更易于受伤害的境地，或未能及时阻止损害发生，则属于不作为行为；4. 还必须考虑人民警察的意识状态，如果能证明人民警察对受害人处境有故意放任或疏忽大意、过于自信的过失，那么就视为不作为。

四、国家不予或减免赔偿的范围

（一）国家不负行政赔偿责任的行为

尽管各国关于行政机关不负赔偿责任的规定有很多差异，即使同一国家前后法律规定和判例也不一样，但一般来说，对以国家名义实施的国防、外交行为，行政机关制定规则条例行为、军事行为及法律已有规定的国营公用企业的事业行为等，国家不负赔偿责任。即使可以赔偿，也不适用《国家赔偿法》，而适用特别法。

1. 国家行为

又称政府行为、统治行为。指行政机关以国家名义实施的，与国家重大政治、军事和安全有关的行为，如宣战、媾和、备战、战争动员等国防行为，建交、断交、批准、缔约参加退出国际条约协定等外交行为，因公共安全采取紧急卫生、经济、军事等措施的行为（宣布戒严、重大防治救灾行为、抗传染病措施等重大的公益行为），国家重大建设项目的调整，重要行政区划变动，调整工资、物价等重大经济政府行为。国家行为是最高国家行政机关实施的具有高度政治性的行为，一般不受法院司法审查。

各国均承认对统治行为，国家不负赔偿责任，但对国家行为的范围，理解并不完全一致。在法国，统治行为范围较广，凡属政治领域内的法律争议，机构之间的行为均包含在内，英国则以对外关系为限，德国以属于宪法领域内的国家指导为限。国家行为免责有两方面的原因，一是国家行为事关国家主权和公共利益，通过法律加以适当保障是必要的，有利于保障行政权正常有效行使。二是传统上"国家主权"观念和国家豁免原则的影响。随着民主政治的发展，过于宽泛的国家行为招致许多批评，很多国家通过判例和立法开始对政府行为不负责任创设一些例外。

2. 公安行政立法行为

很少有国家在法律中明确规定，对国家立法行为造成的损害不负赔偿责任，但在判例和习惯上均将立法行为排除在赔偿范围之外。如美国惯例上，国家对上下议院立法行为造成的损害不负赔偿责任。在法国，国家对立法职能造成的损害承担赔偿责任以法律有明确规定为前提，如果法律未作规定，国家不负赔偿责任，这是法国的传统原则。从众多国家的法制传统看，国家对议会立法职能原则上不负赔偿责任，只有在法律已明确规定时才可能发生赔偿问题。

既然国家对立法行为造成损害不予赔偿的原则并不是绝对的，那么说明国家在有些情况下对立法是可以赔偿的。国家对立法行为予以赔偿的特殊条件是：首先，该项立法行为已被确认为违宪或违法；其次，立法行为造成的损害对象是特定的，而不是普遍的；再次，立法中并没有排除赔偿的可能性；最后，在国家无过错时，损害必须达到相当严重的程度，受害人才能由于制定法律而遭受损害请求赔偿。同时还应当明确，国家为了保护重大利益而制定的法律，不负赔偿责任，如制止物价上涨、保护公共卫生、应付紧急状态的法律，国家对此不负赔偿责任。符合以上条件的立法是可以赔偿的，特别是行政机关制定法规、规章、决定、命令等行政立法行为，在给相对人造成损害后，国家应当予以赔偿。

在我国，除立法行为能否赔偿外，还存在一个对抽象行政行为可否赔偿的问题。对此理论界还有争议，目前普遍的观点是：根据《行政诉讼法》，抽象行政行为不能被直接起诉，即使该行为违法，如果发生使相对人合法权益造成损失的现实后果，也要通过具体行政行为实施，所以完全可通过起诉具体行政行为提起赔偿诉讼，不必诉抽象行政行为。对此，笔者认为不无商榷之处。

首先，国家赔偿诉讼并不完全等同于行政诉讼，用行政诉讼的受案范围限制国家赔偿诉讼范围是不恰当的。也就是说，只要行政机关的执行职务行为造成相对人损害并构成国家赔偿责任，即使是行政诉讼中不能被起诉的抽象行政行为也完全可以成为赔偿诉讼的标的。

其次，抽象行政行为侵犯相对人权益的现象是普遍的，与具体行政行为并无多少区别。如果把抽象行政行为排除在赔偿诉讼之外，就可能出现行政机关借此规避法律，采用抽象行为实施违法的现象。

再次，并非所有影响公民权益的抽象行政行为必然通过具体行政行为实施。例如行政机关发布一项禁止某些人从事某种活动的规定，自发布生效之时就可以造成相对人损害，而不必通过具体行为实施。如果不允许相对人对抽象行为提起赔偿诉讼，必然放纵行政机关这方面的违法行为。

最后，各国法律均无明确禁止对抽象行政行为提起赔偿诉讼的规定。因此，抽象行政行为和其他立法行为一样，对它们造成的损害能否请求赔偿，仍然应该以前述条件为标准加以判断，而不必受《行政诉讼法》关于受案范围的束缚而将行政立法和抽象行为排除在赔偿范围之外。

公安行政立法行为和公安抽象行为同样适用以上规则和理论。

3. 自由裁量的公安行政行为

对自由裁量行为造成的损害国家不予赔偿的规定，是《美国联邦侵权赔偿法》的一项重要内容。该法在第2 680条中规定了大量不适用国家赔偿的情形，其中很大一部分是行政自由裁量行为，如因海关、财税的评估错误稽征税额或扣押货物时所生的损害，因实施检疫所生之损害，因人身加害殴打、不法拘禁、不法逮捕、诬告、滥用诉讼、诽谤、虚伪陈述、诈欺及妨碍契约的权利等导致的损害；因财政部采取财政作业或货币制度等金融措施所生的损害；公务员执行职务已尽相当注意造成的损害；以及行政机关或公务员行使裁量权或不行使裁量权，不论该裁量权是否滥用，国家均不负赔偿责任。

自由裁量行为是指行政机关公务员为达到立法目的，自由决定如何、何时、何地应实施何种行为而采取的依照其最佳判断的行为。既然是自由裁量，就应当给予行为人以一定的自由度，在此范围内若造成他人损失，国家不必承担责任。但是，如果行政机关或公务员在应当行使裁量权时不行使，或滥用裁量权侵犯他人权益的结果必然违背法律赋予其裁量权的目的，构成明显的违法行为，国家应当对此承担赔偿责任。

4. 军事行为

很多国家赔偿法都规定了对军事行为不负国家赔偿责任的内容。例如《美国联邦侵权赔偿法》第2 680条第10项规定：对任何在战争期间，因陆海军及海岸警卫队的作战活动所产生的赔偿请求，国家不予赔偿。《瑞士联邦宪法》也规定，战时军事行为造成的损害，国家一般不负赔偿责任，依特别法规定执行。平时演习引起的，可以依军事行动规程负赔偿责任，但以军队在演习事先加以防范并使损害减至最低限度为条件。军事行为与行政行为不同。对合法实施军事行为造成损害的是否赔偿，如征用土地、战争损害等，应依特别法规定。但对于军事机关依法律授权或行政委托从事的行政行为造成非法侵害的，应当予以赔偿，例如军事机关在管理环境卫生、计划生育等方面的行为，国家应予负责。

5. 特别公用事业行为

因铁路、邮电、土地、通信、航空运输等公营公用事业行为造成的损害，依特别法规定解决，不适用于《国家赔偿法》。许多国家法律规定，对于铁路、邮电等公用事业单位的行为造成损害的，依照特别法规定予以解决。《美国联邦侵权赔偿法》规定，因邮寄的函件或物品遗失、误送、误投所造成的损害，不适用国家赔偿，英国《1947年王权诉讼法》也规定，对于邮政物品的损害，国家不负赔偿责任。

在我国，邮政等公用事业正趋于企业化，因此造成的损害依照特别法或民法解决，国家不负担赔偿责任。例如《中华人民共和国邮政法》第6章则规定了特别的损失赔偿条款，规定了对平常邮件的损失，邮政企业不负赔责任。《铁路法》第58条规定，因铁路行车事故及其他铁路运营事故造成人身伤亡的，铁路运输企业应当承担赔偿责任。

6. 国家合法行为造成的损害，非有法律明确规定，国家不予赔偿。例如，行政机关对公民法人采取的合法行为（包括处罚、强制、命令等）造成损害，除非法律有规定，如《中华人民共和国土地法》规定征用及《中华人民共和国军事法》规定的军事行为，国家给予适当补偿，否则国家不负赔偿责任。

7. 不可抗力造成的损害。若损害完全是不可抗力造成的，如发生地震、火灾、水灾、飓风等引起公民损害，国家不负责任。如公安机关依法扣押一辆轿车放置公安机关院内，发生地震造成车辆损害，受害人不得就损害向扣押的公安机关提出。

8. 公安机关的人民警察实施的与行使职权无关的个人行为，国家不负责任。

（二）国家减免赔偿责任的情形

在有些情形下，虽然国家为赔偿责任主体，但不必负完全的赔偿责任。国外个别法律也有类似规定，如《奥地利国家赔偿法》第2条规定，如果被害人能依照普通民事诉讼或行政诉讼程序获得赔偿的，不得依照国家赔偿法行使赔偿请求权。国家行政机关免责或减责的情形主要有：

1. 损益相抵。指受害人因同一受害事实已从其他途径如保险、社会救济，抚恤等得到全部或部分补偿的，则应在公安行政赔偿金额中扣除，国家因此免除或减轻赔偿责任。例如，某公民被公安机关汽车撞伤，但通过保险已获得全部补偿的，国家可减免此责任。适用损益相抵原则，主要是考虑到损害赔偿以填补受害人损失为宗旨而不是让受害人因此获得更多的利益，即不当得利。因此，适用该原则时，必须注意：所谓"相抵"是指能够相抵的同一损害事实而获得的利益，如果受害人就另外一损害事实获得的利益，不能损益相抵。受害人所获的利益，必须是与损害有直接、必然关系的利益，如果受害人从亲朋好友处获得慰问性的财物，不能作为相抵内容。

2. 过失相抵。所谓过失相抵是指受害人对损害的发生和扩大负有责任时，国家可减轻或免除承担赔偿责任。过失相抵的表现形式很多，被害人未能及时采取救济方法而减少损失，如违法拘禁、征税、查封或征收等，被害人不及时采取法律上的救济方法，造成损害或扩大损害的，也可以视为过失相抵。在此种情况下，是否可以或容易采取救济措施是判断能否相抵的标准。法定代理人的过失，一般应视为受害人的过失。

3. 第三人过错。如果受害人的损失是除受害人和加害人之外的第三人的介入而引起的，国家不负赔偿责任，如果是公安机关和第三人共同行为造成的，则负连带责任，公安机关仅就其行为部分负责。

第三节　公安行政赔偿请求人和赔偿义务机关

公安行政赔偿关系的当事人有广义和狭义两种理解，狭义的公安行政赔偿当事人仅指公安行政赔偿请求人和公安行政赔偿义务机关，广义的公安行政赔偿当事人还包括公安行政赔偿中的第三人。本书采用的是狭义的概念。

一、公安行政赔偿请求人

公安行政赔偿请求人，是指合法权益受到公安机关及其人民警察违法行使职权的侵害，按照法律规定，有权向国家请求损害赔偿的公民、法人或其他组织。根据《国家赔偿法》和《最高人民法院关于审理行政赔偿案件若干问题的规定》，以下行政赔偿请求人可以向公安机关请求行政赔偿：

（一）受到公安行政侵权的公民、法人或其他组织。受到公安行政侵权的直接相对人，有权提出公安行政赔偿，而当公安行政侵权的受害人是未成年人或不能辨认或控制自己行为的精神病人等无民事行为能力人或限制行为能力人时，则他们的监护人可以代表他们提出公安行政赔偿要求，赔偿请求权仍由无民事行为能力人或限制行为能力人本人享有。

（二）受害公民死亡的，其继承人和其他有抚养关系的亲属以及死者生前抚养的无劳动能力的人也可以成为赔偿请求人。公安行政赔偿涉及经济利益，因此当公安行政侵权受害人死亡，赔偿请求权可以由其继承人继承，继承人为赔偿请求权人；如果该公民还有其他需要抚养的人，由于他的死亡而丧失了抚养请求权，被抚养人也可以请求赔偿。

（三）受害的法人或其他组织终止的，承受其权利的法人或其他组织有权要求赔偿。

二、公安行政赔偿义务机关

公安行政赔偿属于国家赔偿，公安行政赔偿义务机关为公安行政赔偿的义务履行人。根据我国现行法律规定，我国国家赔偿义务机关可按以下方法确定：

（一）实施违法公安行政行为的公安机关。县公安局、城市公安分局及其以上公安机关行使行政职权侵犯公民、法人和其他组织的合法权益造成损害的，该县公安局、城市公安分局以及其以上公安机关为赔偿义务机关。

（二）人民警察行使职权侵犯公民、法人和其他组织合法权益造成损害的，由该人民警察所属的县级以上公安机关负责赔偿。

（三）受公安机关委托的组织或者个人在行使委托的行政权力时侵犯公民、法人或者其他组织合法权益造成损害的，委托的公安机关为赔偿义务机关。

（四）负有赔偿义务的公安机关被撤销的，由继续行使其职权的公安机关为赔偿义务的机关，没有继续行使其职权的公安机关的，撤销该赔偿义务机关的行政机关为赔偿义务机关。

（五）经复议机关复议的，最初造成侵犯行为的公安机关为赔偿义务机关，但复议机关的复议决定加重损害的，复议机关对加重的部分承担赔偿责任。

第四节　公安行政赔偿程序

一、公安行政赔偿程序的概念

公安行政赔偿程序是指公安行政赔偿请求权人依法取得国家赔偿权利，公安行政赔偿义务机关和人民法院依法办理公安行政赔偿事务应当遵守的方式、步骤、顺序、时限等程序性的规定。严格规范公安行政赔偿程序一方面可以保障公安行政赔偿请求权人依法取得和行使公安行政赔偿请求权，另一方面可以规范公安行政赔偿义务机关和人民法院受理和处理赔偿请求的手续，及时确认和履行赔偿责任。

根据《行政诉讼法》和《国家赔偿法》的规定，我国公安行政赔偿程序包括两种类型：（一）单独式，即公安行政赔偿请求权人未提起其他行政诉讼请求，单独就公安行政诉讼赔偿提出请求；（二）附带式，即公安行政相对人在提起公安行政复议或公安行政诉讼时一并提出公安行政赔偿请求。

二、单独提出的公安行政赔偿程序

根据《行政诉讼法》和《国家赔偿法》的规定，受害人单独提出赔偿请求的，应当首先向赔偿义务机关提出，赔偿义务机关拒绝受理赔偿请求、在法定期限内不作出决定的，受害人可以提起行政诉讼。

与一并提出赔偿请求的程序相比较，单独提出赔偿请求程序的特点是赔偿义务机关的先行处理程序。先行处理程序是指赔偿请求人请求损害赔偿时，先向有关的赔偿义务机关提出赔偿请求，双方就有关赔偿的范围、方式、金额等事项进行自愿协商或由赔偿义务机关决定，从而解决赔偿争议的程序。

公安行政赔偿义务机关在受理和处理受害人单独提出的赔偿请求时，办理如下手续：

（一）确认加害行为的违法性。从《国家赔偿法》的规定和实践经验来看，受害人单独提出赔偿请求的，必须以加害行为的违法性得到确认为前提。

确认加害行为违法性的途径有：1. 赔偿义务机关自己确认。实施侵权行为的公安机关书面承认其行为的违法性。2. 通过公安行政复议确认。公安行政复议机关的撤销决定、履行法定职责的决定是确认加害行为违法性的直接根据。3. 通过公安行政诉讼确认。人民法院的撤销判决、履行判决和确认判决都是确认加害行为违法性的根据。

（二）受害人提出赔偿请求。受害人提出赔偿请求应当递交申请书。申请书应具备以下事项：1. 受害人的姓名、性别、年龄、工作单位和住所。请求权人是法人或其他组织的，应写明法人或其他组织的名称、住所和法定代表人或者主要负责人的姓名、职务。如果有代理人的，应写明代理人的姓名、性别、年龄、职业、住所或居所。2. 具体的赔偿要求、事实根据和理由。赔偿请求包括赔偿的范围、方式等，如请求赔偿的金额或恢复原状的内容等，要求必须要明确、具体。事实根据是指受害人遭受损害的时间、地点、客体、范围等。理由是指损害形成的原因，如有关行政机关及其工作人员的违法行为与损害结果的因果关系等。3. 申请的年、月、日。4. 有关的附件。包括行政复议机关的复议决定书、法院的判决书等文件、医疗证明、证人、照片等有关证据材料或者证据线索。

赔偿请求人书写申请书确有困难的，可以委托他人代书，也可以口头申请，由赔偿义务机关笔录。请求赔偿申请书应由请求人和代理人签名或盖章后向赔偿义务机关提出。对于共同赔偿义务机关，受害人可以向任何一个赔偿义务机关提出，被请求的赔偿义务机关应当先予赔偿。被请求的赔偿义务机关先予赔偿，并不是由该赔偿义务机关承担全部赔偿责任，而免除其他赔偿义务机关的赔偿责任。共同赔偿义务机关应当共同承担行政侵权造成的损害。某一赔偿义务机关先予赔偿之后，可要求其他赔偿义务机关承担赔偿责任。受害人可以同时提出一个或者数个赔偿请求。数个赔偿请求相互之间应当具有一定的联系，同时提出，一并解决，可以综合考虑各种因素，合理解决赔偿争议。受害人也可以提出具体的赔偿数额。

（三）赔偿义务机关受理赔偿请求，制作《公安行政赔偿决定书》。赔偿义务机关接到赔偿请求申请后，应当对本案事实进行调查，调查的事项包括：1. 公民、法人或者其他组织是否遭受实际损害。2. 公民、法人或其他组织所受到的损害与已确认的违法行为有无因果关系。3. 受害人自己是否具有过错。4. 是否存在第三人的过错。赔偿义务机关应当全面审查、核实相关的证据材料，可以责令赔偿请求人补充有关证据材料。查明上述事实之后，赔偿义务机关应当决定对公民、法人或其他组织赔偿的具体方式及标准。

赔偿义务机关对赔偿案件处理的法定期限为2个月。即赔偿义务机关在收到赔偿请求人赔偿申请书之日起2个月内要作出是否赔偿的决定。如果决定不予赔偿或逾期不作决定，请求人可向人民法院提起诉讼。

三、公安行政赔偿诉讼

公安行政赔偿诉讼程序是指人民法院受理和受理公安行政赔偿请求的程序，是一种特殊的公安行政诉讼。根据《行政诉讼法》和《国家赔偿法》规定，我国公安行政赔偿诉讼适用行政诉讼程序，属于行政诉讼中的一个特殊类别。

（一）公安行政赔偿程序的起诉条件

根据《行政诉讼法》第49条、第67条和《国家赔偿法》第9条和第13条的规定，公安行政赔偿请求权人提起公安行政赔偿诉讼应当具备如下条件：

1. 原告是公安行政侵权行为的受害人。作为受害人的公民死亡的，其法定继承人或遗嘱继承人可以作为原告提起诉讼；作为受害人的法人或其他组织终止的，承受其权利的法人或者其他组织可以作原告。

2. 有明确的被告。公安行政赔偿诉讼的被告是执行公安行政职权违法侵犯公民、法人或其他组织的合法权益，并造成损害的公安行政机关及其法律法规授权的组织。

3. 有具体的诉讼请求和相应的事实根据。原告提起赔偿诉讼，必须有明确具体的诉讼请求，提供有关证据材料。

4. 属于人民法院受案范围及受诉人民法院管辖。公安行政赔偿争议必须属于《国家赔偿法》规定的赔偿范围，否则，人民法院不予受理。公安行政赔偿诉讼必须向有管辖权的人民法院提出。公安行政赔偿诉讼管辖适用《行政诉讼法》关于管辖的规定。

5. 原告单独提出公安行政赔偿请求的，必须经过公安行政赔偿义务机关的先行处理，这是提起行政赔偿诉讼的前提条件。

6. 在法律规定的时效内起诉。《国家赔偿法》规定，当事人提出赔偿请求的时效为2年，从侵害行为被确认为违法之日起计算。对赔偿义务机关逾期不予赔偿或对赔偿数额有异议的，应当在赔偿义务机关处理期限届满后的3个月内向人民法院提起诉讼。一并请求赔偿的时效按照行政诉讼的规定进行。

（二）公安行政赔偿诉讼的审判组织

公安行政赔偿诉讼的审判组织适用《行政诉讼法》的规定，一律实行合议制。

（三）举证责任的分配

公安行政诉讼中被告公安行政机关负举证责任。对此，公安行政赔偿诉讼不完全适用。最高人民法院相关司法解释明确规定，在行政赔偿诉讼中，原告应当对被诉具体行政行为造成损害的事实提供证据。被告有权提供不予赔偿或者减少赔偿额方面的证据。

（四）公安行政赔偿诉讼的审理方式

根据《行政诉讼法》第60条规定，行政赔偿诉讼可以适用调解。这是行政赔偿诉讼与行政诉讼在审理方式上的区别。行政赔偿诉讼适用调解，就是人民法院可以在双方当事人之间做协商、调和工作，促使双方相互谅解，以达成赔偿协议。同样，公安行政赔偿诉讼亦可适用调解。

受害人和公安行政赔偿义务机关达成协议，应当制作《行政赔偿调解书》。《行政赔偿调解书》应当写明赔偿请求、案件事实和调解结果，应由审判人员、书记员署名，加盖人民法院印章，送达双方当事人，调解书以双方当事人签收后，即具有法律效力。

（五）公安行政赔偿的先予执行

先予执行是指在特定的给付案件中，人民法院在作出判决之前，因原告生活困难，裁定义务人先行给付一定款项或特定物，并立即交付执行的措施。在公安行政赔偿诉讼中，有可能出现因公安行政机关违法侵权造成损害，致使受害人无法维持生活的情况，适用先予执行，能够及时地保障当事人的合法权益。

（六）公安行政赔偿诉讼裁判的执行

我国行政赔偿诉讼的执行适用《行政诉讼法》第96条规定，对赔偿义务机关采取特殊的执行措施，包括划拨款额、罚款、司法建议和追究刑事责任。

第五节　公安行政赔偿的方式和计算标准

一、公安行政赔偿的方式

根据《国家赔偿法》的规定，公安行政赔偿的方式有支付赔偿金、返还财产、恢复原状以及消除影响、恢复名誉、赔礼道歉等。

（一）支付赔偿金，指公安赔偿义务机关以支付货币的形式向受害人履行赔偿义务。这是国家承担赔偿责任的主要方式。

（二）返还财产，指公安赔偿义务机关将违法取得的财产返还给受害人的赔偿方式。它是国家承担赔偿责任的辅助方式，主要适用于因公安赔偿义务机关违法罚款、集资、没收财物、征收财物、摊派费用等情形。

（三）恢复原状，指将被损害的财产恢复至未被损害前的状态。它主要适用于违法对财产进行查封、扣押、冻结的，应解除对财产的查封、扣押、冻结措施；对财产的损害能够修复的，进行修复。

（四）消除影响，恢复名誉，赔礼道歉。如果公安机关的违法行政行为造成相对人的名誉权、荣誉权受到损害的，公安赔偿义务机关应当在侵权行为影响的范围内，为受害人消除影响，恢复名誉，赔礼道歉。

二、公安行政赔偿的计算标准

（一）侵犯人身权的赔偿标准

《国家赔偿法》规定，对于侵犯人身权的赔偿，以支付赔偿金为主要赔偿方式。

侵犯公民人身自由的，每月的赔偿金按照国家上年度职工日平均工资计算。

侵犯公民生命健康权的，赔偿金按照下列规定计算：1. 造成身体伤害的，应当支付医疗费，以及赔偿因误工减少的收入。减少的收入每日的赔偿金按照国家上年度职工日平均工资计算，最高额为国家上年度职工年平均工资的5倍。2. 造成部分或者全部丧失劳动能力的，应当支付医疗费以及残疾赔偿金，残疾赔偿金根据丧失劳动能力的程度决定，部分丧失劳动能力的最高额为国家上年度职工年平均工资的10倍，全部丧失劳动能力的为国家上年度职工年平均工资的20倍。造成全部丧失劳动能力的，对其扶养的无劳动能力的人，还应当支付生活费。3. 造成死亡的，应当支付死亡赔偿金、丧葬费，总额为国家上年度职工年平均工资的20倍。对死者生前扶养的无劳动能力的人，还应当支付生活费。

对于受害人人身权受到的损害，国家不可能用类似恢复原状的方式承担责任。相比之下，金钱赔偿是最切实可行的。然而，由于受害人获取金钱的能力不同，而人身权益损害与金钱之间不存在可靠的比例关系，很难在法律上恰如其分地确定人身权益和金钱之间的换算关系。正因为如此，《国家赔偿法》在规定侵害人身权的赔偿金计算标准时没有考虑受害人因侵权行为遭受的实际损失，而是规定了统一的赔偿金计算标准。这一赔偿标准不包括对受害人因行政侵权而受到的精神损害的赔偿，更不包括惩罚性赔偿。在正在修改程序的《国家赔偿法》中，已经考虑规定精神损害赔偿和惩罚性赔偿金等扩大国家赔偿的范围，加强对公民基本人权的尊重。

（二）侵犯财产权的赔偿标准

关于侵犯财产权的赔偿，《国家赔偿法》第28条要求按照下列规定处理：1. 处罚款、罚金、追缴、没收财产或者违反国家规定征收财物、摊派费用的，返还财产；2. 查封、扣押、冻结财产的，解除对财产的查封、扣押、冻结，造成财产损坏或者灭失的，依照本条第（3）（4）项的规定赔偿；3. 应当返还的财产损坏的，能够恢复原状，不能恢复原状的，按照损害程度给付相应的赔偿金；4. 应当返还的财产灭失的，给付相应的赔偿金；5. 财产已经拍卖的，给付拍卖所得的价款；6. 吊销许可证和执照、责令停产停业的，赔偿停产停业期间必要的经常性费用开支；7. 对财产权造成其他损害的，按照直接损失给予赔偿。

通过这一法律规定不难看出，现行法律规定的侵害财产权的损害赔偿的范围极其有限。"返还财产""解除对财产的查封、扣押、冻结"和"恢复原状"属于与赔偿并行的责任形式，这些责任形式的功能各不相同，不能彼此互相代替。因此，可以说《国家赔偿法》规定的对侵犯财产权的损害赔偿的范围甚至没有达到赔偿直接损失的最低要求，更谈不上惩罚性赔偿的问题。应当加重侵犯财产权的公安行政赔偿责任。

第六节　公安行政赔偿中的国家追偿

一、公安行政追偿的概念

公安行政机关的人民警察或法律法规授权和受行政机关委托的组织和个人具有故意或重大过失的公安行政行为对公安行政相对人造成的人身或财产损害，在公安行政赔偿义务机关已经履行了赔偿责任的情况下，可以向该行为的实施者追偿。按照《国家赔偿法》第16条规定：赔偿义务机关赔偿损失后，应当责令有故意和重大过失的工作人员或者受委托的组织或者个人承担部分或者全部赔偿费用。

公安行政侵权行为实施人对侵权行为的发生具有故意或者重大过失，这是国家行使公安行政追偿权的主观要件。所谓故意，是指公安行政行为实施人在实施公安行政行为时，主观上能认识到自己的行为违法并可能造成公安行政相对人合法权益的损害，希望或放任侵害结果的发生的一种心理状态。所谓重大过失，是指公安行政行为实施人没有达到其职务上的一般要求，未能预见和避免一般情况下能够预见或避免的侵害后果，也就是说没有达到对实施公安行政行为者的一般业务要求。

把公安行政追偿限制在故意或重大过失的范围内，有利于保护人民警察或法律法规授权和受行政机关委托的组织和个人的积极性和创造性，另一方面，也有利于抑制任意或者不负责任行使职权的问题。

二、公安行政追偿权的主体

（一）追偿人

公安赔偿义务机关代表国家具体行使追偿权，是追偿人。在办理追偿事务过程中，公安赔偿义务机关有权向被追偿人、有关的单位和个人调查收集证据，有权裁量追偿金额的大小，并且单方面作出追偿决定。另一方面，赔偿义务机关在办理追偿事务过程中，应当充分考虑追偿的目的，准确认定工作人员的过错，合理确定追偿金额。

根据《国家赔偿法》的规定，作为追偿人的赔偿义务机关具体有：1. 公安行政机关的人民警察违法行使职权侵犯公民、法人或其他组织的合法权益造成损害引起行政赔偿的，该工作人员所在的行政机关为追偿人；2. 法律法规授权组织的工作人员违法行使公安行政职权，发生公安行政赔偿的，该组织是追偿人；3. 受公安行政机关委托的组织或者个人违法行使委托的公安行政职权发生公安行政赔偿的，委托的公安行政机关是追偿人；4. 公安赔偿义务机关只能向自己所属的工作人员行使追偿权。公安赔偿义务机关为共同赔偿义务机关的，应当根据自己承担的赔偿金额，分别向自己所属的工作人员追偿。

（二）被追偿人

被追偿人是指在实施侵权行为过程中具有故意或重大过失的公安机关工作人员或法律法规授权的组织和个人，或者受公安机关委托的组织和个人。

具体来说，包括：1. 在执行职务中有故意或重大过失的人民警察；2. 行使职权时有故意或重大过失的受委托的组织或个人；3. 同一个公安机关两个以上的人民警察共同实施侵权行为的，为共同被追偿人，应当相互承担连带责任，但公安赔偿义务机关在作出追偿决定时，应当根据各自过错的大小，确定具体的追偿金额；4. 不同的公安机关的两个以上的工作人员共同实施侵权行为的，不能作为共同的追偿对象，公安赔偿义务机关应当根据自己分担的赔偿金额，分别向自己所属的人员追偿。

三、公安行政追偿的基本步骤

公安行政赔偿义务机关办理追偿事务应经历如下步骤：

（一）查明被追偿人的过错；

（二）听取被追偿人的意见和申辩；

（三）决定追偿的金额；

（四）执行追偿决定。

被追偿人不服追偿决定的，可以依法向上级公安行政机关或者监察、人事行政机关申诉。

四、我国行政追偿制度存在的主要问题

我国法律体系中对追偿制度的标准、程序、执行等具体规定不够具体，使该制度在实务中几乎不具有可操作性，从而导致追偿机关对于"追偿权"的行使陷入一个进退两难的境地：要么"放弃不用"，要么"过度滥用"。[①]

具体说来，我国行政追偿制度目前从实体角度上来看主要存在以下几大方面的问题：

（一）追偿金额标准参差不齐。追偿金额标准作为行政追偿制度中最重要的组成部分之一，在一定程度上决定了追偿制度能否具有实际意义。而《国家赔偿法》中并没有规定一个明确统一的标准，而是将进一步细化标准的权力授权给了各省、自治区、直辖市人民政府，因而从实质意义上来讲，我国的追偿金额标准实行的是"地方"标准而非国家标准。这就会产生各地标准参差不齐的问题，导致各地所计算出的追偿金额差异悬殊的结果。以对重大过失追偿的最低数额为例，除未规定最低数额的湖南省、宁夏回族自治区、四川省、浙江省外，山西省的最低数额为894元，甘肃省的最低数额为900元，内蒙古自治区的最低数额为940元，青海省的最低数额为1 280元；但是，重庆市的最低数额则为6 000元，安徽省为10 581元，黑龙江省更是高达15 000元。[②]因此，笔者认为，应当就行政追偿金额设立统一的国家标准，取消对各省、自治区、直辖市政府细化标准权力的授权，真正实现公正公平原则。

（二）追偿主体不明确。《国家赔偿法》和《行政诉讼法》中粗略地规定了由侵权主体作为追偿主体，但是在实务中案件情况纷繁复杂，仅对追偿主体作如此概括性的规定，是造成追偿制度"启动难"的重要原因之一。在学界中对于追偿主体的确立主要有三种观点。第一种观点认为国家赔偿费用一般都是由各级财政部门列支，因此理应由其作为追偿主体。赔偿义务主体在向财政部门提交支付赔偿申请的同时，也需要提交包括是否应向相关责任人员进行追偿、追偿数额为多少的申请，并由财政部门一同审核。第二种观点认为应当由人民法院作为追偿主体。第三种观点主张可以设立专门的国家赔偿保险机制，其运作结构类似于现有的医疗保险、失业保险等保障性待遇，由国家和公务人员各自承担一部分的投保比例，在发生国家赔偿事由时，由国家赔偿保险机制进行赔付，其中超出投保金

[①]郝登建、万军：《论行政追偿执行难的原因及解决途径》，《法制在线》2009年第12期，第2页。
[②]谢祥为、叶雨：《国家追偿标准研究：以19个省、自治区、直辖市的相关规定为分析对象》，《江西社会科学》2006第12期，第165页。

额部分由该保险机制进行追偿。[①]

（三）追偿主观条件界定模糊。《国家赔偿法》第16条规定，赔偿义务机关赔偿损失后，应当责令有故意或者重大过失的工作人员或者受委托的组织或者个人承担部分或者全部赔偿费用。该条明确了行政追偿的主观条件为"故意"或者"重大过失"，这实际上也间接指明了并非所有由公务人员造成的国家赔偿都属于被追偿的范围之内，例如因公务人员的"一般过错"、情势变更、意外等。之所以法律对公务员因一般过失而造成的国家赔偿进行免责，是因为公权力的行使在实践当中往往需要具体问题具体分析，因此是存在一定的弹性空间的，这就意味着公权力行使的本身就存在着可能会导致侵害结果产生的风险。在这种情况下，如果苛求公务人员不犯一点错误是几乎不可能的，即便确实实现"零错误率"的目标，也可能会由于过度注重行政结果而忽略了对行政效率的要求。但是，也不能对这种致害风险全无管控，否则会造成另一个极端的后果，即助长越权、不作为、权力滥用等不良之风。但是除了该条概括性的规定之外，立法上对怎样认定何时为"故意"、何时为"重大过失"并无明确界定。

我国追偿制度在以上三大实体问题上的欠缺，也导致了追偿制度在程序上的缺失与空白，这将在根本上导致追偿制度的内容无法启动，使其成为"休眠条款"。因此，我国立法应当对追偿制度予以足够的重视，尽快通过立法等方式对相关问题进行明确规定，从而真正地发挥出行政追偿制度所应有的监督作用。

[①] 张雪丹：《我国行政追偿制度的缺失与完善——从实体角度出发》，《山西警察学院学报》2017年第10期，第76页。

主要参考文献

[1] 应松年. 行政法与行政诉讼法 [M]. 北京：高等教育出版社，2017.

[2] 姜明安. 行政法与行政诉讼法 [M]. 8 版. 北京：北京大学出版社，2024.

[3] 余湘青. 公安行政法原理与实务 [M]. 2 版. 北京：高等教育出版社，2013.

[4] 黄悦波. 行政法学本体论研究初探：以公安行政执法实践为视角 [M]. 北京：中国人民公安大学出版社，2018.

[5] 邢捷. 公安行政执法权理论与实践 [M]. 北京：中国人民公安大学出版社，2009.

[6] 章志远. 行政法学总论 [M]. 北京：北京大学出版社，2014.

[7] 姜晓萍. 行政法学导论 [M]. 北京：中国人民大学出版社出版，2015.

[8] 宋超. 现代行政法学 [M]. 北京：首都经济贸易大学出版社，2014.

[9] 章志远. 行政法学基本范畴研究：基于经典案例的视角 [M]. 北京：北京大学出版社，2018.

[10] 胡建淼. 行政诉讼法学 [M]. 北京：法律出版社，2019.

[11] 田村正博. 警察行政法解说 [M]. 侯洪宽，译. 北京：中国人民大学出版社2016.

[12] 程华，高文英，叶晓川，等. 警察行政法 [M]. 北京：中国政法大学出版社2016.

[13] 应松年. 行政法与行政诉讼法学 [M]. 2 版. 北京：法律出版社，2013.

[14] 江必新，胡仕浩，蔡小雪. 国家赔偿法条文释义与专题讲座 [M]. 北京：中国法制出版社，2010.

[15] 赫伯费尔德MR. 警察领导：理论与案例 [M]. 匡萃冶，等译，北京：群众出版社，2008.

[16] 坎南. 亚当·斯密关于法律、警察、军人及军备的演讲 [M]. 北京：商务印书馆，1991.

[17] 金光明. 警察行政强制研究 [M]. 成都：四川大学出版社，2005.

[18] 邓国良，杨泽万. 公安行政执法的理论与实践 [M]. 北京：中国人民公安大学出版社，2003.

[19] 祝铭山. 公安行政类行政诉讼 [M]. 北京：中国法制出版社，2004.

[20] 余凌云. 公安机关办理行政案件程序规定若干问题研究 [M]. 2 版. 北京：中国人民公安大学出版社，2007.

[21]石向群，阮国平.公安行政法实用教程[M].北京：高等教育出版社，2007.

[22]谷福生，李斌杰.公安机关办理行政案件程序规范执行解300问[M].北京：中国法制出版社，2006.

[23]吴高盛.中华人民共和国治安管理处罚法释义[M].北京：人民出版社，2005.

[24]萧伯符，龚太华，赵德刚，等.公安执法与人权保障[M].北京：中国人民公安大学出版社，2006.

[25]孙晓东，刘佩锋，邢盘洲.警察行政学论纲[M].北京：中国人民公安大学出版社，2009.

[26]邢捷.公安行政执法权理论与实践[M].北京：中国人民公安大学出版社，2009.

[27]何海波.行政诉讼法：第3版[M].北京：法律出版社，2022.

[28]章剑生.中外行政强制法研究资料[M].北京：法律出版社，2003.

[29]陈兴良.限权与分权：刑事法治视野中的警察权[J].法律科学，2002（1）.

[30]李宁.公安行政强制措施中警察安全风险分析及保障[J].山西警察学院学报，2019（7）.

[31]高光顺.行政诉讼视域下加强公安行政执法工作的实践与思考[J].公安教育，2018（2）.

[32]袁周斌.公安行政裁量权内部规制的实施路径[J].中国人民公安大学学报，2017（2）.

[33]李洁晖.公安行政执法规范化探析[J].湖南警察学院学报，2015（8）.

[34]乔淑贞.公安法治的本土化——对当前公安法治建设研究和实践的反思[J].河北公安警察职业学院学报，2013（4）.

[35]李洁晖.公安行政执法规范化探析[J].湖南警察学院学报，2015（8）.

[36]方卫军.略论"以人为本"在公安出入境管理中的体现[J].北京警察学院学报，2015（7）.

[37]胡军帅，等.无人驾驶汽车对现行法律的挑战及应对分析[J].市场周刊，2017（6）.

[38]袁晓新.道路通行权的范畴及行使方法[J].广东交通职业技术学院学报，2015（2）.

[39]何鑫.公安行政复议调解机制构建研究[J].哈尔滨师范大学社会科学学报，2017（3）.

[40]王贵松.行政诉讼判决对行政机关的拘束力——以撤销判决为中心[J].清华法学，2017（4）.

[41]孙峰，唐莹瑞.行政赔偿制度中违法性界定之建构[J].甘肃行政学院学报，2018（1）.

[42]张雪丹.我国行政追偿制度的缺失与完善——从实体角度出发[J].山西警察学院学报，2017（10）.

[43]邹杨.关于落实消防安全责任制问题的思考[J].论述，2015（5）.

[44]林凡惠.探索公安行政复议制度完善之路[J].北方文学，2013年（9）.

[45]张钦，张灵晖.公安行政复议制度存在问题及对策研究[J].河北公安警察职业学院学报，2016（3）.

[46]卜安淳.警察行为的性质及规范[J].江苏警察学院学报，2012（3）.

[47]王星元.警察权内部控制和外部控制的互动[J].东北师范大学学报，2015年（5）.

[48]孙廷彦.行政诉讼中非法证据排除规则研究[J].白城师范学院学报，2014（2）.

[49]徐小英.公安行政诉讼败诉率研究[J].中国人民公安大学学报，2013（2）.

[50]叶文同.公安行政复议调解制度的应用和完善[J].公安研究，2011（2）.

[51]黄学贤，崔进文.多维视角下的我国警察行政权[J].中国人民公安大学学报（社会科学版），2010（2）.

[52]齐亚青，焦伟权.服务型公安行政构建[J].河北公安警察职业学院学报，2009（4）.

[53]薛典武.警务社会化探析[J].公安研究，2010（1）.

[54]孙永波.论公安机关和公安民警在构建和谐警民关系中的主体作用[J].公安研究，2009（8）.

[55]王少鹏.新时期提高公安机关执法公信力的思考[J].公安研究，2009（8）.

[56]王春敬.影响公安执法规范化建设的主客观因素及解决对策[J].公安研究，2009（7）.

[57]胡建淼.论中国"行政强制措施"概念的演变及定位[J].中国法学，2002（6）.

[58]李凤东.论法治条件下的公安行政[J].公安研究，2003（1）.

[59]岳光辉.论治安行政听证制度的基本原则[J].河北法学，2003（6）.

[60]刘军.论公安行政执法监督机制的完善[J].理论观察，2003（6）.

[61]黄立.论对警察行政权的法律监督[J].法学杂志，2006（2）.

[62]岳光辉.论公安行政处罚公正与公开原则[J].求索，2004（7）.

[63]曹春艳.论治安行政处罚中的听证程序的不足与对策[J].行政与法，2004（3）.

[64]马怀德.行政基本法典模式、内容与框架[J].政法论坛，2022（3）.

[65]李策.行政法治的新发展与行政法法典化——中国法学会行政法学研究会2021年年会综述[J].行政法学研究，2022（3）.

[66]张丽园.大数据驱动下的公安管理模式创新研究[J].贵州警察学院学报，2022（4）.

附录　相关法律、法规和规章

《中华人民共和国人民警察法》

（1995年2月28日第八届全国人民代表大会常务委员会第十二次会议通过，1995年2月28日中华人民共和国主席令第40号公布，自公布之日起施行。根据2012年10月26日十一届全国人大常委会第29次会议通过、2012年10月26日中华人民共和国主席令第69号公布的《全国人民代表大会常务委员会关于修改〈中华人民共和国人民警察法〉的决定》修正。）

《中华人民共和国行政处罚法》

（1996年3月17日第八届全国人民代表大会第四次会议通过，自1996年10月1日起实施。根据2009年8月27日第十一届全国人民代表大会常务委员会第十次会议《关于修改部分法律的决定》第一次修正；根据2017年9月1日第十二届全国人民代表大会常务委员会第二十九次会议《关于修改〈中华人民共和国法官法〉等八部法律的决定》第二次修正；2021年1月22日第十三届全国人民代表大会常务委员会第二十五次会议修订。）

《中华人民共和国治安管理处罚法》

（2005年8月28日第十届全国人民代表大会常务委员会第十七次会议通过，自2006年3月1日起施行。根据2012年10月26日十一届全国人大常委会第二十九次会议通过《全国人民代表大会常务委员会关于修改〈中华人民共和国治安管理处罚法〉的决定》修正。2023年8月28日，《中华人民共和国治安管理处罚法（修订草案）》提请十四届全国人大常委会第五次会议审议。2024年6月，十四届全国人大常委会第十次会议审议《中华人民共和国治安管理处罚法（修订草案)》。2024年6月25日至28日，十四届全国人大常委会第二十六次委员长会议决定,《中华人民共和国治安管理处罚法（修订草案）》拟提交二审。）

《中华人民共和国道路交通安全法》

（2003年10月28日第十届全国人民代表大会常务委员会第五次会议通过，自2004年5月1日起施行。根据2007年12月29日第十届全国人民代表大会常务委员会第三十一次会议《关于修改〈中华人民共和国道路交通安全法〉的决定》第一次修正；根据2011年4月22日第十一届全国人民代表大会常务委员会第二十次会议《全国人民代表大会常务委员会关于修改〈中华人民共和国道路交通安全法〉的决定》第二次修正。）

《中华人民共和国行政复议法》

（1999年4月29日第九届全国人民代表大会常务委员会第九次会议通过，1999年10月1日起施行。根据2009年8月27日第十一届全国人民代表大会常务委员会第十次会议《关于修改部分法律的决定》第一次修正；根据2017年9月1日第十二届全国人民代表大会常务委员会第二十九次会议《关于修改〈中华人民共和国法官法〉等八部法律的决定》第二次修正；2023年9月1日第十四届全国人民代表大会常务委员会第五次会议修订。）

《中华人民共和国行政诉讼法》

（1989年4月4日第七届全国人民代表大会第二次会议通过，自1990年10月1日起施行。根据2014年11月1日第十二届全国人民代表大会常务委员会第十一次会议《关于修改〈中华人民共和国行政诉讼法〉的决定》第一次修正；根据2017年6月27日第十二届全国人民代表大会常务委员会第二十八次会议《关于修改〈中华人民共和国民事诉讼法〉和〈中华人民共和国行政诉讼法〉的决定》第二次修正。2022年12月30日至2023年1月28日,《中华人民共和国行政诉讼法（修正草案）》公开征求意见。）

《中华人民共和国国家赔偿法》

（1994年5月12日第八届全国人民代表大会常务委员会第七次会议通过，自1995年1月1日起施行。根据2010年4月29日第十一届全国人民代表大会常务委员会第十四次会议《关于修改〈中华人民共和国国家赔偿法〉的决定》第一次修正；根据2012年10月26日第十一届全国人民代表大会常务委员会第二十九次会议《关于修改〈中华人民共和国国家赔偿法〉的决定》第二次修正。）

《公安机关办理行政案件程序规定》

（2012年12月19日公安部令第125号发布，自2013年1月1日起施行。根据2014年6月29日公安部令第132号第一次修正；根据2018年11月25日公安部令第149号第二次修正；根据2020年8月6日公安部令第160号第三次修正。）